Dr. Ph. Joshua David Stone

Goldene Schlüssel

für

Aufstieg und Heilung

Offenbarungen von Sai Baba und den Aufgestiegenen Meistern

Lippert-Verlag

Titel der amerikanischen Originalausgabe:
"Golden Keys to Ascension and Healing - Revelations of Sai Baba and the Ascended Masters".
Erschienen bei: Light Technology Publishing

Übersetzung: Mersedeh Liebers
Überarbeitung: Renate Lippert
Titelbild: Rudolf Lippert
Gestaltung: Renate und Rudolf Lippert

Deutsche Erstausgabe Frühjahr 2005

Tel.: 07578-2229, Fax: 07578-933194
www.lippert-verlag.de
e-mail: service@lippert-verlag.de

Printed in Germany
ISBN 3-933470-71-4

Dr. Ph. Joshua David Stone

Goldene Schlüssel

für

Aufstieg und Heilung

Offenbarungen von Sai Baba und den Aufgestiegenen Meistern

Lippert-Verlag

Inhalt

Inhalt

Inhalt

Inhalt

Inhalt

Widmung an Sai Baba

von den Aufgestiegenen Meistern der planetaren und kosmischen Hierarchie

Sai Baba ist Licht und Sai Baba ist Liebe. Sai Baba ist die Shivaverkörperung von Brahma und Vishnu. Er ist auch Shakti. Die Verbindung der Energien Seiner Heiligkeit Lord Sai Baba mit den unseren, den Aufgestiegenen Meistern der Inneren Ebenen, bildet die Inspiration für dieses Buch. Daher ist es auch stimmig, dass wir es vorstellen. Wir sind stets darum bemüht, die Wahrheit zu vermitteln, dass wir all denjenigen, die uns aus ganzem Herzen und mit aller Aufrichtigkeit suchen, für eine telepathische Verbindung zur Verfügung stehen. Daher möchten wir darüber, wie wir telepathisch kontaktiert werden können, berichten.Die Welt hat sich in letzter Zeit sehr rasch weiterentwickelt. Es gibt überall ein großes telepathisches Netz unter den Menschen, wobei es sich insbesondere auf die Schüler, die Eingeweihten und die selbstverwirklichten Meister der Welt ausrichtet.

Dieses telepathische Netz ist ein Aspekt des Gruppenbewusstseins, das ihr, die Kinder des einen Gottes, wie niemals zuvor manifestiert habt. Es besteht zwischen denjenigen unter euch, die im physischen Bereich der Verkörperung arbeiten und kann als horizontale telepathische Kommunikation bezeichnet werden. Es gibt eine weitere wundervolle telepathische Verbindung, die derart aktiviert wurde, wie es bisher für die Masse nicht möglich war. Es ist die vertikale Energieverbindung zwischen der Menschheit und den höheren Reichen der planetaren Meister, der kosmischen Meister, den Erzengeln, den Engeln, den Elohim und verschiedenen anderen planetaren Kulturen und ihre Funktion ist es, der Menschheit zu helfen. Wir aus der Himmlischen Hierarchie, ihr Geliebten unseres Herzen, existieren in beiden Reichen und umarmen euch aus beiden Reichen. Wir sind unter euch als einer von euch und stehen daher durch die horizontale Verbindung mit euch in telepathischer Verbindung, welche von Person zu Person in der Menschheit besteht. In manchen Fällen werden wir dann zu euch, wenn ihr die Höhen erreicht habt, in denen es euch erlaubt ist, Gottes Vertreter auf Erden zu sein. In Wahrheit leben wir, die Hierarchie der Aufgestiegenen Meister der Inneren Ebenen, den Großteil unserer Existenz in jenen ausgedehnten Reichen, so dass wir immer einen offenen Kanal zur Kommunikation mit all denjenigen darstellen, die uns über die vertikale, spirituelle Verbindung suchen.

Dieses spezielle Buch handelt von der Brücke, die zwischen Sai Baba, uns, der Hierarchie der Inneren Ebenen aus den Himmlischen Reichen, dem Autor und jedem Einzelnen von euch existiert. Es ist ein Tribut und eine Ehrung für Seine Heiligkeit Lord Sai Baba und alle Aufgestiegenen Wesenheiten. Es erzählt von der Einheit allen Lebens und feiert in freudiger Hingabe die Gnade von Sai Baba! Es lässt uns wissen, dass die Liebe, die Gnade und die Weisheit von Sai Baba all diejenigen umarmt, die auch ihn umarmen und die Gott lieben. Alle, die Seine Heiligkeit anrufen, rufen auch uns an. Sai Baba kam auf die Erde, um mit uns allen zu sein, da er jegliche Essenz und Substanz all dessen was ist darstellt und daher in allem und überall ist. Es gibt keinen Menschen zu dem er nicht sprechen kann, kein Gebet, das er nicht hört.

Daher kommt er, ist hier und erfüllt seine kosmische Arbeit auf dem heiligen Boden des Planeten Erde. Somit ist jeder Mann, jede Frau und jedes Kind in seinem Herzen der Herzen. Wo die Liebe wohnt, kennt man Sai Baba - auch unter vielen anderen Namen. Denn er stammt aus dem Herzen der Liebe selbst. Zu welchen Herzen sollte er sprechen? Zu jedem und allen von euch; die Liebe ist beides, das Geben und das Empfangen. Die Liebe ist der Samen, die Blume, die Frucht und die Hand, die den Wein wässert. Worin besteht denn der große Unterschied zwischen demjenigen, der die innere Führung der Meister annimmt, wenn sie im Herzen, im Geist und durch den Heiligen Geist zu ihm spricht und der die Meister verehrt, ohne dabei den Traditionen zu folgen und demjenigen, zu dem der Meister als Heiler mit einer Gabe von Vibhuti auf einem Bild kommt und der auf dem Weg der hinduistischen Tradition geht? Es gibt keinen Unterschied zwischen diesen beiden, meine Lieben. Ihr seid alle gleich, denn Liebe spricht immer zu Liebe. Erweitere deine Vision von ihm, damit er dir mehr seiner Selbst offenbaren kann. Das ist es, was die Worte in diesem Buch vermitteln möchten. Die Mauer der Blindheit einzustürzen und die ultimative Vision auszudehnen. Worin besteht die tatsächliche Vision, wenn nicht in der Einheit; in der Einheit zwischen Mann und Mann, Frau und Frau, Mann und Frau, der Menschheit und Gott? Die Form Seiner Heiligkeit Lord Sai Baba wurde nicht manifestiert, um ihn durch Form und Konzepte zu begrenzen oder abzusondern von der Himmlischen Hierarchie, sondern damit ihr, unsere Geliebten, durch seine Form in Aktion seht, wie grenzenlos und transzendent die Form in Wahrheit ist. Alle Körper sind dichte Manifestationen Gottes und die Formen, die ihr habt - eure Verkörperungen - stellen tatsächlich Vehikel für den erweiterten Ausdruck Gottes auf Erden dar und das ist der Grund weshalb er gekommen ist, um dies zu bezeugen und zu offenbaren.

Seine leitende, liebende Präsenz, sein Licht und seine Weisheit sind da, um von euch in Anspruch genommen zu werden, sobald ihr darum bittet. Er lebt in Indien, in einer menschlichen Gestalt, ja, doch er wirkt auch über Indien hinaus. Er befindet sich weit über eure Vorstellungskraft hinaus und ist jetzt hier und in jedem von euch. Manche ruft er dazu auf, die vielen Meilen der Reise zu ihm, an den Ort, an dem er sich in physischer Form befindet, zu überwinden. Zu anderen wiederum kommt er in einem Augenblick, da er bereits bei und in jedem von euch ist. Seid also bitte nicht verwirrt, wenn ihr seine Führung in eurem Geist und seine Berührung in eurem Herzen spürt, denn so wie er einige zu sich ruft, so wird er auch von einigen von euch - und hoffentlich von immer mehr - dahin gerufen, wo ihr euch physisch befindet. Und dann, ja, dann ist er da. Es gibt keine Möglichkeit ihn zu begrenzen, so wie es auch nicht möglich ist, das Erhabene von allem was ist zu begrenzen. Viele Herzen, eine Liebe; viele Wege, eine Wahrheit; viele Stimmen, ein süßes Lied der Heiligkeit des Einen.

Öffne dich der Erhabenheit Seiner Heiligkeit Lord Sai Babas. Wundere dich nicht darüber, wenn eine bestimmte Person und eine Gruppe von Menschen ihn hören können und die Botschaft seiner Führung und Liebe überbringen. Wundere dich lieber darüber, warum du dies nicht auch selbst nutzt. Je weiter man sich in die Einheit begibt, desto allgegenwärtiger wird man. Baba kam bereits in erweiterter und allgegenwärtiger Weise zur Erde; er ist allgegenwärtig. Folge daher dem bestmöglichen Weg, der dich zu ihm führt, wenn du ihn kennen lernen möchtest. Sei dir dabei aber bewusst, dass der Weg, obwohl er viele, viele Kilometer weit sein kann, auch nur einen Atemzug entfernt sein kann, der dich ihm ganz nahe bringen kann. Es hat daher tatsächlich niemals eine Trennung im Herzen oder von seiner Offenbarung existiert. Wo er ist und wo wir sind ist auch Gott. Wo du bist, ist auch Gott. In dieser Wahrheit offenbart sich das Geheimnis seiner und auch unserer Zugänglichkeit und die Glorie unserer heiligen Gemeinschaft.

Dieses Buch stammt aus dem Inneren, nicht aus Puttaparthi in Indien, sondern aus dem Herzen und der Erfahrung von Joshua, einem Devotee, der Seine Heiligkeit Lord Sai Baba anrief und entdeckte, dass er tatsächlich da war. Es wurden viele Bücher von denjenigen geschrieben, welche die Reise zu seinem äußeren Ashram unternommen haben. Diese Bücher enthüllen viele Geheimnisse und öffnen viele Herzen. Hier jedoch, auf diesen Seiten, steht die Geschichte einer inneren Reise zu Baba, zu seinem Ashram auf den Inneren Ebenen, in dem sich auch viele Wunder ereignen und sich physisch manifestieren. Die Geschichte wird so erzählt, dass andere erkennen, dass sie diese Reise auch unternehmen können - eine Reise, die kein Flugzeug und keinen Reisepass erfordert, nur den Pass der Liebe und Aufrichtigkeit. Dies ist auch der Grund, warum Baba uns um dieses einzigartige Buch gebeten hat - damit jeder, überall und jeden Glaubens und Weges, die

Wahrheit der göttlichen Einheit vernehmen kann und erfährt, wie Baba ist, buchstäblich nur ein Gebet entfernt von deinem Verständnis über ihn und seine Wunder der Liebe. Lies dieses Buch und wisse dann, dass diese Pilgerfahrt des Herzens eine ist, die du jederzeit unternehmen kannst, sogar genau jetzt, in dieser Sekunde und dass er, in Wahrheit, bereits in und mit dir ist. Selbst wenn er einige von euch ruft, zu ihm zu kommen, ist es doch wahr, dass er auf den Ruf vom Rest von euch wartet, um die Liebe, die Weisheit und die Wunder des Lebens in eurem Leben zu manifestieren. Er ist hier und wartet darauf, euch zu dienen. Stets in der Liebe des Einen sind wir die Stimme der Aufgestiegenen Meister der Inneren Ebenen.

Einleitung

Dieses Buch handelt von der Heilung und Manifestation des eigenen Aufstiegs, Wohlstands und Gesundheit auf allen Ebenen durch Sai Baba und die Aufgestiegenen Meister. Bevor ich meine 420 goldenen Schlüssel vorstelle, würde ich gerne eine Grundlage und einen Kontext für einige Schlüssel, die in diesem Buch behandelt werden, bilden. Während einer bestimmten Phase meines Erwachsenenlebens habe ich die Erfahrung einiger wichtiger und ernster Gesundheitslektionen gemacht. Wenn ich darauf zurückblicke, sehe ich diese Erfahrungen nicht nur als wunderbare Lehre für mein spirituelles Wachstum, sondern auch für meine Entwicklung als Psychotherapeut, ganzheitlicher Gesundheitsberater und spiritueller Lehrer.

Da ich die goldenen Schlüssel in diesem Buch zu meiner Heilung auf allen Ebenen und der Manifestation meines Aufstiegs verwendet habe, haben einige von ihnen ein wenig autobiographisches an sich. Ich habe viele Bücher auf eine eher didaktische Art geschrieben. Dieses Buch aber ist einzigartig darin, dass mich Sai Baba darum gebeten hat, diesmal aus meinen persönlichen Erfahrungen heraus zu schreiben, wie ich all diese Informationen aus meinen Büchern und Workshops selbst anwende. Ich beziehe mich in diesem Buch häufig auf die Gesundheitslektionen, die ich bewältigen musste und wie ich das bewerkstelligte; daher ist dies eines der Themen dieses Buches. Da ich in den anderen Büchern nicht viel über mein persönliches Leben geschrieben habe, wollte ich meinen Lesern diesmal mitteilen, wie ich an dieses Buch herangetreten bin. Ich habe versucht, den Kern all meiner vergangenen Bücher, und vieles mehr, in einer kurzen leicht zu lesenden, praktischen Ausgabe zusammenzutragen. Daher beinhaltet dieses Buch die Quintessenz der Lehren der Aufgestiegenen Meister, die ich in meinem persönlichen Leben angewandt habe.

Mein Ziel war dabei, ein Buch als Leitfaden und Hilfe für die Menschen zu schreiben, um sich selbst zu heilen, den Aufstieg und spirituelle Führerschaft zu erlangen - auch ohne zuvor eines meiner anderen Bücher gelesen zu haben. Dieses Buch enthält auch Quellenverweise auf Themen in meinen anderen Büchern, die dort ausführlicher behandelt werden. Ich übergebe euch, meinen geliebten Lesern, dieses Buch in großer Liebe. Mögen die Worte und Energien dieses Buches Inspiration und Nutzen für eure eigene spirituelle Reise bereithalten.

Vorwort

Inspiriert durch Sai Baba und die Aufgestiegenen Meister

Manchmal reicht es nicht aus, die Menschheit darum zu bitten zu glauben und zu vertrauen. Während der Glaube tatsächlich eine Eigenschaft ist, die es wert ist kultiviert zu werden, braucht die Menschheit jedoch eine Grundlage, auf welcher der Glaube erst aufgebaut werden kann. Alles um uns herum deutet darauf hin, dass sich die Welt in einem umfangreichen und sehr schnellen Übergang befindet. Die Menschheit wurde dazu aufgerufen, nach Hause zu kommen und das niedere Selbst mit dem hohen Selbst, dem Atman, und Atman mit Brahman, dem Einen, zu vereinen. Das ist keine kleine Angelegenheit, diese Wiedergeburt eines Planeten; und daher kam Sai Baba, der Mann der Wunder, der göttliche Avatar, um als Grundlage für den Glauben zu dienen und die Substanz der Dinge sichtbar, fühlbar und als Realität auf Erden bewusst zu machen.

Er gab viel Verwirrung um Sai Baba, wie auch Erhebung und Hingabe. Aus Sicht der Aufgestiegenen Meister und der Esoterik ist Sai Baba eine Manifestation des kosmischen Christus. Er verkörpert mehr Licht und Liebe als irgendein Wesen, das jemals zuvor auf Erden verkörpert war. Er ist auf diesem Planeten, weil die Menschheit bereit ist für ihn und ihn auch gebeten hat zu kommen. Der natürliche Prozess der Evolution spielt dabei auch eine große Rolle, der den Planeten Erde dahin gebracht hat, wo er jetzt steht; ein heiliger Planet, der mehr Gottesenergie verkörpert als jemals zuvor. Die Menschheit hat auch eine große Rolle bei dieser Evolution gespielt, indem sie in vielen stetigen Anrufungen um Licht und Liebe bat und sich selbst durch diese eigenen Bemühungen erhoben hat.

Sai Baba trat daraufhin aus den transzendenten kosmischen Sphären hervor, wurde aus dem Gottesselbst geboren und von dem Gottesselbst berufen. Er tritt hervor, um den Menschen den Weg und ihr enormes angeborenes Potenzial zu zeigen, denn er hätte sonst keinen menschlichen Körper angenommen. Er kommt als Heiler, als Wegweiser und als die Verkörperung von Liebe und Licht, die er ausstrahlt. Er kommt, um mit Worten zu lehren, mit seiner erhabenen Essenz und als lebendes Beispiel für das Potenzial der Menschheit. Obwohl er in indischer Form verkörpert ist und in dem kleinen Dorf Puttaparthi lebt, gibt es nichts was seine kosmische Mission begrenzt, weder in der hinduistischen Tradition noch eine spezielle Gegend. Viele Devotees scheinen ihn gut zu kennen, obwohl sie ihn noch niemals auf seinem Heimatboden getroffen haben, da sie ihm im Lichte ihres Herzen begegnet sind.

Sai Babas Mission ist nicht nur global, sondern auch kosmisch. Er bezieht sich auf beides, Shiva und Shakti und er ist in der Tat beides. Die Erde gebiert sich selbst und die alte Erde ist zerstört oder besser gesagt transformiert und macht Platz für die Erschaffung des Neuen. Dies kann man täglich bei allen Nationen beobachten; eine tatsächliche große Umwälzung, bei der das Alte Platz macht für das Neue. Es ist, als ob die Menschheit als Ganzes, mit den Lichtarbeitern als Prototypen voran, wieder und wieder durch den Geburtskanal geht, so lange bis jede Ebene und Einweihung transzendiert wird, um dann vor der nächsten höheren Ebene zu stehen und diesen Prozess wieder zu durchlaufen. Somit tanzen Shiva und Shakti den Tanz der Zerstörung und Neuerschaffung und bewegen die Menschheit auf neue Höhen zu. Shiva und Shakti sind pure Energie. Shiva ist die Energie der Zerstörung und Transformation; Shakti ist das kreative Prinzip, die Energie der Manifestation selbst und das Feminine zu Shiva. Zusammen sind sie das perfekte Gleichgewicht, in dem Sai Baba der göttliche Repräsentant ist. Die reine Energie der Göttlichen Mutter ist ein anderer Name für die Shaktienergie, die zusammengerollte Schlange an der Basis der Wirbelsäule, die sich durch die Wirbelsäule und den Kopf erhebt, um das, was wir Menschen nennen, mit dem, was wir Gott nennen, zu vereinen. Die Erscheinung von Sai Baba ist eine Offenbarung hinsichtlich der Co-Existenz dieser beiden Prinzipien und ist daher die wahre Verkörperung von Menschheit und Gottheit. Sai Baba ist in seiner vollständigen Verwirklichung der göttliche Repräsentant beider, von Menschheit und Gottheit.

Es ist wichtig zu erkennen, dass er ein Avatar im wahrsten Sinne des Wortes ist. Er wurde erleuchtet geboren und war sich seiner Göttlichkeit sofort bewusst. Er ist kein gewöhnlicher Guru, Meister oder auch Aufgestiegener Meister. Er tritt als verkörperte Gnade hervor, damit wir uns unserer eigenen Zukunft bewusst werden, dass wir als Devotees oder Eingeweihte oder tatsächliche Meister auf Erden in uns selbst ein großes Potenzial für mehr Liebe, mehr Licht, mehr Wahrheit und Gottes- verwirklichung erkennen können. Noch sind wir nicht dort angelangt, weder auf der Ebene der Realisierung noch auf der Ebene der Verwirklichung oder gar der des Verständnisses. Durch Sai Baba und weil er hier ist empfangen wir die Glorie das zu sehen, zu berühren, zu fühlen und wahrzunehmen, was uns in unserer kosmischen Evolution erwartet.
Wie sollte man nun Sai Baba betrachten? Durch nichts anderes als durch die Augen der Liebe. Wie sollte man seine Wunder ansehen? Bestimmt nicht, indem man sie analysiert, denn auch sie sind Gaben der Liebe. Wir sind mit einem Wesen, das so rein und göttlich ist gesegnet worden, dass der Versuch, ihn auf irgendeine andere Weise als durch das Herz zu kennen nutzlos wäre. Denke an die Liebe selbst. Ist die Liebe nicht vollständig in der Liebe selbst? Zeigt man Liebe nicht durch eigene Verdienste und durch die eigene Gabe? Das ist Sai Baba, Sai Ram.

Bestimmte Devotees werden dazu berufen, dem traditionellen hinduistischen/ indischen Weg der Hingabe zu folgen. Andere wiederum nicht, doch diese werden möglicherweise durch die Liebe von Sai Baba gerufen. Wisse, dass es ihm egal ist, wie ergeben du ihm bist oder wie gut du ihn kennst - Hauptsache, du kennst ihn als Liebe. Die Liebe ist dein Schrein und dein Altar und das, was auf dem Altar verehrt wird. Sai Baba kommt in verkörperter Form, doch was er ist, verändert diese Form und ihn auf diese Form zu begrenzen hieße, die Liebe zu begrenzen, Gott zu begrenzen. Ihn zu kennen und zu lieben ist Gnade; so hat die Menschheit die Möglichkeit das Gesicht und die Form der Liebe selbst zu sehen, unverändert und unverhüllt.

Sai Baba hat die Erde zu dieser Zeit gesegnet, um mehr Licht und Liebe für die Lichtarbeiter zu bringen und die Schlafenden zu der Wahrheit zu erwecken, dass alles Gott ist und Gott in allem ist. Die Mächte des Lichtes und der Liebe würden jeden von uns erwecken, selbst wenn sie weiterhin diejenigen wecken müssten, die bereits wach sind! Deshalb kommt Sai Baba, der Avatar der Liebe und des Lichtes, der die Menschheit für Gott erweckt und jedem von uns, der ein bisschen dafür offen ist, genau das Richtige für seinen nächsten Schritt hinein in größeres Wissen, Liebe und Sein bringt. Für manche sind Wunder nötig - und sie werden im Überfluss angeboten. Selbst diejenigen, die behaupten an Wunder zu glauben sind dann oftmals überwältigt, wenn sie eines, wie die Manifestation von Vibhuti oder eines Amuletts oder die Antwort auf ein Gebet erleben.

Sai Baba ist die Manifestation von all dem und noch mehr. Er ist der Shirdi Sai Baba der Vergangenheit und Prema Sai Baba der Zukunft. Er ist jetzt wie er war und immer sein wird, die höchste Manifestation Gottes auf Erden, stets zur Gnade unseres Planeten. Dadurch wird nicht die Göttlichkeit von Christus, Buddha und anderen großen Meistern verneint. Das heißt ganz einfach nur, dass ein Avatar, aus den kosmischen Sphären sich dazu entschlossen hat, zu diesen beschleunigten Evolutionszeiten zur Erde zu kommen, um ihr auf dem erleuchteten Weg zu helfen; ihr und uns allen, die in ihren vielfältigen Reichen enthalten sind. Selbst wenn die Erde mehr Licht und Liebe als jemals zuvor verkörpern würde, würde Sai Baba noch mehr Liebe und Licht manifestieren, als jemals auf dem Planeten verankert wurde.

Dieses Vorwort sucht jetzt nach einem Abschluss, aber darin liegt der verborgene Schlüssel: Es gibt keinen Abschluss, kein Ende, weder in Bezug auf das, wer Sai Baba ist noch auf das Potenzial der Menschheit. Daher sagen wir ganz einfach, fühle mit deinem Herzen. Sai Ram.

Einführung

Meine persönlichen Erfahrungen mit Sai Baba

Die Glorie von Sai Baba

Dies ist die Geschichte meiner Reise mit Sai Baba. Ich schrieb in meinem ersten Buch, *Das komplette Aufstiegshandbuch,* ein inspirierendes Kapitel über sein Leben und seine Lehren. Es ist eines meiner Lieblingskapitel in dem Buch. Nun möchte ich meine persönlichen Erfahrungen mit euch teilen. Sai Baba und Djwhal Khul sind die beiden spirituellen Lehrer mit dem stärksten Einfluss auf mein Leben. Obwohl sich mein gesamtes Leben auf den Ashram von Djwhal Khul konzentriert und sich daran auch nach meinem Verlassen der Erdenebene nichts ändern wird, wirkt Sai Baba sozusagen als kosmischer Guru darin. Jedes Mal, wenn ich im Traum ein bedeutendes Erlebnis habe, ist Sai Baba anwesend. Ich bringe ihm nicht so viel Zeit und Hingabe dar wie seine Devotees, da ich in Djwhal Khuls Ashram sehr beschäftigt bin. Doch Sai Baba kennt in seiner Allwissenheit mein Herz und kann die Liebe und Hingabe, die ich für ihn empfinde, fühlen.

Es muss verstanden werden, dass Sai Baba kein durchschnittlicher Aufgestiegener Meister ist. Ich bin mir nicht sicher, ob es jemals zuvor eine Inkarnation eines spirituellen Meisters seiner Größe auf Erden gab. Die meisten Aufgestiegenen Meister auf Erden befinden sich, gemessen an dem Einweihungssystem von Alice Bailey, auf der 6., 7., 8. und vielleicht 9. Ebene. Sai Baba hingegen befindet sich irgendwo zwischen der 12. und 24. Einweihungsebene. Ich habe mich mit fast jeder Mysterienschule, Religion und nahezu jedem spirituellen Weg auf diesem Planeten befasst. Dabei bin ich niemals jemandem mit der Größe Sai Babas begegnet. Dabei möchte ich nicht sagen, dass ich dazu rate, ihn als Guru anzunehmen oder gar den spirituellen Weg zu ändern; das ist auch nicht im Sinne von Sai Baba selbst. Bleibt bei euren spirituellen Lehrern und auf eurem spirituellen Weg; er ist in allen und in allem. Sai Baba wurde von einigen Channels als spiritueller Regent bezeichnet. Ich würde euch empfehlen, ihn als Unterstützung auf eurem spirituellen Weg einzubeziehen.

Sai Baba ist das höchste spirituelle Wesen auf Erden. Die beiden höchsten Wesen, die derzeit auf diesem Planeten leben, sind Sai Baba und Lord Maitreya. Lord Maitreya ist der planetare Christus und der Leiter der Spirituellen Hierarchie. Sai Baba ist der kosmische Christus. Lord Maitreya könnte als ein galaktischer Avatar bezeichnet werden. Sai Baba ist ein universeller Avatar. Der Begriff "Avatar" wird oft recht vage in metaphysischen Kreisen benutzt. Was ich mit dem Begriff meine, ist ein von Geburt an gottverwirklichtes Wesen. Jesus, Buddha, Mohammed und Krishna waren nach dieser Definition keine Avatare. Keiner der großen Meister, die alle unsere bekannten Religionen gründeten, waren echte Avatare, so wie ich diesen Begriff definiere. Dies ist keine Beurteilung, sondern ganz einfach eine Tatsache. Es gibt etwas Einzigartiges an Sai Baba, nämlich die Tatsache, dass er jetzt inkarniert ist und dadurch zur Verfügung steht. Lord Maitreya ist ebenfalls physisch inkarniert, wird aber so lange im Verborgenen bleiben, bis seine Zeit kommt, sich zu offenbaren. Das bedeutet nicht, dass er geistig nicht erreichbar wäre, sondern, dass er physisch nicht in dem Maße erreichbar ist, wie es Sai Baba die letzten 67 Jahre auf Erden war. Sai Baba ist buchstäblich ein wandelnder Gott auf Erden. Er kann über Wasser gehen, Tote erwecken, Wasser in Wein umwandeln und Dinge nach seinem Willen materialisieren. Sai Baba konnte als Kind tatsächlich schon Dinge aus der Luft materialisieren. Er hatte niemals einen Guru oder irgendein spirituelles Training, da er von Geburt an gottverwirklicht war.

Sai Baba sagte, dass es fünfzehn Merkmale für ein selbstverwirklichtes Wesen gäbe. Das sechzehnte Merkmal manifestiert sich nur bei einem echten Avatar. Es ist die absolute Allmächtigkeit, Allgegenwart und Allwissenheit. Dies ist die Glorie von Sai Baba. Ich war niemals in Indien. Ich wäre augenblicklich hingefahren, doch da ich mich von meiner Hepatitis erholen und eine strikte Diät einhalten musste, unternahm ich diese Reise nicht. Durch die Gnade Gottes und Seiner Heiligkeit Lord Sai Baba wurde mein Wunsch erfüllt - denn Sai Baba kam zu mir. Ich habe mit meiner Kerngruppe vereinbart, dass wir, sobald wir gelernt haben effektiv zu teleportieren, zuerst nach Puttaparthi in Indien reisen werden, um dort Sai Baba zu besuchen. Ich bin erstaunt, dass ich vor fünf bis sechs Jahren noch nichts über Sai Baba wusste, obwohl ich alle möglichen spirituellen Wege studierte. Viele andere Menschen haben mir dasselbe erzählt. Vermutlich wird jeder zur rechten Zeit zu seiner Energie hingeführt. Diejenigen unter euch, die ihn bisher kaum kannten, können dies nun als Hinführung betrachten. Es gibt für mich tatsächlich nichts Erfreulicheres als Menschen zu Sai Baba hinzuführen. Mit dieser Einleitung komme ich jetzt zu meiner persönlichen Odyssee mit Seiner Heiligkeit Sathya Sai Baba.

Der Beginn der Reise

Ich kam zum ersten Mal mit Sai Baba in Berührung als ich mich mit einer Frau in Los Angeles traf. Diese Frau hatte einen Bruder, der gerade aus Indien zurückgekommen war. Sie erzählte mir folgende Geschichte: Ihr Bruder war zu Sai

Babas Ashram gereist und versuchte zehn Tage lang ein persönliches Gespräch mit ihm zu bekommen. Es waren tausende von Menschen da und nach diesen zehn Tagen gab er schließlich auf. Er ging an diesem Tag zum Klettern auf einen Berg, der sich etwa zehn Meilen vom Ashram entfernt befand. Er setzte sich auf den Berg und betete zu Sai Baba und erklärte ihm sehr innig, dass er ihn gerne als seinen Guru hätte, selbst wenn er ihn niemals persönlich sprechen würde. Er öffnete seine Augen und Sai Baba hatte zehn Päckchen mit Vibhutiasche in seinem Schoss manifestiert (drei Tage später war dieser Mann so freundlich und gab mir eines dieser Päckchen). Als er am nächsten Tag zum Ashram kam, holte ihn Sai Baba aus der Menge heraus und gab ihm sein erstes Interview.

Diese Geschichte hatte mich so berührt, dass ich damit begann, Howard Murphets Buch *Sai Baba, Avatar* zu lesen. Kurz danach schrieb ich auch einen Brief an Sai Baba. Sai Baba sagt, dass er alle Briefe liest, obwohl er sie nicht alle dazu öffnen braucht. In diesem Brief bat ich ihn um Hilfe beim Erlangen von Selbstverwirklichung und Befreiung. Ein paar Monate später träumte ich das erste Mal von ihm. Zuvor besuchte ich einen Tagesworkshop mit Patricia Diegel, der ich erstmals vor zehn Jahren durch meinen Vater begegnet war. Patricia ist eine spirituelle Lehrerin und Psychologin, die sich darauf spezialisiert hat, Menschen beim Erkennen des Grades ihrer Seelenentwicklung zu helfen. Sie hat eine Skala von eins bis eintausend entwickelt. Dabei stimmt sie sich psychisch ein und erklärt dir, wo du dich spirituell, mental und emotional befindest. Ich war fasziniert von ihrem Programm und hatte ein Reading bei ihr. Sie teilte mir meinen Stand gemäß ihrer Skala mit und ich fühlte dabei intuitiv, dass sie ganz richtig damit lag. Patricia verfügte über einige Kenntnisse vom Alice Bailey Material und war daher mit dem Konzept der spirituellen Einweihung vertraut. Sie hatte dieses Konzept jedoch ihrem System noch nicht beigefügt und konnte somit nicht angeben, an welchem Punkt die Befreiung erreicht ist.

Ich begann intuitiv mit ihrem Material zu experimentieren um herauszufinden, wie viele Punkte auf ihrer Skala ich benötigen würde, um die Befreiung vom Rad der Wiedergeburt zu erlangen. Und genau zu dieser Zeit hatte ich meinen ersten Traum mit Sai Baba. In diesem Traum kam er zu mir und sagte mir, dass ich siebzig Punkte auf der Skala von Patricia Diegel benötigen würde, um die Befreiung in diesem Leben zu erreichen. Man kann die Antwort nicht klarer bekommen. Zu diesem Zeitpunkt erkannte ich noch immer nicht, wer Sai Baba war. Ich wusste nicht, dass er ein kosmischer Avatar war. Ich dachte, er sei einer der vielen Meister aus Indien, welche die Selbsterkenntnis erreicht hatten. Ich war jedoch sehr bewegt durch diesen Traum und konzentrierte mich mehr auf meinen spirituellen Weg. Sai Baba sagt in seinen Büchern und Schriften, dass niemand von ihm träumen würde, ohne dass er es wolle; so war ich also in Verbindung gekommen.

Zwei bis drei Wochen später erschien er wieder in meinem Traum und saß auf meinem Kronenchakra im Lotussitz. Er erhob sich von meinem Kronenchakra und begann damit, vor einer großen Menschengruppe Wunder zu tun. Etwas später bekam ich von einer hellsichtigen und hellhörigen Freundin eine Heilbehandlung. Während der Behandlung bekam sie die Nachricht, dass die Meister mich rufen. Ich fragte "Welche Meister?" Es hieß, dass einer der Meister Sai Baba sei und sie empfing daraufhin die Botschaft. Von da an wandte ich mich völlig Sai Baba zu und damit begann einer der erstaunlichsten Abschnitte meines Lebens. Ich las jedes Buch über ihn, das ich finden konnte. Ich besuchte Sai Baba-Treffen. Ich ging zur Sai Baba-Buchhandlung in Tustin, Kalifornien. Ich brachte viele schöne Bücher und Fotos von ihm von den Treffen und der Buchhandlung mit. Jedes neue Buch war erstaunlicher als das bereits gelesene. Da begann ich seine Tiefe zu erfassen. Nur ein paar wenige Menschen verstehen wirklich den Umfang der Segnung, die der Erde jetzt zuteil wird. Sai Baba sagte, er sei die Inkarnation des Lord Attatreya, der im Hinduismus die Inkarnation Brahmas, Shivas und Vishnus im selben Körper sei. Er sagte auch, dass er die Inkarnation Shivas und Shaktis, die im gemeinsamen Körper leben, sei. Dies ist die zweite Inkarnation einer dreifachen Avatarschaft. In seinem letzten Leben war er der gottverwirklichte Heilige Shirdi Sai Baba und in jenem Leben war er die Verkörperung von Shiva. Mein Buch mit dem Titel *Aufgestiegene Meister weisen den Weg* vermittelt einen Eindruck seiner Vergangenheit als dieser wunderbare Heilige. Sai Baba hat gesagt, dass er bis zum Alter von 96 Jahren hier leben möchte und dann weitergeht. Er kommt dann zwei Jahre später als Prema Sai Baba zurück. Einem seiner Devotees hat er sogar ein Medaillon mit einem Bild gegeben, wie er in dieser zukünftigen Inkarnation aussehen wird.

Begegnungen auf der Inneren Ebene mit Sai Baba

Es war zu der Zeit als ich eine Feuereinweihung von Earlyne und Robert Chaney bekam. Ich leistete spirituelle Gelübde, die ich bei dieser Feuereinweihung erfüllen wollte. In der Nacht nach der Einweihung träumte ich davon, mit Sai Baba in einem Klassenzimmer mit ungefähr einhundert anderen Menschen zu sein. Viele von uns sollten ein persönliches Interview mit Sai Baba führen. Sai Baba kam zuerst zu mir und gab mir einen Klaps auf den Kopf. Ich ging in sein Büro und hatte mein erstes Gespräch. Ich konnte nicht nach Indien reisen und Sai Baba war so freundlich, mir auf der Inneren Ebenen entgegenzukommen. Ich hatte in dieser Zeit viele Träume mit Sai Baba. In einem davon besuchte ich ihn in seinem Ashram in Puttaparthi in Indien und er führte mich herum. Ich konnte mich daran erinnern, dass ich ihm im Traum sagte, dass ich es kaum glauben könnte, ihn auf diesem Weg zu besuchen. In einer anderen Szene befand ich mich mit ihm und ein paar anderen Menschen in einem Raum. Ich war von der Liebe und Hingabe zu ihm überwältigt. Ich fing an zu weinen, als ich ihm sagte, wie sehr ich ihn liebe. Er hatte eine Träne in seinem Auge und kam zu mir mit einem Tuch, einem süßen Tuch. Das ist eine allgemeine Erfahrung, die viele seiner Devotees gemacht haben. Dies nennt man die "Bhakti-Tränen" oder Hingabetränen. In der nächste Szene machte ich das so genannte "Padnamaskaram". Es ist eine spirituelle Übung, bei der man mit dem Kopf die Füße des Meisters berührt als Zeichen der Ergebenheit für Gott. Im Traum fühlte ich mich ein bisschen unsicher dabei, da ich kein Inder bin und nicht genau wusste, wie man dies tut. Dann hatte ich ein Seelenreisen-Erlebnis, das unglaublich schön war, bei dem mir Sai Baba zeigte, wie seine Devotees dies tun. Sai Baba ist der Inbegriff der Liebe, Selbstlosigkeit und Egolosigkeit.

Eine weitere Erfahrung mit Sai Baba bezieht sich auf ein gechanneltes Reading, das mir ein spirituelles Wesen mit dem Namen Dr. Peebles, der in Los Angeles recht berühmt ist, gab. Ich bat Dr. Peebles in diesem Reading eine Nachricht an Sai Baba zu schicken, wobei mir nicht klar war, was mich dazu veranlasst hatte, dies zu tun. Die Nachricht lautete: "Ich bitte höflich darum, dein Devotee und Schüler auf meinem Weg zur Befreiung und Gottesverwirklichung zu sein." Dr. Peebles überbrachte die Nachricht an Sai Baba und Sai Baba schickte eine Nachricht durch ihn zurück, dass ich angenommen sei. Er fügte hinzu, dass ich innerhalb einer Woche etwas finden würde, das unseren Bund besiegeln würde. Am Tag darauf meditierte ich mit einer guten Freundin namens Athena. Sie ist hellsichtig und hellhörig und wir meditieren oft zusammen. In dieser Meditation sagte sie, dass sie gerade die Nachricht empfangen habe, dass ich etwas unter meinem Kissen finden würde. Ich war skeptisch und gab nicht viel darauf. Als ich mich jedoch zwei Stunden später wieder daran erinnerte, schaute ich doch unter meinem Kissen nach und fand dort das Medaillon, dass ich vor ein paar Monaten verloren hatte und welches eines meiner wertvollsten Dinge war! Es war aus Gold mit einem Bild von Jesus mit einer Taube, einem Symbol des Heiligen Geistes über ihm. Ich hatte niemandem erzählt, dass ich es verloren hatte. Sai Baba hatte es für mich materialisiert als Anker für eine Beziehung zwischen uns. Jetzt war ich mit Sai Baba verbunden.

Später ging ich zu Dr. Peebles und bat ihn darum, eine weitere Nachricht zu überbringen. Ich bat Sai Baba um Hilfe beim Erlangen meiner Befreiung. Ich wusste, ich war dieser sehr nahe; waren doch seit dem ersten Traum über die "siebzig Punkte" ungefähr zwei Jahre vergangen. Nach meinen Berechnungen war ich nicht weit davon entfernt. Sai Baba antwortete, dass ich meine Befreiung im April erreichen würde und dass er dann zu mir käme.

Es war im Januar als ich das spirituelle Reading hatte. Am letzten Tag im April meditierte ich wieder gemeinsam mit Athena, als Sai Baba erschien und mir mitteilte, dass ich mein lange erwartetes Ziel der Befreiung jetzt erreicht hätte. Er vollzog sogar eine Zeremonie, bei der er Athena als Vehikel und Channel einsetzte. Es war unglaublich bewegend. Etwas später bemerkte ich, dass ich die vierte Einweihung vollzogen hatte. In dem System von Alice Bailey, beinhaltet die 4. Einweihung die Befreiung vom Rad der Wiedergeburt. Es war nicht der Aufstieg, doch die Befreiung. Zu diesem Zeitpunkt meiner spirituellen Entwicklung verstand ich die 7 Stufen der Einweihungen noch nicht.

Die Heilung meiner Bauchspeicheldrüse

Bei einer anderen Gelegenheit bat ich Sai Baba, während ich mit Athena meditierte, um Hilfe bei der Heilung meiner Bauchspeicheldrüse. Ich hatte ernsthafte Probleme damit, da dieses Leiden leicht chronisch war. Sai Baba kam zu uns und gab Athena einen goldenen Ball aus Licht in die Hand. Athena sagte, dass ihre Hand tatsächlich brannte - dass es sich anfühlte, als ob ein Spiegelei auf ihrer Hand braten würde. Sai Baba legte, indem er Athenas Hand dazu nutzte, den goldenen Ball auf meine Bauchspeicheldrüse. Dann nahm er einen zweiten Ball und wiederholte den Vorgang. Innerhalb einer Woche konnte ich wieder Körner essen und zu einer normalen Diät zurückkehren. Sai Baba hatte auf wundersame Art und Weise meine Bauchspeicheldrüse geheilt. Etwas Schwäche war geblieben, doch sie arbeitete zum ersten Mal nach vielen Jahren wieder im normalen Rahmen. Das war wirklich ein Wunder.

Sai Baba und die Seelenentwicklungsskalen

Eine andere Geschichte hat mit Patricia Diegel zu tun. Ich habe später erfahren, dass Patricia eine Verabredung mit einer Sekretärin Sai Babas hatte, die in ihrer Arbeit sehr beschäftigt war. Patricia bot eine ihrer Seelenentwicklungsarbeiten für Sai Baba, als Geschenk an ihn, an. Die Sekretärin ging nach Indien zurück und fragte Sai Baba, ob er ein solches Geschenk haben möchte. Er sagte ja und Patricia tat ihre Arbeit. Patricia sagte mir, dass Sai Baba eine Ansprache vor einer großen Gruppe halten würde. Während dieser Ansprache sagte er, er habe gerade ein Geschenk von der "weißen Magierin aus dem Westen", Patricia Diegel, erhalten und dass das Reading ganz genau sei. Das war das größte Kompliment, das sie jemals bekommen hatte. Ich fand diese Geschichte sehr interessant, auch hinsichtlich meines ersten Traumes, den ich jemals mit Sai Baba hatte und der sich auf die siebzig Punkte, die mir zum Erreichen meiner Befreiung gefehlt hatten, bezog. Sai Baba hatte persönlich Kenntnis von diesem Prozess. Später konnte ich es besser einschätzen, wie Patricias Skala mit dem System von Alice Bailey zusammenhing. Während dieser Phase meines Lebens erhielt ich innere Führung über den Stand, auf dem ich mich befand. Ich konnte so herausfinden, wie sehr ich mich jeden Monat entwickelte. Ich fand das sehr hilfreich, da das spirituelle Wachstum oftmals sehr abstrakt erscheint. Doch als meine Arbeit mit Djwhal Khul begann, ging ich auf das siebenstufige Einweihungssystem über. Patricia hatte mir jedoch bis dahin eine hilfreiche Methode zur Verfügung gestellt. (Ich glaube, dass Patricia in Las Vegas, Nevada, wohnt, falls es jemals euer Wunsch sein sollte, mit ihr Kontakt aufzunehmen.)

Ein anderes Mal kam Sai Baba zu mir, indem er mir mit einer eigenen Seelenentwicklungsskala im Traum erschien. Ich war in einem Klassenzimmer und er sagte mir, dass ich auf dem 800. Level wäre. Das war ein Jahr vor meinem tatsächlichen Aufstieg. Im Traum, in diesem Klassenzimmer, war ich der am weitest entwickelte und Sai Baba zeigte uns den evolutionären Level verschiedener Menschen in dieser Gruppe. Diese Skala unterschied sich von der Skala Patricias und ich wusste rein intuitiv, wovon er sprach. Mir wurde in dem gleichen Traum gesagt, dass ich auf dem richtigen Weg sei und dass ich darauf achten sollte, in meinem Vierkörpersystem ausgeglichen zu bleiben. Ich nahm diese Information als Aufruf dafür, geerdet zu bleiben, richtig zu essen, ausreichend Körperübungen zu machen und nicht die ganze Zeit schreibend zu verbringen, wozu ich immer neige.

Eine Zusammenfassung

Dies waren nur ein paar der interessantesten Erfahrungen, die ich mit Sai Baba gemacht habe und sie illustrieren die tiefe Wirkung, die er auf mein Leben hatte. Die drei Jahre intensiver Beziehung zu Sai Baba waren einige der glücklichsten Jahre in meinem Leben. Hätte Sai Baba meine Bauchspeicheldrüse nicht geheilt, wäre ich wohl daran gestorben. Bis heute habe ich immer Sai Baba gerufen, wenn ich in irgendeinem Bereich meines Lebens Hilfe benötigt habe. Ich betrachte ihn stets als meinen kosmischen Guru. Nichts ist mit seiner wunderbaren Liebe und Kraft zu vergleichen. Es gab niemals einen universellen Meister seiner Art auf dem Planeten. Es wäre so, als ob Melchizedek, der universelle Logos, sich entscheiden würde auf Erden zu inkarnieren. Das ist die Größe des Wesens, das als Sai Baba bekannt ist.

Sai Baba ehrt alle Wege

Auf welchem Weg du auch immer bist, du kannst Sai Baba jederzeit um Hilfe bitten. Du musst nicht nach Indien reisen und du brauchst ihn nicht als deinen Guru anzunehmen um seine kosmischen Kräfte zu erfahren. Er ist ein kosmischer Meister, der kein Interesse daran hat, dass ihr euren Weg für ihn ändert. In den meisten Fällen wird er euch nicht dazu auffordern, ihn zu verändern, so wie er es bei mir tat. Er ist ein kosmischer Beistand für alle auf dem spirituellen Weg und ein Bruder von Melchizedek auf der universellen Ebene. Mein Leben ist eine vollkommene Hingabe an Djwhal Khul, Lord Maitreya und Sanat Kumara. Sai Baba unterstützt jedoch diese Meister mit seinem Licht in ihrer Arbeit. Es ist bedeutend, dass das Medaillon, das er für mich materialisiert hat, das Bild von Jesus trägt. Er gab mir damit die Nachricht, dass es nicht meinem Weg entspräche, mich auf ihn und auf östliche Traditionen zu konzentrieren. Mein Weg führte mich stattdessen in den Ashram des Christus, in dem ich augenblicklich arbeite. Sai Baba hat mich tatsächlich auf meine wahre Aufgabe hingewiesen, bevor ich sie selbst gefunden habe. Nutzt seine Hilfe daher zur Unterstützung, egal welchem spirituellen Lehrer, welcher Religion oder Mysterien- schule ihr auch immer folgen mögt.

Sai Baba möchte nicht, dass ihr alle in seinen Ashram kommt, so wie das bei vielen anderen Gurus der Fall ist. Er will in der Tat das Gegenteil. Ganz gleich zu wem du betest, Sai Baba wird auch da sein und er wird antworten. Nutze seine heilige Gegenwart, da bisher niemals jemand wie er inkarniert war. Wir leben in den gesegnetsten Zeiten in der Erdgeschichte, denn Gott hat die Erde mit Seiner Heiligkeit Lord Sai Baba und Lord Maitreya gesegnet. Ich habe Sai Baba einmal gefragt, warum er nicht von den Aufgestiegenen Meistern spricht. Er sagte, seine Mission sei global und er versuche die Massen in allen Religionen zu erreichen. Er wolle jedoch durch dieses Buch sein Bündnis mit denjenigen, die er seine Brüder nennt und seine Unterstützung in der Aufstiegsbewegung zeigen. Vor allen aber möchte er, dass die Menschen wissen, wie er von jedem auf diesem Planeten erreicht werden kann und dass niemand dazu nach Indien reisen oder ein Devotee werden müsse.

Wie man Sai Baba ruft

Sai Baba ist in der Sekunde bei mir, in der ich ihn rufe und er beantwortet auf wundersame Weise ein jedes meiner Gebete. Er möchte dies auch für euch tun, wenn ihr ihn darum bittet. Mein erster Kontakt zu ihm entstand durch den Brief, den ich an ihn schrieb. Schreibe ihm, wenn du möchtest, einen Brief, wenn du Hilfe brauchst und bitte ihn darum. So wie in dem Baseballfilm *Field of Dreams*, "wenn du ihn rufst, wird er kommen". Stimme dich während der Meditation auf ihn ein. Bitte in der Meditation darum, auf dem Liebesthron von Sai Baba in seinem Ashram Platz nehmen zu dürfen. Bade im süßen Nektar seiner Liebe. Mit seiner Herrlichkeit ist nichts zu vergleichen. Wenn sie dich einmal berührt hat, hält dies das ganze Leben lang an. Sai Baba möchte, dass ihr wisst, dass er für alle da ist. Alle sind einzigartig für ihn. Alle werden, wenn sie es möchten, unter seine Fittiche genommen. Die Verbindung deiner persönlichen Kraft mit der Kraft von Sai Baba und den Aufgestiegenen Meistern kann den Tod überwinden. Dies ist ein unschlagbares Team. Bitte um die Gnade und Hilfe von Sai Baba in jedem Aspekt deines Lebens. Sai Baba kann eine aufrichtige und liebevolle Bitte um Hilfe nicht überhören. Es ist ihm eine Freude, eine jede aufrichtige Bitte zu beantworten. Rufe ihn, was immer dich im Moment bewegt, seien es Gesundheitslektionen, finanzielle Probleme, Beziehungsprobleme oder berufliche Probleme. Mit dieser Kraft kannst du jeden Gipfel erklimmen und jede Hürde nehmen.

Andere Beispiele der Hilfe

Sai Baba ist immer bei mir als mein Beschützer und Wohltäter, indem er mir bei meiner Mission hilft und alle Blockaden auflöst. Ein Beispiel dafür war, dass mein Verleger die Unterschrift eines bestimmten Vertrages, welcher die weltweiten Übersetzungsrechte meiner Bücher regelte, hinauszögerte. Das ging schon Monate, bis ich schließlich Sai Baba um Hilfe bat und dieser auf der Inneren Ebene den Stift nahm und den Vertrag unterzeichnete. Ich sprach zwei Tage später mit der zuständigen Person und sie erklärte mir, dass sie den Vertrag unterschrieben hätte.Ich bat Sai Baba auch darum, das Wesak-Festival 1995 mit 300 Teilnehmern feiern zu können. Am Ende musste ich 200 Leuten absagen. 1996 bat ich Sai Baba wieder darum, mir zu helfen 1200 Teilnehmer zusammenzubekommen und wieder mussten wir welchen absagen. Melchizedek, Lord Maitreya und die anderen Meister helfen auch immer mit, was die Kraft natürlich unterstützt. Wie ihr seht, bitte ich Sai Baba um alles. Einmal wollte eine Freundin mehr Klienten und bat Sai Baba um Hilfe. Ein paar Tage später hatte sich ihr Klientenzulauf erheblich vermehrt. Ein anderes Mal bat sie Sai Baba um etwas Vibhuti. Zwei Tage später gab ihr ein Freund etwas davon zum Geburtstag. Wir brauchen uns nicht zu fragen, woher das Geschenk stammt. Man hat in ihm einen wahren Freund, der darauf wartet zu helfen.

Das Bitten und die Entschlossenheit sind die Schlüssel

Der Schlüssel hierbei ist, dass du Sai Baba um Hilfe bitten musst, so wie auch bei den Aufgestiegenen Meistern. Ich war gesegnet in meinem Leben und habe enorme Hürden genommen und das aus zwei Gründen. Der eine ist mein starker Wille, leben zu wollen, Befreiung zu erreichen und zu dienen. Der zweite ist, dass ich mich nicht scheute, um Hilfe zu bitten und bei jedem Schritt Fragen zu stellen. Wie Djwhal Khul in den Alice Bailey Büchern sagt: "Manchmal übertrifft der Durchschnittsmensch das Genie." Ich bin ein Durchschnittsmensch. Was ich in diesem Leben durchmachte, hätte mich zerstören können. Stattdessen betrachte ich mich selbst als den glücklichsten Menschen auf Erden. Wenn ich diese Gesundheitslektionen nicht erfahren hätte, wäre ich nicht der Mensch, der ich heute bin. Ich bin jetzt dankbar für die Schwierigkeiten und augenscheinlichen Verluste, denn ich kam durch diesen Weg viel weiter. Durch meine Herausforderungen musste ich mich durch das Feuer des Lebens hindurchkämpfen. Meine Entscheidungsmöglichkeiten waren die, entweder zu straucheln und zerstört zu werden oder zu einem Mann aus Stahl zu werden. Es gab kein Dazwischen. Sai Baba sagt: "Es ist der Geist, der Fesseln erzeugt und es ist der Geist, der Freiheit erzeugt." Gott hat mir alles abverlangt - oder ich habe mir alles abverlangt - damit ich nur noch auf Gott vertraue. Ich habe mich ganz Gott und den Meistern übergeben und ich habe mich auch ganz der Menschheit übergeben. Wie *Ein Kurs in Wundern* sagt: "Um alles zu haben, gib allen alles." Ich habe in meinen Büchern, Vorträgen, Workshops und dem täglichen Leben absolut nichts vor euch zurückgehalten, meine Brüder und Schwestern. Ich wusste, irgendetwas zurückzuhalten hätte bedeutet, alles vor mir selbst zurückzuhalten, da wir in Wahrheit alle ein Selbst sind. Durch die Gnade Gottes habe ich alles gegeben und durch die Gnade Gottes und Sai Babas habe ich alles zurückbekommen. Dafür bin ich ewig dankbar.

Mehr über Sai Baba

Ich würde mich freuen, wenn jeder Mensch auf diesem Planeten sich mit Sai Baba befassen würde. Seine Lehren gehören zu den Klarsten und Schönsten, die ich jemals gefunden habe. Nur die Lehren von Djwhal Khul und Jesus sind damit vergleichbar. Es gibt ein Kapitel in meinem Buch *Das komplette Aufstiegshandbuch,* das sich mit dem Leben und den Lehren Sai Babas befasst. Damit kann man beginnen. Dann gibt es noch viele weitere wunderbare Bücher über und von Sai Baba. Im Folgenden zähle ich diejenigen auf, die ich besonders gern habe: *Voice of the Avatar*, eine Sammlung von Zitaten; *Baba, the Breath of Sai* von Grace McMartin; und Howard Murphets beiden Bücher *Sai Baba und seine*

Wunder und *Sai Baba Avatar*. Diese Bücher bieten einen guten Überblick über seine Lehren. Lest diese und andere Bücher von und über Sai Baba und ihr seid gewappnet für das Leben. Ich empfehle euch auch den Bodhi Tree Book Store in Los Angeles, um dort den Videofilm mit dem Titel *The Aura of Divinity* zu bestellen. Was er auch immer kostet, es lohnt sich. Er ist einer der teuersten Filme, die ich habe. Er geht über zwei Stunden und erzählt die Geschichte und die Mission Sai Babas. Der Film zeigt, wie er Dinge manifestiert und wie er vor euren Augen Wunder vollbringt. Ich habe mir dieses Video oft angesehen und jedes Mal hat es mich überwältigt.

Sai Baba Quellen

Buchhandlungen
Sathya Sai Book Center of America
305 West First Street
Tustin, CA 92680
(714) 669-0522, Fax (714) 669-9138

Diese Buchhandlung führt alle Sai Baba Bücher und schöne Bilder für euren Altar. Solltet ihr jemals in Los Angeles sein, dann besucht diesen Laden. Es gibt darin auch einen Raum mit einer orangen Robe von Sai Baba und anderen Dingen von ihm, in dem man meditieren kann. Ein Bestellkatalog ist auch erhältlich.

The Bodhi Tree Book Store
8585 Melrose Avenue
West Hollywood, CA 90069-5199
(800) 825-9798 or (310) 659-1733.
Ein Bestellkatalog ist auch erhältlich.

Newsletter
Es gibt eine vierteljährlich erscheinende Sai Baba Zeitung für 5 $ im Jahr.
Sathya Sai Newsletter
1800 East Garvey Ave.
West Covina, CA 91791

Sai Babas Ashram

Ich empfehle euch, Sai Baba in seinem Ashram in Indien zu schreiben. Sai Baba sagt, dass er alle Briefe beantworten würde, nicht unbedingt physisch, aber spirituell. So entstand mein erster Kontakt mit ihm. Danach reicht es aus, ihn während einer Meditation zu rufen, er kommt sofort, wie es auch die anderen Aufgestiegenen Meister tun.
Sai Babas Adresse in Indien lautet:

Sri Sathya Sai Baba
Prasanthi Nilayam P.O.
Anantapur District,
Andhra Pradesh 515134
South India

Abschließend zu dieser Einführung möchte ich noch zwei weitere, erst kürzlich geschehende Erfahrungen mit Sai Baba mit euch teilen. Die erste war eine telepathische Nachricht, die ich kurz nach dem Wesak-Festival 1996 mit 1200 Teilnehmern erhielt. Das Wesak-Festival war ein großer Erfolg; eines der Highlights kam für mich jedoch ein paar Wochen danach. Sai Baba kam zu mir und sagte, dass er mit meinem Wesak-Festival sehr zufrieden war und dass mein gerade fertig gestelltes Buch als Geschenk der Hingabe von mir an ihn und die Aufgestiegenen Meister ihn sehr erfreut hatten. Ich war sehr geehrt von Sai Babas Rückmeldung, den ich so sehr liebe.

Die andere Begegnung war eine Traumerfahrung auf der Inneren Ebene. Ich fuhr auf der Schnellstraße und bog rechts ab und war plötzlich auf einem kleinen Felsvorsprung oberhalb der Straße. Ich wartete hier auf Sai Baba. Er kam und ich gab ihm eine Art Hallmark-Grußkarte mit einer wunderschönen, gedruckten Nachricht. Ich dachte auch daran, dass ich selbst noch etwas Persönliches hätte dazuschreiben können. Sai Baba las die Nachricht und ich dachte, er hätte meine Karte vergessen, da er bald darauf ging. Als ich dies dachte, bemerkte ich Blut auf meinem Hemd. Ich war nicht verletzt und es war auch nicht mein Blut. Ich wusste sofort, dass dies ein großer Segen war. Es war das Blut von Christus. Sai Baba trägt das Amt des kosmischen Christus in der spirituellen Regierung. Ich fühlte mich sehr geehrt von seiner Segnung. Er gab mir diese Segnung genau in dem Moment, in dem ich dachte, er würde meine Karte nicht beantworten, was den Einfluss noch verstärkte.

1 Spirituelle Kernprinzipien

Schlüssel 1-53

Bedingungslose Liebe
Betrachte alles mit dem Christusbewusstsein
Das Herz des Mitgefühls: Erkenne die Einheit in allem Leben
Kraft
Suche nur Gott
Hingabe und Loslösung
Selbsterkenntnis und der rechte Umgang mit sich selbst
Balance
Dienen
Lebe das Leben eines spirituellen Kriegers
Spirituelle Gelübde

Bedingungslose Liebe

1. Die Grundlage allen Lebens und aller spiritueller Praxis

Die bedingungslose Liebe ist der erste goldene Schlüssel. Es war das Herz, das meine Heilung, meinen Aufstieg und meine Führerschaft manifestierte. Sai Baba lehrt, dass die Liebe die wichtigste spirituelle Praktik von allen ist. Er sagt, dass die Art zu leben darin besteht, "den Tag mit Liebe zu beginnen, ihn mit Liebe zu erfüllen, ihn in Liebe zu verbringen und mit Liebe zu beenden, da dies der Weg zu Gott ist." Dies ist die Grundlage aller spirituellen Praxis. Sai Baba sagte auch, dass unsere physischen Körper wie Häuser sind, die Gott an uns vermietet hat. Wir leben so lange im physischen Körper wie Gott es will und wir zahlen Gott die Miete in Form von Glauben, Hingabe und spiritueller Sadhana, oder spiritueller Praxis, wobei die wichtigste Übung in der bedingungslosen Liebe besteht. Sai Baba sagt, dass der Weg zur Unsterblichkeit in der Beseitigung der Untugend liegt. Eins mit Gott zu sein bedeutet, mit allen in Liebe verbunden zu sein. Dies bildet die Grundlage von allem. Mit der bedingungslosen Liebe sind zudem die Qualitäten Großzügigkeit und Gnade verbunden. Es gibt spirituelle Lehrer, die über einen großen Schatz an Informationen verfügen, bekannte Channel oder gute Psychologen sind, wenn ihnen jedoch die bedingungslose Liebe als Grundlage ihres Tuns fehlt, hat sich ein falsches Denken eingeschlichen. Wenn sich jemand an alle goldenen Schlüssel in diesem Buch hält, jedoch keine bedingungslose Liebe lebt, war alles vergebens und die wahrhaftige Gottesverwirklichung wird nicht erlangt.

2. Wandle alle angreifenden Gedanken in Liebe um

Der nächste goldene Schlüssel ist ein Aspekt der Liebe, der für mich führend war und der aus dem Buch *Ein Kurs in Wundern* stammt. Es geht dabei darum, alle angreifenden Gedanken loszulassen. Ich habe mir selbst und Gott gegenüber ein Gelübde abgelegt, dass ich niemals jemanden angreifen werde, auch wenn ich selbst angegriffen werde. Ich setze alles daran, die Haltung der Liebe aufrechtzuerhalten, ganz gleich wie sehr ich angegriffen werde. Das bedeutet nicht, dass ich nicht für mich selbst einstehe und meine persönliche Kraft beibehalte. Doch dies tue ich mit einer festen Form der Liebe. Dies kann für viele Menschen eine Herausforderung sein. Es ist mit der Qualität der Demütigung verbunden und damit, was Christus sagte über das Darbieten der anderen Wange und seine Feinde zu lieben. Es hängt auch damit zusammen, alles mit dem Christusbewusstsein zu betrachten.

3. Bleibe in allen Situationen in der Liebe, der Einheit und im Frieden

Dieser goldene Schlüssel war meine Verpflichtung, bei allem was ich tue stets allen Dingen mit Liebe, Frieden und dem Gedanken der Einheit zu begegnen. Stets in Liebe, Einheit und Frieden zu verbleiben ist die leitende Regel von allem, was ich tue. Ich nehme diese Haltung an, wenn mir Menschen begegnen, die sich mit mir vergleichen oder die mit mir in einen Wettstreit treten wollen oder sich einfach nur sehr egoistisch verhalten. Dies führt immer zu der augenblicklichen Haltung des Vergebens; mir selbst und den anderen gegenüber. Jede Lebenssituation ist für mich ein spiritueller Test, um zu sehen, ob es mir auch tatsächlich gelingt, in dieser Haltung zu bleiben.

4. Praktiziere die göttliche Gegenwart

Ich nenne diesen Schlüssel das Praktizieren der göttlichen Gegenwart. Diese Beschreibung stammt aus einem netten, so betitelten Buch von Joel Goldsmith. Jeden Tag stehe ich auf und versuche, die Gegenwart Gottes zu praktizieren. Ich erkannte, dass ich wie Gott handeln müsste, wenn ich so sein wollte wie er. Jeder Mensch, jedes Tier, jede Pflanze und jeder Stein ist eine Inkarnation Gottes. Ich gewöhnte mir an, jeden Menschen so zu begrüßen, als stände Jesus Christus oder Buddha vor mir, die wir ja auch alle in Wahrheit sind. Das half mir auch dabei, eine große Liebe für alle Tiere zu entwickeln. Dabei versuche ich es so lange, bis es tatsächlich eintrifft. Das heißt, dass ich so lange übe ein Aufgestiegener Meister zu sein, bis ich es schließlich bin; eine empfehlenswerte Übung. Es reicht somit nicht aus, nur an Gott zu denken oder Gott zu fühlen, wir alle müssen so sein wie er. Dies mag das wichtigste Sadhana oder die größte spirituelle Übung von allen sein.

5. Heilige Augenblicke

Dieser goldene Schlüssel handelt vom Verständnis der "heiligen Augenblicke", wie sie in *Ein Kurs in Wundern* beschrieben werden. In diesen heiligen Augenblicken bin ich der Christus, seid ihr der Christus, sind wir alle perfekt und alle eins und eins mit Gott. Tatsächlich ist alles andere eine Illusion. Daher heißt es in *Ein Kurs in Wundern* auch: "Nichts Wirkliches kann bedroht werden. Nichts Unwirkliches existiert. Hierin liegt der Friede Gottes." Du musst nicht erst versuchen Gott zu werden. Du bist es bereits. Der spirituelle Weg sorgt dafür, dass sich der Schlamm vom Diamanten löst. Unser eigenes fehlerhaftes Denken hat sich mit dem Schlamm, statt mit dem Licht verbunden. Im heiligen Augenblick wird all dies aufgelöst und ist nur ein böser Traum, der niemals wahr wird.

6. Heilige Begegnungen: Siehe Gott in jedem Menschen

Den folgenden goldenen Schlüssel nenne ich die heilige Begegnung. Dies ist ebenfalls ein Begriff aus *Ein Kurs in Wundern*. Darin heißt es, dass jede Begegnung mit einer Schwester oder einem Bruder eine heilige Begegnung ist. Jeder menschliche Austausch ist, als ob Christus auf Christus und Gott auf Gott trifft. Dies und die Wahrnehmung der Unschuld in jeder Person, die ja göttlich ist, war eine meiner wesentlichen spirituellen Sadhanas. Dieses Ideal führt zur bedingungslosen Liebe; da jeder Mensch Gott und das Ewige Selbst ist, kann nichts als Liebe darauf folgen. Dieses Ideal birgt die Verpflichtung hinter die Erscheinung des physischen, emotionalen und mentalen Körper zu blicken und den wahren Kern eines jeden Menschen wahrzunehmen. Die Welt ist der Spiegel unserer eigenen Gedanken. Was wir in unseren Brüdern und Schwestern sehen, ist tatsächlich das, was wir in uns selbst sehen. Um sich selbst zu heilen, muss man Gott in jeder Person wie auch in sich selbst erkennen. Dies bezieht sich auch darauf, wie man dem anderen Geschlecht begegnet. Achtest du zuerst auf den physischen Körper eines Menschen oder darauf, ob Gott in einem physischen Körper wohnt?

Betrachte alles mit dem Christusbewusstsein

7. Heilung der Einstellung: Denke aus dem Christusbewusstsein heraus

Dieser goldene Schlüssel handelt von der Einstellung und der Perspektive. Unsere Gedanken erzeugen unsere Realität und es gibt stets eine Lebensperspektive die inneren Frieden mit sich bringt, egal wie die Lebenssituation auch aussehen mag. Dies ist die Wissenschaft der Heilung der Einstellung. Die Verpflichtung jederzeit aus meinem Christusbewusstsein und nicht aus meinem negativen Ego heraus zu denken, ist einer der Hauptschlüssel für den Erfolg in meinem Leben. Sobald meine Gedanken unklar wurden, setzte ich mich an mein Tagebuch und schrieb so lange alle Gedanken nieder, bis diese wieder in der richtigen und klaren Perspektive waren. In meinen jüngeren Jahren saß ich oft und lange an meinem Tagebuch. Nun habe ich so viel Übung darin, dass ich es effektiv in meinem Geist verrichten kann. Aus dem Christusbewusstsein heraus zu denken führt zu Klarheit, Beständigkeit und Stabilität; auch zu einer emotionalen Stabilität, da unsere Emotionen häufig unsere Einstellungen verursachen. Hinsichtlich des Denkens aus dem Christusbewusstsein sei zum Verständnis gesagt, dass es nur zwei Arten von Emotionen gibt: Liebe und Angst. Emotionen, die auf dem Boden der Liebe wachsen sind ein Ausdruck des Christusbewusstseins; angstbegründete Emotionen hingegen sind der Ausdruck des Egos. Das Ego nimmt sich selbst als getrennt wahr, daher kommt die Angst in dem Moment auf, indem es sich selbst zu schützen sucht. Wenn du alles aus dem Christusbewusstsein heraus betrachtest, siehst du alles als Eins und als Teil Gottes und daher hast du liebevolle Emotionen. Somit hängen alle Erfahrungen, die du in deinem Leben machst, davon ab, aus welchem Bewusstsein heraus du denkst und handelst. Das ist die Grundlage allen spirituellen Wachstums.

8. Entdecke die Liebe, nicht die Fehler - Schaue durch die Augen von Christus

Diesen goldenen Schlüssel habe ich ebenfalls aus *Ein Kurs in Wundern* gelernt - die Liebe zu entdecken, statt der Fehler. Ich versuche immer in anderen und in mir das Beste zu sehen. Alles im Leben ist Wahrnehmung. Wir sehen mit unserem Verstand, nicht nur mit den physischen Augen. Alle Menschen sind wunderbar, wenn wir sie mit den Augen von Christus betrachten. Dies führt zu der Bedeutung, nicht zu verurteilen. Es ist gut im Leben die Dinge spirituell wahrzunehmen und zu beobachten, solange dies aus dem Herzen und nicht aus dem Verstand heraus geschieht. Die liebeswerten Seiten anstatt der Fehler zu entdecken ist eine Übung, Gott in allem zu suchen und die wahre Schönheit hinter der physischen Erscheinung zu erkennen. Das Glas halb voll oder halb leer zu betrachten ist eine Folge der gewählten Wahrnehmung. Die Schönheit liegt stets in den Augen des Betrachters.

Das Herz des Mitgefühls: Erkenne die Einheit in allem Leben

9. Das Leiden des Einen ist das Leiden aller

Dieser goldene Schlüssel half mir sehr dabei, mein Mitgefühl zu entwickeln. Meine Studien des Buddhismus und meine Hingabe an Quan Yin und die Jungfrau Maria haben mich darin sehr beeinflusst. Ich habe wirklich gelernt zu verstehen, dass das Leid anderer Menschen auch mein Leid ist. Das Leiden der Tiere und der Pflanzen ist mein Leiden. Wir brauchen dabei das Leiden der anderen nicht auf uns zu nehmen, doch wir können das höchstmögliche Mitgefühl für ihre Leiden entwickeln. Ich glaube, dass Mitgefühl eine der wichtigsten Christus-/Buddha-Qualitäten darstellt, die man entwickeln kann.

10. Eins mit allem Leben: Geschichten mit Sai Baba

Dieser goldene Schlüssel besagt, dass wir eins mit allem Leben sind und dass alles Leben als ein Teil Gottes geehrt werden muss. Diesen Schlüssel möchte ich mit zwei meiner Lieblingsgeschichten mit Sai Baba darlegen. Die erste geschah zu der Zeit, als Sai Baba als der Avatar Shirdi Sai Baba inkarniert war. Eines Tages ging eine seiner Devotees auf den Markt, um ihm frische Datteln, Feigen und Nüsse zu besorgen, die sie ihm darbringen wollte. Sie kam nach Hause und legte die Früchte auf einen Teller, den sie auf den Tisch stellte. Nachdem sie den Raum verlassen hatte, um sich für den Besuch umzuziehen, stieg ihr Hund auf den Tisch und fraß alles auf. Als die Frau dies sah, wurde sie sehr wütend, schlug den Hund und jagte ihn aus dem Haus. Dann ging sie ärgerlich nochmals zum Markt und holte neue Früchte, die sie ihrem Guru, Shirdi Sai Baba, etwas später darbrachte. Dieser sagte jedoch abweisend: "Ich will diese Früchte nicht. Ich habe bereits gegessen." Die Frau war schockiert und fragte: "Was meinst du damit, Meister? Es ist noch früh am Tage." Er aber antwortete: "Ich hatte bereits gegessen, doch dann hast du mich geschlagen und aus dem Haus gejagt."

Die Geschichte hat mich so sehr berührt, dass ich von da an stets versuchte mir bewusst zu machen, dass ich in allen Dingen lebe und alle Dinge in mir leben. Was ich einem anderen zufüge, füge ich mir buchstäblich selbst zu. Die goldene Regel lautet: "Behandle andere so, wie du dir wünschst selbst behandelt zu werden." Wenn unsere wahre Identität das Ewige Selbst ist und die gesamte Schöpfung ein Teil des Ewigen Selbst ist, dann fügen wir alles, was wir einem anderen Teil der Schöpfung zufügen, buchstäblich uns selbst zu. Gleichermaßen ist es auch so, dass, wenn wir anderen Gutes tun, uns selbst Liebe schenken. Wenn die Menschheit dieses eine Gesetz wirklich verstehen und leben würde, würde sich die gesamte Welt in einem Augenblick verändern. Die andere Geschichte von Sai Baba erzählt davon, dass jemand Sai Baba im Auto fuhr und er mit geschlossenen Augen in Meditation auf dem Rücksitz saß. Der Wagen fuhr ungefähr 50 Meilen pro Stunde als der Fahrer plötzlich eine Schlange auf der Fahrbahn sah. Da er Sai Baba durch zu starkes Abbremsen nicht stören wollte, überfuhr er die Schlange. Ein Blick in den Rückspiegel vermittelte ihm das gute Gefühl, dass Sai Baba sich noch immer in der Meditation befand. Als sie ihr Ziel erreicht hatten, öffnete der Fahrer die Tür für Sai Baba, der aus dem Auto stieg und sich das Hemd auszog. Als er davonging sah der Fahrer die Abdrucke von Autoreifen auf Sai Babas Rücken. Sai Baba verlor nie ein Wort darüber!

Jeder Mensch, jedes Tier, jede Pflanze und jeder Stein ist Gott. Es gibt nur eine Identität im Universum für alles Leben darin und das ist Gott. Wir teilen alle diese Identität. Wir müssen jedes Bedürfnis nach Glanz, Illusion, Maya und Erscheinung loslassen, um die wahre Realität des Lebens zu erkennen. Unsere wahre Identität als das Ewige Selbst lebt in der ganzen Schöpfung. Die ganze Schöpfung ist ein Teil von dir. Bemühe dich daher darum, in allen Dingen harmlos und gewaltlos zu sein. Eure Brüder und Schwestern teilen dieselbe Identität des Christus mit euch. Gott hatte nur einen Sohn und eine Tochter und wir alle sind ein Teil dieser Sohn- und Tochterschaft. Wir alle üben uns darin, so zu werden wie Gott und dies auf immer tieferen Ebenen zu erfahren. Dies ist der Einweihungsprozess. Lernt aus dem Beispiel von Sai Baba.

Kraft

11. Beanspruche deine persönliche Kraft

Dieser goldene Schlüssel birgt eine Kernaussage in meinem Leben. Er ist meiner Meinung nach genauso wichtig, wie der goldene Schlüssel der bedingungslosen Liebe; so wie kein anderer goldener Schlüssel in diesem Buch. Dieser Schlüssel ist die Beanspruchung deiner persönlichen Kraft. Ich habe eine Vereinbarung getroffen, jederzeit über meine persönliche Kraft zu verfügen. Als ich die Aufgestiegenen Meister fragte, welches der Schlüssel zur Führerschaft wäre, sagten sie: "Ermächtigung". Über die eigene Kraft zu verfügen, erzeugt innere Stärke und Festigkeit, beides unerlässlich für eine effektive Führungsposition. Der einzige Grund dafür, dass ich noch immer in diesem physischen Körper bin ist der, dass ich ihm während all meiner Gesundheitslektionen nie meine Kraft übergeben habe. Ich habe viele Jahre, selbst im Schlaf, trainiert, meine eigene Kraft niemals abzugeben. Dadurch wurde mein Leben viel leichter als früher, da dies zu einer Gewohnheit wurde. Das soll jedoch nicht bedeuten, dass nicht stets eine gewisse Wachsamkeit nötig wäre. Wenn du dich an nichts anderes aus diesem Buch erinnerst, dann erinnere dich an diese beiden goldenen Schlüssel: *persönliche Kraft* und *bedingungslose Liebe*. Die Verbindung der Energie des ersten und des zweiten Strahles bilden die Grundlage für Gottes Königreich.

12. Gib deine persönliche Kraft nicht ab

Dieser goldene Schlüssel in meiner spirituellen Entwicklung lag darin zu lernen, meine persönliche Kraft an nichts und an niemanden abzugeben. Dies ist die logische Folge, um deine persönliche Kraft zu besitzen. Gib deine Kraft nicht an andere Menschen, äußere Situationen, deine Emotionen, Gedanken, deinen physischen Körper, dein Unterbewusstsein, dein inneres Kind, das Ego, niedere Bedürfnisse oder die Sexualität ab. Gib deine Kraft nicht an die Astrologie, deine Träume, die Strahlen, irgendeine spirituelle Wissenschaft oder einen Weg oder an die Aufgestiegenen Meister ab. Gib selbst Gott nicht deine Kraft. Gott möchte sie nicht. Gott möchte, dass du sie selbst nutzt, wie auch deine Liebe und Weisheit, um ein Meister zu werden. Bete kraftvoll und nicht wie ein Schwächling. Dein Gebet wird dadurch viel mehr Kraft haben. Die Astrologie ist wunderbar, doch der Grundsatz lautet, dass du Gott bist und dass Gott die Astrologie erschaffen hat. Träume sind wunderbar, doch gib ihnen nicht deine Kraft, sodass ein beunruhigender Traum dir nicht den gesamten Tag verdirbt.

13. Gib Channels nicht deine Kraft

Bezogen auf den vorhergehenden Schlüssel möchte ich nochmals darauf aufmerksam machen, keinem äußeren Channel deine Kraft abzugeben, selbst wenn diese Person die Aufgestiegenen Meister channelt. Bei allen Channelings, egal von wem sie durchgeführt werden, wird diese Information durch die eigene Persönlichkeit und Denkkonstruktion dieser Person gefiltert - selbst wenn wir dabei von Edgar Cayce, Alice Bailey und anderen großen Channels sprechen. Zudem ist die Information in dem Moment, in dem sie gegeben wird, von Wert, jedoch gilt das nicht zwangsläufig für spätere Zeiten. Erinnere dich daran, dass selbst die Aufgestiegenen Meister nicht über alle Informationen verfügen. Sie sind vielmehr erst ein Zehntel des Weges bis zur vollkommenen Gottesverwirklichung gegangen. Ich möchte damit nicht sagen, dass es nicht manchmal gut wäre, äußere Channels zu nutzen, denn das ist es. Es gibt bestimmt auch einige gute gechannelte Bücher. Was ich damit sagen möchte ist, *dass du deiner eigenen Führung und Intuition vor allem anderen Äußeren vertrauen sollst*. Und übergib deine Kraft nicht dem Channeling-Prozess an sich. Letztendlich möchte ich dich darum bitten, dir selbst zu vertrauen.

14. Sei die Ursache in deinem Leben

Der nächste goldene Schlüssel war die Einstellung und das Praktizieren davon, die Ursache in meinem Leben zu sein und nicht die Wirkung. Das macht es möglich, ein Meister seines Lebens zu sein und nicht das Opfer. Die Ursache in deinem Leben zu sein, ist ein wesentlicher Bestandteil deine persönliche Kraft stets beizubehalten. Die Ursache in meinem Leben zu sein, war der Hauptschlüssel für meinen Erfolg beim Manifestieren. Indem ich stets die Ursache bin und meine persönliche Kraft, Gebete, Affirmationen, Visualisationen und positiven Handlungen einsetze, war ich immer in der Lage, alles zu manifestieren was ich benötigt habe. Ich habe die Kraft des Hermetischen Gesetzes genutzt "Wie innen so außen, wie oben so unten". Die Meisterung meines Verstandes führte zur Meisterung meiner Gefühle, was zur Meisterung meines Unterbewusstseins und dem Vierkörpersystem führte. Dieses Maß an persönlicher Kraft hat alles was ich benötigt habe angezogen, da das Überbewusstsein, das Bewusstsein und das Unterbewusstsein im Einklang miteinander waren. Dies, verbunden mit Gebeten und dem Einsatz der Kraft von Sai Baba, den Aufgestiegenen Meistern und Gott hat ein Wunder nach dem anderen hervorgebracht. In Wahrheit gibt es jedoch keine Wunder, es ist nur das Nebenprodukt der Anwendung der universellen Gesetze. Genau genommen habe ich nicht über alles, was in meinem Leben geschieht die totale Kontrolle; doch ich habe die vollständige Kontrolle über meine Einstellung den Dingen gegenüber, die in mein Leben treten. Indem ich mich dazu verpflichte, stets aus meinem Christusbewusstsein und nicht mit dem Ego zu denken, bin ich in der Lage das Beste für mich anzuziehen.

Suche nur Gott

15. Der Wunsch nach Gottesverwirklichung

Dieser goldene Schlüssel war meine völlige Verpflichtung, Befreiung zu erlangen und zu dienen. Die östlichen Religionen reden davon, alle Wünsche aufzugeben. Das Ideal des Lebens liegt nicht darin, Wünsche aufzugeben, sondern darin, nur Wünsche im Sinne des Höheren Selbst zu haben. Mein allumfassender Wunsch im Leben war die Gottesverwirklichung, Befreiung und den Aufstieg zu erlangen und zu dienen. Ich war vollständig davon beseelt - und nur davon. Ich habe mich so sehr darauf konzentriert, dass ich es meinem niederen Selbst nicht erlaubte mich abzulenken. Ich habe versucht, die Christus-Qualitäten der Zentrierung und Beibehaltung dieses Fokus zu verstärken. In der östlichen Religion nennt man dies dem Dharma folgen. Ich bin meinem Dharma gefolgt wie ein Ertrinkender, der nach Luft ringt.

Die Tatsache, dass ich über meine persönliche Kraft verfüge, die bedingungslose Liebe lebe und dieses spirituelle Feuer in mir spüre, hat diesen unaufhörlichen Enthusiasmus entwickelt, der meine Persönlichkeit und meine Bücher ausmacht. Ich liebe Gott aus tiefstem Herzen, meiner Seele, meinem Geist und mit aller Kraft und ich scheue mich nicht dies zu zeigen. Dem liegt meine Vereinbarung zugrunde, die ich durch eine unermessliche Anzahl von spirituellen Gelübden verstärkt habe. Ich halte an diesen Gelübden fest und betrachte sie wie meine persönlichen Felsen der Schöpfung. Meine persönliche Vereinbarung dient nicht nur dem planetaren Aufstieg, sondern auch dem Erlangen des kosmischen Aufstiegs für mich und alle meine Brüder und Schwestern.

16. Hingabe an Gott

Dieser Schlüssel war die Liebe zu Gott und zu den Meistern. Dies wird manchmal als Hingabe bezeichnet. Ich glaube, die stärkste Inspiration für diese Qualität kam durch den unvergleichlichen Paramahansa Yogananda. Hingabe und Reinheit durchdringen diese große Seele und strahlen von ihr aus. Dies trifft auch auf Sai Baba zu. Das Wesen der Hingabe ist die Liebe zu Gott und Seiner Schöpfung. Alle Liebe beginnt mit der Liebe zu Gott. Jesus fasste das gesamte Gesetz zusammen und sprach:
"Liebe den Herrn, deinen Gott, mit deinem ganzen Herzen, deiner Seele, deinem Geist und mit ganzer Kraft und liebe deinen Nächsten wie dich selbst."
Man kann Hingabe leben ohne seine eigene Kraft abzugeben und das ist ein wichtiger Aspekt. Djwhal Khul sagte mir, dass die Meister meine Liebe für sie fühlen und schätzen. Die Liebe zu Gott und den Meistern war der Leitgedanke meines Lebens. Allein Gott gilt mein Interesse. Nimm dich vor falschen Göttern und der Verehrung von Idealen in Acht. Einige dieser falschen Götter sind Geld, Sexualität, Macht, Ruhm und Liebesbeziehungen. Betrachte dein Leben so ehrlich wie möglich und finde heraus, ob du etwas vor Gott stellst. Solltest du fündig werden, verzeihe dir selbst und korrigiere es.

17. Durst nach spirituellem Wissen und Weisheit

Der folgende goldene Schlüssel war mein unglaublicher Durst nach spirituellem Wissen und Weisheit. Ich bin mir sicher, dass die meisten Leser das ebenso kennen. Ich hatte niemals Interesse daran, meinen Verstand mit unbedeutenden Fakten zu füllen. Doch alles bezüglich spirituellem Wissen und über meine Möglichkeiten zu dienen rief einen unstillbaren Durst in mir hervor. Das Lesen spiritueller Literatur hatte einen enormen Effekt auf mein Leben. Das Lesen spiritueller Bücher in Verbindung mit Meditation, Gebet, Tagebuch-Schreiben, Selbsterkenntnis, Affirmationen, Visualisierungen, das Rezitieren der Namen Gottes und hingebungsvolle Musik, all das hatte einen enormen Einfluss auf mein Leben. Dies war meine grundlegende Sadhana oder spirituelle Praxis.

Hingabe und Loslösung

18. Hingabe an den Willen Gottes und in allen Situationen danken

Dieser goldene Schlüssel lehrte mich, alles, was im Leben geschieht, als Lektion, Herausforderung, Gelegenheit zum Wachstum und vor allem als spirituellen Test zu betrachten. Nimm die Geschehnisse als Geschenk an und segne jede Person und jede Situation. Diese Haltung ist dem Ego recht fremd, doch sie ist ein wahrer Schlüssel, um inneren Frieden zu entwickeln. Ich begegne allem in meinem Leben mit den Worten: "Nicht mein Wille, sondern Deiner geschehe, oh Gott. Danke für diese Lektion." Diese einfache Haltung hatte revolutionäre Auswirkungen auf mein Leben. Man kann sich Gott hingeben und dabei in der persönlichen Kraft bleiben, das schließt sich gegenseitig nicht aus. Die Idee ist beides gleichzeitig zu tun. Es funktioniert, versuche es.

19. Habe Vorlieben statt Bindungen

Der nächste goldene Schlüssel war die Haltung, Vorlieben statt Bindungen zu haben. Buddha wies in den vier Edlen Wahrheiten darauf hin, dass alles Leiden im Leben aus den eigenen Bindungen herrührt. Es gab eine Phase in meinem Leben, in der meine Gesundheit und zeitweise auch meine physische Existenz ernsthaft in Gefahr waren. Ich habe diese Zeit meine Hiob-Einweihung genannt. Während dieser Zeit musste ich alle Bindungen ablegen, sonst wäre es mir nicht möglich gewesen inneren Frieden zu finden. Bindungen loszulassen ist eine der Prüfungen der 4. Einweihung, welche die Einweihung des Verzichtes ist. Es ist sehr wichtig im Leben Vorlieben zu haben, auch sehr intensive. Doch Verhaftungen führen dazu, dass du unglücklich, ängstlich und nicht zentriert bist. Der Unterschied ist der, dass du mit Vorlieben glücklich bist, egal wie die Situation ausgeht; doch mit Bindungen und Erwartungen verlierst du deinen inneren Frieden, wenn sich die Dinge nicht so entwickeln, wie du es wünschst. Diese Haltung hatte ebenfalls eine große Auswirkung auf mein Leben.

20. Göttlicher Gleichmut

Dieser goldene Schlüssel bezieht sich auf die Entwicklung des göttlichen Gleichmuts. Dies bedeutet, etwas zu bezeugen, objektiv und losgelöst zu sein und dennoch daran teilzuhaben. Das ist der Unterschied zwischen Mitleid und Mitgefühl. Beim Mitleid übernimmst du das Leid des anderen. Beim Mitgefühl jedoch behält man seine Grenzen und ein gesundes psychologisches Immunsystem. Eine Führungskraft muss über diese Qualität verfügen. Dies ermöglicht einem, auf das Leben zu antworten, anstatt darauf zu reagieren.

Selbsterkenntnis und der rechte Umgang mit sich selbst

21. Der rechte Umgang mit sich selbst

Dieser goldene Schlüssel beinhaltet das Verständnis, dass die beiden wichtigsten Beziehungen in meinem Leben, die zu mir selbst und die zu Gott sind. Wenn ich keine rechte Beziehung zu mir selbst habe, dann werde ich auch mit keinem anderen in meinem Leben, einschließlich Gott, eine rechte Beziehung haben. Bringe erst diese beiden Beziehungen in Ordnung, dann werden auch alle anderen Beziehungen in göttliche Ordnung kommen. Bevor wir bereit dazu sind, anderen zu dienen, müssen wir uns erst selbst erkennen. Es ehrt diese Menschen, dass sie dies versuchen möchten, aber es wäre besser, zunächst mit sich selbst zurecht zu kommen.

22. Wahre Selbstachtung kommt von Gott

Der nächste goldene Schlüssel bezieht sich auf die Selbstachtung. Die wesentliche Einsicht hierbei ist, dass wahre Selbstachtung von Gott kommt. Sie ist unser spirituelles Erbe. Kann ein Sohn oder eine Tochter Gottes ohne Wert sein? Die Selbstachtung wird dadurch erhöht, dass man auf seine Siege achtet und nicht auf die Niederlagen. Dabei ist es auch wichtig, sich selbst nur mit sich selbst zu vergleichen. Vergleiche dich nicht mit anderen, denn jeder von uns trägt ein bestimmtes spirituelles Puzzlestück des göttlichen Planes in sich.

23. Verpflichtung zur Selbsterkenntnis und Überwachung der Gedanken

Dieser goldene Schlüssel war die unnachgiebige Verpflichtung zur Selbsterkenntnis. Ich betrachte Selbsterkenntnis als die Verpflichtung, die eigenen Gedanken zu überwachen und stets spirituell wachsam zu sein. Das bedeutet, niemals in den Autopiloten zu gehen. Es bedeutet auch, jedem ängstlichen Gedanken oder jedem Gedanken, der nicht von Gott stammt, den Zugang zu verwehren. Diese spirituelle Übung ist so wichtig, dass Sai Baba sagt, sie mache 75 % des spirituellen Weges aus. Dabei erkennt man, dass es keine neutralen Gedanken gibt, da alle Gedanken entweder aus dem Ego oder aus dem Höheren Selbst stammen. Das Ego fürchtet sich, doch das Höhere Selbst weiß, dass es ewig ist. Es liegt an uns, wem wir dienen möchten.

24. Überprüfe deine Motive

Dieser Schlüssel war die intensive Prüfung meiner Motive. Ich empfehle jedem Lichtarbeiter, dies so ehrlich und gründlich als möglich durchzuführen. Das negative Ego ist sehr trickreich, wie wir alle wissen. Was liegt in den tiefsten Tiefen unseres Unterbewusstsein verborgen, das uns wirklich dazu bewegt etwas Bestimmtes zu tun? Es bedarf jeder Menge Mut, um das herauszufinden. Um Gott tatsächlich zu verwirklichen und sich auf die höchsten Stufen der Führerschaft zu begeben, muss das Bewusstsein und das Unterbewusstsein vom Schmutz des Egos gereinigt werden, von Selbstsucht, Narzissmus, Wünschen des niederen Selbst, Hedonismus und Materialismus. In der Psychologie sollte man sich diesem Punkt intensiver widmen, als das bisher geschieht.

25. Verpflichtung das Leben in Einheit zu leben

Dieser goldene Schlüssel war meine Verpflichtung, in der Einheit zu leben. Man kann es auch als Übereinstimmung zwischen der mächtigen ICH BIN - Gegenwart, dem Höheren Selbst, dem Bewusstsein, dem Unterbewusstsein, dem Emotionalkörper und dem Physischen bezeichnen. Eine der häufigsten Schwächen der Lichtarbeiter liegt in der mangelnden Übereinstimmung dieser Ebenen. Das Bewusstsein denkt und antwortet in einer Weise und das Unterbewusstsein in einer anderen Weise. Das Bewusstsein sagt, dass es etwas tun möchte, der physische Körper vollzieht es aber nicht. Die Bedeutung der Einheit und niemals ein Wort zu sprechen, dem der Rest von euch nicht folgt, ist sehr wichtig auf dem spirituellen Pfad. Wenn die Aufgestiegenen Meister sagen, dass sie etwas tun, dann geschieht es auch. Integrität impliziert Zeitabsprachen einzuhalten, telefonische Rückrufe zu tätigen, mit Geld umgehen zu können und jedem anderen Aspekt des Erdenlebens gerecht zu werden. Wie können wir erwarten, Führungspositionen für einen Planeten, ein Sonnensystem, eine Galaxie oder ein Universum einnehmen zu können, wenn wir den Menschen auf der Erde gegenüber nicht integer sind? Wir müssen alle unsere Gedanken, Worte und Taten überwachen. Alles steht in den Seelenaufzeichnungen. Alles ist in dem permanenten Atom unseres Wesens aufgezeichnet. Indem wir selbstsüchtig sind und jemand anderem bewusst schaden, rücksichtslos und unsensibel sind, tun wir dies Gott an, denn unsere Brüder und Schwestern sind Gott. Die Integrität, die du deinen Brüdern und Schwestern entgegenbringst ist die, die du dir selbst zugestehst.

Die Welt und die anderen Menschen sind eine Projektionsfläche für unsere eigenen Gedanken. Wenn wir lernen, beständig nur Gedanken von Gott und aus dem Christus- und Buddhabewusstsein heraus zu projizieren, promovieren wir - dies gilt es auf dieser Erde zu lernen. Das Erdenleben ist eine Schule, in der man es lernt, so wie Gott zu sein. Es geht darum, einen reinen, fehlerlosen Charakter zu entwickeln. Die Frage lautet, wie werden wir uns entscheiden, unser Leben zu führen? Viele Menschen nehmen ihr Menschendasein als Entschuldigung für ihren Mangel an Integrität und das ist ein weiterer Zug des negativen Egos. Es entspringt zudem einem falschen Konzept des Verständnisses, was Menschsein bedeutet, da

Menschsein in seiner höchsten Form Gottsein bedeutet. Sich selbst als Gott, der in einem physischen Körper lebt zu erkennen, entspricht dem Bewusstsein der Aufgestiegenen Meister.

26. Heilige Sexualität

In diesem goldenen Schlüssel geht es um die Sexualität. Einer der Schlüssel für meine physische Heilung und meinen spirituellen Fortschritt war meine Verpflichtung, mich in der Sexualität zu mäßigen. Ich bin bestimmt nicht prüde, doch je weiter ich spirituell voranschritt, umso heiliger wurden die sexuellen Energien für mich. Ich hob diese Energie immer weiter an, um sie für andere Dinge, wie Meditation und Erleuchtung einzusetzen. Ich hatte einen eher tantrischen Bezug zu meinen sexuellen Partnerinnen, mein gesamter sexueller Ausdruck wurde heiliger. Sexuelle Energie entspricht der Lebensenergie. Ich habe mich dazu verpflichtet, diese Energie niemals in sinnliche oder Kanäle des niederen Selbst fließen zu lassen. Dies erfordert eine starke Verpflichtung, Konzentration und Selbstdisziplin, doch es ist die Mühe wert. Die Sexualität ist einer der schwierigsten Bereiche für die Lichtarbeiter auf ihrem Weg zur Gottesverwirklichung und der völligen Selbstmeisterung und sie stellte auch für mich in den früheren Jahren eine Herausforderung dar. Die rechte Anwendung sexueller Energie hat dementsprechend große Auswirkungen auf die Heilung und den spirituellen Fortschritt in deinem Leben.

27. Übe Gewaltlosigkeit

Dieser goldene Schlüssel behandelt das Prinzip der Gewaltlosigkeit. Dies beinhaltet für mich nicht nur eine Verpflichtung auf der physischen, sondern auch auf der emotionalen und mentalen Ebene. Das Ideal hierbei ist, alle gewalttätigen Gedanken und Emotionen umzuwandeln. Achte nicht auf sie, wenn sie auftauchen, denn sie sind das Produkt des negativen Egos. Das negative Ego erzeugt alle negativen Emotionen. Solange du aus dem Christusbewusstsein heraus denkst, bleiben deine Gedanken friedvoll und von Freude und Liebe erfüllt. Gott lebt in allem, selbst in den Insekten. Wenn Insekten in dein Heim eindringen, hast du das Recht, deinen Raum zu schützen. In der Natur jedoch musst du ihren Raum respektieren. Versuche gewalttätige Filme im Kino und Fernsehen sowie Bücher mit gewaltvollem Inhalt zu vermeiden, da sie die Seele und den Geist verdrießen.

28. Verpflichtung, sich zu entscheiden

Dieser goldene Schlüssel bezieht sich darauf, Entscheidungen zu treffen. Dies ist eine der wichtigsten Qualitäten, die ein Aufgestiegener Meister und eine Führungskraft entwickeln muss. Das Ideal hierbei ist, in allem was du tust entscheidungsfreudig zu sein. Was du auch immer in deinem Leben machst, tue es zu 100 % mit deiner Energie. Es ist besser falsche Entscheidungen, als überhaupt keine Entscheidungen zu treffen.

29. Entwickle eine gesunde Psychoepistemologie

Dieser goldene Schlüssel stellt eine Grundlage in meiner spirituellen Arbeit dar und ist ein Schlüssel für meinen Erfolg - die Entwicklung einer gesunden Psychoepistemologie. Die meisten Menschen kennen diesen Begriff nicht. Es gibt bestimmte Gedanken, welche die Basis für unsere Betrachtungsweise der Welt darstellen. Diese Gedanken nennt man psychoepistemologische Gedanken; es sind die Gedanken durch die alle anderen Gedanken gefiltert werden. Ein Hauptschlüssel im Leben erfolgreich zu, liegt in einer klaren und ausgeglichenen Psychoepistemologie. Wenn du eine "schräge" Psychoepistemologie besitzt, wird alles andere in deinem Leben auch "schräg" sein. Im Idealen Zustand der Gottesverwirklichung betrachtet man das Leben durch ein breit gefächertes Prisma der sieben Strahlen und schließlich auch durch die höheren Strahlen. Die meisten Menschen jedoch betrachten das Leben durch einen eng gefassten Filter und nehmen nur einen kleinen Teil dieses gottverwirklichten Prismas wahr.

Dein psychologischer Filter wird von den psychoepistemologischen Gedanken bestimmt, welche deine Erfahrungen filtern. Das große Ziel im Leben besteht darin, das Leben so zu betrachten wie Gott es tut. Viele Menschen betrachten das Leben vornehmlich durch den Filter des inneren Kindes, des negativen Egos, des Wunschkörpers, des mentalen Körpers, des Astralkörpers, des physischen Körpers, der elterlichen Erziehung, der Opferhaltung, der kulturellen Programmierungen, der Erziehungsprogrammierungen und religiösen Programmierungen. Ich schrieb eine Doktorarbeit über dieses äußerst wichtige Thema. Eine gesunde Psychoepistemologie zu entwickeln ist eines der wichtigsten Themen im Bereich der Psychologie und Spiritualität und wahrscheinlich das am wenigsten verstandene Thema. Bereits früh in meinem Leben konnte ich eine gesunde Psychoepistemologie entwickeln, was mich zu einer Entwicklung in der Art des "Midas touch" *(alles was man berührt in Gold zu verwandeln; Anm.d.Ü.)* führte. Wenn dein eigener persönlicher Filter in Übereinstimmung steht mit deinem Höheren Selbst, deiner mächtigen ICH BIN - Gegenwart und den universellen Gesetzen wird dein Bewusstsein auf das Bewusstsein Gottes ausgerichtet sein. Dann wirst du auf allen Ebenen Fülle manifestieren, denn Fülle ist der Ausgangspunkt Gottes. Sich konzentriert um Klarheit in deiner Psychoepistemologie zu bemühen ist Gold wert.

Balance

30. Lebe im Tao

Dieser goldene Schlüssel war für mich ein wahres Licht, das mich führte. Es ist *das Leben im Tao*. Für alles im Leben gibt es ein Tao. Dies hat mit der Balance von Yin und Yang zu tun. Wenn du beim Surfen vor die Welle kommst, kippst du um. Bist du jedoch zu langsam, wirst du die Welle verpassen. Jeder Aspekt im Leben trägt dieses Tao in sich. Zu lernen, in diesem Tao zu verbleiben, ist einer der wahren Schlüssel für Gesundheit, ein ausgeglichenes Leben und Erfolg. Lerne auf das Tao zu lauschen und bleibe in diesem wunderbaren Rhythmus. Dies ist auch einer der Schlüssel, um den "Midas touch" zu entwickeln.

31. Verpflichtung zur Balance, Integration und Mäßigung

Der folgende Schlüssel ist meine Verpflichtung gegenüber diesen drei Prinzipien. In meinen früheren Jahren war das sehr schwer, denn ich war eher übereifrig. Mein physischer Körper war mein großer Lehrer über den von Buddha so betonten "Weg der Mitte". Es ist nicht nötig, ein Asket zu sein. Der spirituelle Weg ist der Weg der Balance und Mäßigung.

Der physische, emotionale, mentale und spirituelle Körper muss gleichermaßen respektiert, balanciert und richtig integriert werden. Wenn das, was du in deinem Leben tust, deinem physischen Körper schadet, dann höre sofort auf damit. Der physische Körper ist ein Antlitz Gottes. Mein Verstand würde am liebsten 24 Stunden am Tag arbeiten, doch mein physischer Körper rebelliert, wenn mein Übereifer ausbricht. Ich brauchte diese karmische Lektion, da ich in meinen früheren Jahren die göttlichen Gesetze nicht befolgt habe. Heute höre ich auf die Weisheit meines physischen Körpers und meines Emotionalkörpers und versuche diese nicht zu überfordern. Ich würde lügen bei der Behauptung kein arbeitswütiger Mensch zu sein, aber ich kann jetzt mit Stolz sagen, dass ich ein ausgeglichener Workaholic bin.

32. Balance zwischen dem Männlichen und dem Weiblichen

Dieser goldene Schlüssel in meiner Entwicklung war die konzentrierte Arbeit daran, die weiblichen und die männlichen Aspekte in mir auszubalancieren. Dies ist eine Voraussetzung, um den Aufstieg zu erlangen. Das geht mit der Notwendigkeit einher, die vier Körper und die drei geistigen Ebenen auszubalancieren und eine richtige, liebevolle und beständige Beziehung zum inneren Kind zu haben. Dies sind die Kernaspekte des spirituellen Weges.

33. Das Hermetische Prinzip des Geschlechts

Dieser goldene Schlüssel bezieht sich auf das Prinzip des Geschlechts. Dieses Hermetische Prinzip besagt, dass alles ein Geschlecht besitzt; alles hat sein männliches und sein weibliches Prinzip; das Geschlecht manifestiert sich auf allen Ebenen. Dieses Hermetische Gesetz, gemeinsam mit dem Polaritätsgesetz, war ein enorm wichtiger Schlüssel in meinem Leben, da ich dies auf alles angewandt habe. Indem ich die Gegensätzlichkeiten im Leben verstanden habe, habe ich gelernt, diese mit der Zeit auszubalancieren. In meinem Buch *Aufgestiegene Meister weisen den Weg (Seite 168-170)* habe ich übersichtliche Listen dieser Balancierungsarten zusammengestellt. Studiere diese Liste und überprüfe, wo du vielleicht zu Yin oder zu Yang bist, ohne dich dabei zu verurteilen. Vergib dir einfach und erstelle ein Programm oder einen Plan, um deinen Charakter in deiner persönlichen Struktur dahingehend zu korrigieren. Dieses Kapitel wird dich zudem mit den sieben großartigen Hermetischen Gesetzen vertraut machen.

34. Balanciere Selbstlosigkeit und Selbstsucht aus

Dieser goldene Schlüssel war mein Verständnis dafür, spirituelle Selbstlosigkeit und Selbstsucht auszubalancieren. Viele spirituelle Menschen sind oft zu sehr das Eine oder das Andere. Das Ideal ist, im richtigen Moment beides zu sein. Spirituell selbstsüchtig zu sein ist, wenn die Umstände es erfordern, eine wichtige Eigenschaft. Auf vielen Lichtarbeitern wird herumgetrampelt und sie werden mit Groll überhäuft, da sie diesen Grundsatz nicht verstehen. Der allgemeine Glaube ist der, dass Selbstsucht egoistisch und Selbstlosigkeit spirituell sei. Nun hat die Selbstsucht jedoch eine positive und eine negative Komponente wie die Selbstlosigkeit auch. Menschen meinen oft, sie wären heilig auf Grund dieses Missverständnisses. Der wahre Heilige weiß, wie er, wenn es nötig ist, spirituell selbstsüchtig sein kann. Die zweite Lektion hierbei ist, entschlossen zu sein, egal welchen Aspekt du wählst. Bist du selbstsüchtig, jedoch unentschlossen, wirst du von Schuld erfüllt. Bist du selbstlos und dabei unentschlossen, erfüllt dich Ärger und Groll. Auch hierbei gilt, in jeder Situation der inneren Führung zu folgen.

35. Überwinde die Dualität

Dieser goldene Schlüssel stammt aus der *Bhagavad Gita* und von Sai Baba. Er bezieht sich auf das Verständnis der Dualität. Das drei- und vierdimensionale Bewusstsein ist erfüllt von der Dualität. Es gibt Gewinn und Verlust, Freude und Leid, Krankheit und Gesundheit, Sieg und Niederlage, Lob und Tadel. Im Gottesbewusstsein bleibt man im Gleichmut, im inneren Frieden, in der Freude und in der unendlichen Liebe. Die Dualität ist überwunden und das Bewusstsein wird nicht zur emotionalen Achterbahn. Die Psychologie der Zukunft ist die transzendente Psychologie und Philosophie des Lebens im Sinne der höheren Dimensionalität.

36. Überwinde den Topdog-/Underdog-Komplex

Dieser Schlüssel liegt in der Überwindung aller Gedanken der Überlegenheit und der Unterlegenheit, da beide dem negativen Ego zuzuordnen sind. Fritz Perls nennt dies den Topdog-/Underdog-Komplex. Er rief dazu auf, immer, sobald einer der beiden im Verstand auftaucht, sie so lange auszulachen, bis sie ihn freiwillig wieder verlassen. Selbst die Meister und Sai Baba hätten dies nicht besser darlegen können. Die meisten Menschen auf diesem Planeten sind in diesem unaufhörlichen Hin und Her dieser beiden Emotionen gefangen. Sie werden nicht dahingehend erzogen, dass der innere Friede darin liegt, die Dualität zu überwinden und im spirituellen Christus-, Buddhabewusstsein zentriert zu sein. Lies mein Buch *Seelenpsychologie* um mehr darüber zu erfahren.

Dienen

37. Das Gesetz des Dienens

Der nächste goldene Schlüssel ist das Gesetz des Dienens. Deine Kraft der Manifestation wird sich tausendfach steigern, wenn dein Leben auf das Dienen Gottes und deiner Brüder und Schwestern in Christus ausgerichtet ist. Es gibt ein altes Sprichwort das lautet: "Derjenige der im Herzen rein ist, hat die Kraft von zehn." Ich habe dies erfahren, als ich die Wesakfeiern ausrichtete. Die Anzahl der kosmischen und planetaren Aufgestiegenen Meister und Engel, die mir dabei zu Hilfe kamen, war erstaunlich.

Wenn sich deine Gebete und Manifestationen aus der persönlichen Ebene in die seelische und monadische Ebene erheben, ist deren Kraft viel größer. Wenn du Manifestationsarbeit durchführst, dann bete auch um das Wohl anderer wie um dein eigenes Wohl, denn in Wahrheit sind die anderen auch du selbst und Gott. Dein dreidimensionaler Körper kann dich nicht einschränken, da du kein dreidimensionales Wesen bist. Im Augenblick arbeite ich daran, ein zehn- bis zwölfdimensionales Wesen zu werden. Sai Baba und Melchizedek sind dreißig- bis sechsunddreißigdimensionale Wesen. Je höher du steigst, desto mehr wirst du erkennen, dass du in allen Dingen lebst und dass alle Menschen und Dinge in dir leben. Widme dein Leben dem Dienst an der Menschheit und die gesamte Gotteskraft wird dich dabei unterstützen und dir jederzeit zu Hilfe kommen.

38. Eine Haltung und Einstellung des Dienens

Dieser goldene Schlüssel kann in folgender Aussage aus *Ein Kurs in Wundern* dargelegt werden. "Alles zu haben bedeutet, allen alles zu geben." Ich kann ehrlich sagen, dass ich mir auf meinem spirituellem Weg zu 100 % Mühe gegeben habe. Zudem habe ich meinen Brüdern und Schwestern alle Hilfe zukommen lassen. Ich habe nichts zurückgehalten. Ich habe all meine Liebe und Bemühungen wie auch mein gesammeltes Wissen übermittelt. Ich kann ehrlich sagen, dass ich euch, meine Brüder und Schwestern, alles gegeben habe. Oft habe ich mehr gegeben, als die Aufgestiegenen Meister der Inneren Ebenen wollten. Schon sehr früh in meinem Leben hatte ich diesen tiefen Wunsch anderen zu helfen. Diese Hilfe hat jetzt viele Formen neben Beratungen, dem Unterrichten und dem Schreiben von Büchern, angenommen. Manchmal helfe ich auch dabei, ein Auto anzuschieben oder den Einkauf zu tragen. Als Jugendlicher wurde mir bewusst, dass ich alles, was ich vor meinen Brüdern und Schwestern zurückhalte, auch vor mir und Gott zurückhalte.

Ich sorgte mich dabei nicht um das Geld; ich war einfach froh darum, die Möglichkeit zu haben zu helfen und damit den Menschen zu dienen. Hatte ich therapeutische Gespräche gingen diese oftmals mehrere Stunden, wobei ich dem Patienten nur eine Stunde in Rechnung stellte. Geld war nicht mein Gott; diesen Platz nahm die Hilfe für andere Menschen ein. Jesus sagt auch in *Ein Kurs in Wundern:* "Meinen Brüdern und Schwestern zu helfen ist meine wahre Kirche." Dabei habe ich mir tatsächlich am meisten geholfen. Indem ich allen alles gab, erhielt ich alles von Gott zurück. Gott gab mir wirklich immer alles; jetzt lerne ich, mir selbst alles zu geben, indem ich teile. Ich behaupte hierbei nicht, dass mir dabei keine Fehler unterlaufen sind, denn ich habe sehr viele gemacht. Alles, was ich damit sagen möchte, ist, dass ich mir stets die größte Mühe gegeben habe und dass Gott mich gesegnet hat, indem Er mir alles was ich gegeben habe und noch viel mehr zurückgab. Ich habe es nicht deshalb gegeben, doch dies ist das Gesetz Gottes.

In *Ein Kurs in Wundern* heißt es: "Mein Seelenheil hängt von mir selbst ab."! Diese Aussage hat mich und mein Handeln geprägt und mich zu dem gemacht, der ich heute bin. Diese spirituelle Übung ist sehr heilsam für sich selbst und ist ebenso ein Schlüssel für die Manifestation, da es eine stetige Anziehung von gutem Karma nach sich zieht. Zu Dienen ist eine der besten Möglichkeiten um Karma abzubauen und ein spirituelles Bankkonto zu errichten. Entwickelt man also den Lebensstil des Gebens satt des Nehmens, wird man im Überfluss dafür beschenkt. Das war auch für mich der beste Weg, denjenigen gerecht zu werden, die mir sehr geholfen haben. Es ist wichtig, die Mythen und den Glanz des Aufstiegs loszulassen und sich dem Dienst an der Welt zuzuwenden. Die fortgeschrittenen Fähigkeiten der Aufgestiegenen Meister wie Teleportation, Materialisierung und Dematerialisierung kommen zur rechten Zeit von selbst und sollten nicht zu verbissen verfolgt werden. Der schnellste Weg, um deinen Aufstieg zu erlangen ist der, dich für das Dienen in deinem Leben und für die Erfüllung deiner Aufgabe im göttlichen Plan zu entscheiden.

39. Gelebte Freundlichkeit: Eine Geschichte

Dieser goldene Schlüssel führt zum Verständnis dessen, das kleine positive Dienste einen Welleneffekt erzeugen können und wesentliche Veränderungen im Bewusstsein eines Menschen hervorrufen können. Eine besondere Begebenheit aus den früheren Jahren meines Lebens berührte mich sehr. Dazu möchte ich dir diese Geschichte aus meinem Leben erzählen. Ich studierte das Buch *Ein Kurs in Wundern* und war vom Geist Gottes erfüllt. Eines Tages fuhr ich mit meinem Wagen auf der Autobahn, als ich einen Mann sah, der versuchte, sein stehen gebliebenes Auto auf den Seitenstreifen zu schieben. Ich hielt sofort an, um ihm zu helfen. Es endete darin, dass ich ihn nach Hause fuhr, was ungefähr 40 Minuten dauerte und er sehr dankbar dafür war. Als wir bei ihm zu Hause angekommen waren, lud er mich ein, mit hereinzukommen, doch ich lehnte dankend ab. Er bot mir Geld an für meine Hilfe, doch auch dies lehnte ich ab und sagte ihm, dass es mir eine Freude gewesen wäre, ihm zu helfen. Er war darüber sehr bewegt und sagte, dass er mir gerne eine Geschichte erzählen würde. Der Mann war Philippiner und erzählte mir, dass er vor sechs Jahren nach Los Angeles gekommen war und die Stadt anfangs überhaupt nicht mochte. Er besaß einen Abschleppwagen und eine kleine Werkstatt und eröffnete damit ein Geschäft. Doch es lief nicht gut, zudem begegnete er überall ablehnenden Vorurteilen. Ungefähr ein Jahr nachdem er nach Los Angeles gezogen war ging sein Auto kaputt und ein Mann hielt an um ihm zu helfen, so wie ich es getan hatte. Dieser Mann fuhr ihn zwei Stunden lang durch die Stadt, um ihm dabei zu helfen, alles in Ordnung zu bringen. Der Philippiner versuchte ihn dafür zu bezahlen und lud ihn zu sich ein, doch der Mann lehnte alles ab und wollte ihm noch nicht einmal seinen Namen sagen. Nachdem er ihm geholfen hatte, fuhr er ohne etwas zu erwarten einfach davon.

Der Philippiner war derart davon beeindruckt, dass jemand, der ihn nicht einmal kannte, ihm auf diese Weise geholfen hatte, dass er selbst damit begann, allen in seiner Nachbarschaft bei jeder möglichen Gelegenheit zu helfen. In kurzer Zeit wurde er durch seine Hilfsbereitschaft sehr beliebt und es dauerte nicht mehr lange, bis sich der Erfolg in seinem Geschäft einstellte. In den darauf folgenden Jahren gewann er viele Freunde und war in seiner Umgebung sehr geschätzt. Als wir im Wagen saßen und er mir seine Geschichte erzählte, sagte er, dass es nun fünf Jahre zurückliegt, dass ihm der andere Mann geholfen hätte und nun wäre ihm das Gleiche wieder passiert. Das hat mich sehr berührt und ich war glücklich, ein Instrument Gottes zu sein. Gestern Abend sah ich im Fernsehen, wie ein Mann bei einem Gewinnspiel eine Millionen Dollar gewann und diese gleich an das Saint Jude´s Krankenhaus spendete, ohne seinen Namen und seine Adresse zu hinterlassen. Solche Geschichten bewegen mich immer sehr. Unterschätzt niemals den Einfluss, den wir durch spontane Hilfeleistungen auf die Menschen haben. Mit dem wellenförmigen Effekt, den diese Handlungen auslösen, können wir die Welt verändern.

Ich erinnere mich an einen Vorfall als ich zwölf Jahre alt war. Ich stand an der Kasse in einer Cafeteria und der Mann vor mir hatte nicht genügend Geld um sein Essen zu bezahlen. Jemand hinter mir bot an, sein Essen zu bezahlen. Das hat mich so berührt, dass ich mir gelobte, das nächste Mal derjenige zu sein, der dieses Angebot macht. Obwohl ich noch sehr jung war, gab ich mein persönliches Versprechen, das ich in der Zwischenzeit oftmals gehalten habe. Diese Geschichten des selbstlosen Dienens inspirieren mich sehr. Dies ist die wahre Welt und die wahre Arbeit. Wie Sai Baba sagt: "Hände, die helfen sind heiliger, als Lippen, die beten." Jesus sagte: "Meine wahre Kirche ist die Hilfe an meinen Brüdern und Schwestern." Es ist erstaunlich, wie wir das Leben anderer Menschen berühren können, wenn wir kreativ sind und uns allen Gelegenheiten um uns herum öffnen. Ich glaube, dass die kleinen Dinge Gott am wichtigsten sind.

40. Erkenne die Freude auf dem Weg des Dienens

Der nächste goldene Schlüssel handelt vom Verständnis darüber, dass der spirituelle Weg nicht harte Arbeit oder ein Opfer bedeutet. In *Ein Kurs in Wundern* heißt es: "Es ist ein wahres Vergnügen, Gott zu dienen." Ich habe mir das immer sehr zu Herzen genommen. Als ich in früheren Zeiten das Gefühl hatte, ihm nicht mehr zu dienen, fühlte ich mich miserabel. Es gab kein schlimmeres Gefühl. Ich lernte durch Leiden und Karma, dass die Entscheidung nicht zu dienen mir nicht gut tat. Durch die Gnade Gottes lernte ich die Lektion des frohen Gehorsams.

Ich habe jetzt nicht mehr das Gefühl, etwas auf diesem Weg zu verpassen. Ganz im Gegenteil, ich merkte, dass ich alles empfing, selbst Gesundheit und Wohlstand. Zu Beginn des spirituellen Weges versucht das Ego dir einzureden, dass du dadurch Verluste hast oder etwas aufgibst. Dies ist aber eine Illusion. Es ist, als würde man sagen, dass ein entnommenes Sandkorn aus einer unendlich großen Menge an Sand einen Verlust darstellt. Wenn du Gott nicht dienen würdest, was würdest du dann aus deinem Leben machen? Der spirituelle Weg bringt manchmal harte Arbeit mit sich, allerdings auch viel Spaß und ich würde ihn gegen nichts auf der Welt eintauschen. Wichtig ist, sich daran zu erinnern, dass der spirituelle Weg ein Weg der Balance und der Integration ist. Du hast das Beste aus beiden Welten. Du brauchst die irdischen Freuden nicht für den spirituellen Weg aufzugeben. Du musst zwar die irdischen Freuden, die aus deinem niederen Selbst entspringen aufgeben, aber nicht diejenigen, die aus deinem Höheren Selbst stammen. Ein Beispiel dafür wäre Pornographie, doch nicht die Sexualität aufzugeben. Aus der Sicht Gottes ist die Sexualität zwischen zwei Erwachsenen eine wunderbare Sache, sofern sie in Liebe geschieht. Dies bedeutet, sich daran in balancierter Weise zu erfreuen. Auf dem spirituellen Weg sollte man die irdischen Dinge nicht ablehnen, sondern genau das Gegenteil. Eins mit der Erde zu sein bedeutet den wahren Aufstieg.

41. Planetarer Dienst: Heilung der Erde

Dieser goldene Schlüssel ist die Verpflichtung, die Erde sowohl durch spirituelle Ansätze wie auch durch positive Handlungen zu heilen. Ich beende häufig Einzel- und Gruppenmeditationen mit der Fokussierung der Heilung für die Erde, die Menschheit und die gesamte Schöpfung. Dabei senden wir Licht und Energie um die gesamte Erde zu Menschen, Städten und Ländern, die Hilfe benötigen. Nutzt alle spirituellen Methoden, einschließlich der Kraft des Gebets, das Licht, die Klänge, die Visualisierung und die Affirmation. Werdet in Umweltangelegenheiten aktiv; dies ist ein Aspekt um bei den weltlichen Angelegenheiten auf dem Laufenden zu bleiben. Wenn man einmal seinen planetaren Aufstieg erlangt hat, konzentriert man sich viel weniger auf das eigene spirituelle Wachstum, sondern vielmehr auf den planetaren Dienst und die Führerschaft. Dies ist eines jener schönen Merkmale, die Freiheit zu erlangen.

Lebe das Leben eines spirituellen Kriegers

42. Sei ein spiritueller Krieger, sowohl stark als auch liebevoll

Dieser goldene Schlüssel bezieht sich auf die Haltung, ein spiritueller Krieger im Leben zu sein. Das Leben auf der Erde ist eine harte spirituelle Schule, eine der härtesten im Universum. Das Thema unseres gesamten Universums hinsichtlich des Kosmischen Tages, in dem wir jetzt leben, ist der Mut. Um im Leben erfolgreich zu sein und die eigene spirituelle Kraft zu beanspruchen, lernte ich schon sehr früh, dass ich sowohl sehr stark wie auch liebevoll sein muss. Die Integration dieses Archetyps, in seinem positiven und erhabenen Aspekt, machte es unmöglich, mich zu bremsen. Egal, wie oft ich umgeworfen wurde, ich stand jedes Mal wieder auf und kämpfte für das Ziel des spirituellen Sieges. Aus allen misslichen Lagen ging ich auf allen Ebenen gestärkt hervor. Ich glaube, dass mich dies auf meine augenblickliche Aufgabe vorbereitet hat. Die Meister wissen, dass sie sich auf mich verlassen können und dass ich bei all meinen Bemühungen nicht zu stoppen bin. Diese innere Haltung beizubehalten wird mit der Zeit immer einfacher und zur festen Gewohnheit, wenn man die Kontrolle über das Unterbewusstsein, das innere Kind, den physischen, mentalen und emotionalen Körper und das Ego erlangt hat. Djwhal Khul nannte dies die Unterwerfung des Hüters der Schwelle. Wenn man dies einmal erreicht hat, wird das Leben viel einfacher. Es wird immer weitere Lektionen geben, doch wenn man einmal der Kapitän seines Schiffes ist, sind Rückschläge nur vorübergehender Natur. Djwhal Khul meinte, dass es Momente geben wird, in denen ich für kurze Zeit die Spur verliere, doch dies würde nicht lange anhalten. Dies bezieht sich auf die Phase der Meisterung der Kunst der gesunden Einstellung.

43. Erkenne, dass die Erdenschule ein spiritueller Krieg ist

Einer der wichtigsten goldenen Schlüssel für mich, war das Verständnis darüber, dass das Leben in dieser Erdenschule einem spirituellen Krieg gleicht. Jeder, der dies nicht glaubt, ist naiv und ich sage dies ohne es zu verurteilen. Ich habe diese Lektion etwa im Alter von zweiundzwanzig Jahren gelernt. Es war der Schlüssel, der mir sozusagen ermöglicht hat, den Gipfel des Berges zu erklimmen. Dies wurde mir nochmals durch Paramahansa Yoganandas Schriften bestätigt, in denen er das Leben als Schlachtfeld beschrieb. Auch Krishna bestätigte dies in der *Bhagavad Gita* als er Arjuna dazu aufrief, seine Feigheit aufzugeben, aufzustehen und zu kämpfen und dass sein Selbstmitleid und seine Nachgiebigkeit einer solch großen Seele, die er sei, nicht zustünde. In der *Bhagavad Gita* sagte Krishna auch: "Wenn man mit Liebe im Herzen kämpft, lädt man sich kein Karma auf!"

Der spirituelle Krieg, in den wir alle verwickelt sind, ist der Kampf zwischen dem niederen und dem höheren Selbst; der Kampf zwischen der Wahrheit und der Illusion; der Kampf zwischen dem Denken aus dem negativen Ego und dem Denken aus dem Christusbewusstsein. Der Begriff "spiritueller Krieger" ist ein sehr gebräuchliches Werkzeug, um dich zu den höheren Ebenen der Einweihung und darüber hinaus zu bringen. Der spirituelle Lehrer Paul Solomon sagte, dass der spirituelle Weg dem Erklimmen eines Berges gleicht. Es geht fünf Schritte hinauf, dann rutscht man zwei Schritte ab, dann geht es wieder sieben Schritte hinauf, dann wieder fünf hinab, dann wieder vier Schritte aufwärts und wieder zwei abwärts. So erging es den meisten fortgeschrittenen Eingeweihten. Da "Mut" das Thema dieses Kosmischen Tages in unserem Universum ist, wohnt der Archetyp des "spirituellen Kriegers" der Art und Weise, wie dieses Universum erschaffen wurde, inne.

Es gibt viele Lichtarbeiter, die dieses Konzept nicht richtig annehmen können und die daher durch die Lektionen des Lebens aufgerüttelt werden. Ich war bei allem, mit dem ich zu tun hatte, nie naiv und ich bereitete mich jeden Morgen auf den Kampf vor, indem ich meine spirituelle Rüstung anlegte. Meine spirituelle Rüstung ist meine persönliche Kraft, meine bedingungslose Liebe, mein Schutz, mein Glaube, mein Vertrauen, meine Geduld und meine Kraft zu vergeben.

Der Kampf, in dem wir uns alle befinden, besteht darin, den Berg zu erklimmen, der als Gottesverwirklichung bekannt ist. Diesen Berg zu erklimmen ist nicht einfach, besonders hier auf diesem Planeten. Es ist nicht einfach, den Verstand, die Emotionen, den physischen Körper, das negative Ego, das innere Kind, den Emotionalkörper und die Sexualität, um nur ein paar zu nennen, zu meistern. Die Lichtarbeiter müssen sich zudem mit den negativen Außerirdischen und der Dunklen Bruderschaft auseinander setzen. Die Dunkle Bruderschaft ist nichts, wovor man sich zu fürchten braucht, es sei denn, man ist schwach. Der allererste Schritt auf deinem spirituellen Weg liegt in der Beanspruchung deiner persönlichen Kraft. Die Art von Krieg, von der ich jetzt spreche, wird nicht vom negativen Ego aus geführt. Diese Art von Krieg muss aufgehoben werden.

Dieser spirituelle Krieg ist der Kampf, seinen eigenen spirituellen Idealen unter allen Umständen, wie groß die Hindernisse auch immer sein mögen, treu zu bleiben. Es ist der Kampf, in allen Lebenslagen in der Liebe zu bleiben. Es ist der Kampf, stets das Bewusstsein des negativen Egos zu überwinden. Es ist der Kampf, nicht in den Autopiloten zu gehen, sondern stets wachsam für Gott und Sein Reich zu bleiben. Es ist der Kampf, den Brüdern und Schwestern jedes Mal aus der Verführung von Glanz, Maya und Illusion heraus zu helfen. Es ist der Wille, zu leben anstatt sich dem Willen des Sterbens zu fügen. Es ist der Kampf, stets in der absoluten Meisterschaft zu verbleiben, welche Gott und dem Christusbewusstsein dient.

Wenn es einen Schlüssel für meinen Erfolg in diesem Leben gibt, dann liegt er darin, dass ich seit 20 Jahren jeden Morgen meine Kampfbereitschaft für den Dienst Gottes erkläre. Darin habe ich meine persönliche Kraft beansprucht und dies durch meine spirituellen Gelübde bestätigt. Mein spiritueller Krieg liegt darin, meine Gelübde unter allen Umständen zu halten. Wie Jesus sagte: "Seid treu bis in den Tod und ich will euch die Krone des Lebens geben." Ich bin ein ultimativer spiritueller Krieger. Es ist kein Zufall, dass ich Joshua heiße. Joshua war der spirituelle Kriegerkönig, der die Nachfolge Moses übernahm und das jüdische Volk in das Gelobte Land führte. Joshua ist auch der hebräische Name für Jesus. Es ist auch in diesem Leben meine Aufgabe, ein spiritueller Krieger Gottes zu sein und dabei zu helfen, die Schüler aller Glaubensrichtungen zurück in das Gelobte Land zu führen. Ich bin vorbereitet, da ich stark bin und in meiner Überzeugung nicht schwanke. Die weitere Voraussetzung ist die Liebe. Mein Herz ist voller Liebe für Gott, die Meister, meine Brüder und Schwestern und für mich selbst. Ihr braucht beides, Stärke und Liebe, um integriert und selbstverwirklicht zu sein.

44. Positive Wut und der spirituelle Krieger

Dieser golden Schlüssel bezieht sich auf das richtige Verständnis und den Umgang mit Wut. Die meiste Wut entspringt dem negativen Ego. Es gibt jedoch eine Christusqualität auf die Edgar Cayce als positive Wut verweist - ich nenne sie die berechtigte Empörung des spirituellen Kriegers. Wenn die Wut aufsteigt, sollte man diese in die persönliche Kraft, in die festere Form der Liebe und den Archetypen des spirituellen Kriegers umwandeln, statt sie zu unterdrücken. Es liegt eine enorme persönliche Kraft in der Wut. Sie ist nur dann negativ, wenn sie fehlgeleitet wird. Nutze diese Energie, um Irrtümer zu korrigieren, körperliche Übungen durchzuführen, das Haus zu putzen oder zu meditieren. Dann wird sie transformiert und hat einen positiven Effekt.

Spirituelle Gelübde

45. Lege spirituelle Gelübde ab

Der nächste goldene Schlüssel in meinem Leben handelt davon, spirituelle Gelübde abzulegen. Dies ist ein eigener Bereich meiner spirituellen Arbeit und ein wesentlicher Schlüssel für meinen spirituellen Fortschritt. Ich habe zahlreiche Gelübde abgelegt. Anfangs tat ich dies im Rahmen meines Tagebuch-Schreibens. Diese Gelübde brachten mir tiefen inneren Frieden. Ich befolgte sie wie meine persönlichen Zehn Gebote. Diese spirituellen Gelübde waren die Ideale und Richtlinien nach denen ich lebte. "Seid treu bis in den Tod und ich will euch die Krone des Lebens geben." Ich war meinen Gelübden und Idealen treu. Deshalb habe ich, durch die Gnade Gottes, die Krone erhalten.

Dies ist nicht allein mir vorbehalten; jeder der bereit ist, diese Art der Verpflichtung zu demonstrieren, kann dies erreichen. Dein Seelenheil hängt nicht von Gott ab, sondern von dir selbst. Gott hat dir alles gegeben. Was bist du bereit von dir selbst zu geben? Der Schlüssel für meinen Erfolg liegt darin, dass ich niemals unentschlossen war. Ich habe mich zu 100 % für Gott entschieden. Dadurch übergab ich mich ihm ganz. Es ist nicht Gott, der unsere Realität erzeugt, wir tun es selbst. Die Schlüsselfrage im Leben ist immer gleich: Möchtest du, dass Gott oder das negative Ego in dieser Situation wirkt? Entscheide dich in jedem Moment für den Rest deines Lebens für Gott und halte daran fest, wie ein Ertrinkender der nach Luft ringt und du wirst bald deine Herzenswünsche realisieren. Nutze die von mir dargelegten Schlüssel und das Resultat wird so unvermeidlich sein, wie der Sonnenaufgang am Morgen.

46. Das Bodhisattva Gelübde

Dieser goldene Schlüssel in meinem Leben war das Gelübde des Bodhisattva abzulegen. Dieses Gelübde legte ich ab, um zum Dienst an allen empfindungsfähigen Wesen auf der Erde zu verbleiben, selbst nachdem ich meine vollständige Befreiung erlangt habe. Ich kann wahrhaft sagen, dass ich, obwohl ich meinen persönlichen planetaren Aufstieg erlangt habe, absolut damit einverstanden bin, auf der Erde zum Dienen zu bleiben. Ich liebe die Menschen wirklich und sehe in allen Wesen Gott. Ich möchte alles in meiner Macht stehende tun, um allen ihr Leid zu erleichtern und ihnen allen Erleuchtung zu bringen. Ich wäre ohne die Hilfe einiger Menschen nicht in dieser Position, in der ich heute bin und ich bin diesen Menschen stets tief verbunden. Gott ist mein Zeuge, ich habe und werde all meine Energie dem widmen, all die Segnungen, die ich empfangen habe, weiterzugeben. Dies ist das Gelübde des Bodhisattva, wie ich es persönlich erlebe.

47. Das Gelübde, die Zeit und Energie weise zu nutzen

Dieser goldene Schlüssel handelt von einem spirituellen Gelübde, das ich in jungen Jahren abgelegt habe. Es geht dabei darum, niemals auch nur ein wenig Zeit oder Energie zu verschwenden. Durch die Gnade Gottes habe ich dieses Gelübde gehalten. Das bedeutet nicht, dass ich keinen Spaß oder Freude hätte, denn dies ist keine Zeitverschwendung. Spaß und Freude sind ein wichtiger Teil des spirituellen Weges. Dieses spirituelle Gelübde bedeutet, nicht den Überblick über meine Prioritäten zu verlieren und dazu zu stehen.

48. Ein Meister der Entscheidung zu sein

Dieser goldene Schlüssel handelt davon, ein Meister der Entscheidung zu sein. Damit meine ich, zu geloben, stets bewusst zu sein und nichts zu denken, zu sagen oder zu tun, wozu ich mich nicht bewusst entschieden habe. Sobald die Intuition, die Gefühle und der Instinkt angemessen integriert sind, kann dieser Prozess recht schnell funktionieren.

49. Das Gelübde der Frömmigkeit

An diesem goldenen Schlüssel habe ich schon in jungen Jahren Interesse gehabt. Ich nenne ihn mein Gelübde der Frömmigkeit. Für manche Menschen mag dieses Wort einen unangenehmen Beigeschmack haben, doch das braucht es nicht, da Frömmigkeit das Bewusstsein eines Aufgestiegenen Meisters darstellt. Es ist die Verpflichtung, jederzeit in der Liebe zu sein und niemals anzugreifen. Es ist die Verpflichtung ein Leben im Dienste Gottes zu leben und stets frei vom Ego zu sein.

50. Das Gelübde der Reinheit, das Brahmacharya Gelübde

Dieser goldene Schlüssel auf meinem spirituellen Weg war das Gelübde der Reinheit, oder wie ich es nenne, mein Brahmacharya Gelübde. Es bezieht sich auf die Reinheit aller Ebenen. Dies schließt die Reinheit des Mentalkörpers vor unreinen Gedanken, die Reinheit des Emotionalkörpers vor Unreinheit, negativen Emotionen und Begierden des niederen Selbstes und die Reinheit der physischen Ebene hinsichtlich einer entsprechenden Ernährung, den richtigen Umgang mit der Sexualität und stets richtig zu handeln mit ein. Wir sprechen hier sowohl im Inneren wie im Äußeren von einer akkuraten mentalen, emotionalen und physischen Diät. Dies geht mit dem Versprechen einher, stets bewusst zu sein und nicht in den Autopiloten zu gehen. Zudem ist dieses Gelübde ein Versprechen, stets die Meisterschaft aufrechtzuerhalten, selbst wenn du dich physisch müde und/oder emotional ausgelaugt fühlst.

51. Das Gelübde des Verzichts

Der folgende Schlüssel ist ein weiteres Gelübde, das ich ablegte und das ich das Gelübde des Verzichts nenne. Jemand, der verzichtet, ist ein Mensch, der der materiellen Welt entsagt und die spirituelle Welt klar vorzieht. Das bedeutet jedoch nicht, dass man nicht mehr in die materielle Welt involviert ist. Der Unterschied liegt darin, dass ich nach dem Verzicht involviert, doch nicht gebunden war. Der Schlüssel dabei ist, alle materiellen Anhaftungen loszulassen, da diese Leid erzeugen. Wie Buddha sagt: "Alles Leid entstammt der falschen Sichtweise."

Die Idee hierbei ist, das Leid durch die Gnade, statt ein Leben lang durch Karma, aufzulösen. Bleibst du auf dem spirituellen Weg, werden sich letztendlich alle deine Anhaftungen auflösen, weil dies für deine Gottesverwirklichung notwendig ist. Warum also nicht, gerade jetzt in diesem Moment, dieses Gelübde ablegen und damit das gesamte materielle Leben, einschließlich aller Beziehungen, auf den spirituellen Altar legen und sie Gott übergeben? Teile Gott und den Meistern mit, dass du dein spirituelles Leben an erste Stelle setzt und allen falschen Göttern und

Idolen entsagst. Wenn du dies tust, ersparst du dir viel Leid. Behandle materielle Dinge nach dem Prinzip der Vorlieben, doch nicht nach dem der Verhaftungen. Wenn es einmal Vorlieben sind, hängt dein inneres Glück und dein innerer Frieden nicht mehr davon ab.

52. Das Gelübde deinem Leben Wert zu geben

Diesen goldenen Schlüssel nenne ich meine *Readers Digest* Initiation. Er bezieht sich auf die Geschichten aus *Readers Digest*, welche unglaublichen Dinge die Menschen getan haben, um den Triumph des menschlichen Geistes zu demonstrieren. Ich schaue mir auch gerne Sendungen im Fernsehen an, in welchen solche Menschen auftreten oder verfolge derartige Beiträge in den Nachrichten. Ich gelobte mir daraufhin, auch ein solches Leben zu führen; nicht aus egoistischen Gründen, sondern zu Ehren Gottes. Es war mir dabei völlig egal, was passieren würde oder wie groß die Hürden sein würden. Ich gelobte, dass ich einen positiven Einfluss auf die Welt haben würde. Als ich dieses und andere ähnliche Gelübde ablegte, wusste ich noch wenig darüber, welche Früchte dieser gelegte Samen zehn bis fünfzehn Jahre später bringen würde.

53. Das Gelübde zu dienen und Wachstum zu erlangen

Dieser goldene Schlüssel ist ein Gelübde, welches ich in frühen Jahren meines Lebens ablegte. Ich gelobte mir, in diesem Leben so intensiv wie möglich spirituell voranzukommen und so vielen Menschen zu helfen, wie mir möglich ist. Ich nahm mir vor, ein ausgeglichenes und integriertes Leben zu führen, wobei das spirituelle Wachstum und das Dienen die treibenden Kräfte von allem was ich tue sein würden. Derartige spirituelle Gelübde haben eine große Auswirkung auf das Leben eines Menschen, besonders dann, wenn man sie für eine ganze Lebenszeit und sogar für die Ewigkeit einhalten möchte, wie ich es mir vornahm. Sie katapultieren dich in deiner spirituellen Evolution ebenso voran, wie die Unterstützung der Aufgestiegenen Meister. Eine Kombination von beiden ist unschlagbar.

2 Heilung aus höheren Dimensionen

Schlüssel 54-76

Arcturianische Technologien
Höher dimensionale Heilungsteams und Tempel
Heilung auf allen Ebenen

Arcturianische Technologien

Die Arcturianer wurden von Gott gesandt. Die Zusammenarbeit mit ihnen war ein wesentlicher Schlüssel für die Wiederherstellung meines physischen Körpers und beschleunigte auch in enormer Weise meinen Aufstieg. Nachfolgend beschreibe ich einige der wundervollen Liebes- und Lichttechnologien der Arcturianer. Sie arbeiten mit sehr fortgeschrittenen Computern auf ihren Schiffen. Sobald man sozusagen online ist, also in der Computerbank aufgenommen wurde, wird die kleinste Bitte sofort erfüllt. Die arcturianischen Technologien haben mehr Heilung in meinem Körper bewirkt, als irgendetwas anderes, das ich versuchte. Es ist, als hätte ich meine persönlichen Heiler, die stets bereit sind mir zu helfen, wenn ich sie brauche. Ich bin Lord Arcturus und den Arcturianern sehr zu Dank verpflichtet.

54. Erhöhe deinen Lichtquotienten und stärke deinen physischen Körper

Dieser goldene Schlüssel war unerlässlich für meine Verwirklichung, so dass ich ihn jeden Tag nutze. Ich bitte Lord Arcturus und die Arcturianer, meinen Lichtquotienten um 100 % zu erhöhen und um Heilung und Stärkung des Körperteils, der es nötig hat.
Manchmal bitte ich um die Stärkung meiner Bauchspeicheldrüse oder der Leber. Ein anderes Mal bitte ich um die Stärkung meiner Stimmbänder und meines Immunsystems. Oder ich bitte sie darum, mir bei der Harmonisierung der Meridiane in meinem Körper zu helfen. Manchmal bitte ich sie kurz vor dem Schlafengehen darum und schlafe dadurch besser. Ich nutze die Möglichkeit auch, wenn ich 4-5 Stunden getippt habe. Ihr alle wisst, wie der Körper sich anfühlt, wenn man längere Zeit getippt hat oder vor dem Computer saß. 15-30 Minuten nachdem ich um Hilfe gebeten habe, fühlte ich dann auch, dass mein gesamtes ätherisches System wieder ausgeglichen ist.

55. Rufe die Arcturianer in Notsituationen

Dieser goldene Schlüssel ist für Menschen mit chronischen Gesundheitsproblemen. Denjenigen, die mit dieser spirituellen Herausforderung leben, empfehle ich, die Energie der Arcturianer 24 Stunden am Tag zu nutzen. Bitte Lord Arcturus und die Arcturianer stets darum, deinen Lichtquotienten um 100 % zu erhöhen und die Körperregion zu heilen, die dir Probleme bereitet. Sollte sich die Energie nicht stark genug anfühlen, bitte sie so lange um eine weitere Erhöhung, bis sie diesen auf einen Level bringen, indem du dich selbst sozusagen gar fühlst.

Bitte erneut um Hilfe, sobald du wieder eine Verschlechterung deines Zustandes spürst. Bitte jeden Tag um die Flüssigkristalltechnologie der Arcturianer und eine halbe Stunde später um den goldenen Zylinder. Dies hält dein Energiefeld klar und gestärkt.
In Notsituationen bitte ich darum, in die Mechanismuskammer auf das arcturianische Schiff gebracht zu werden, damit an mir gearbeitet werden kann. Wenn ich sehr müde bin und mich ausgesprochen schlecht fühle, bitte ich die Arcturianer um eine komplette Revitalisierung und Energetisierung meines physischen Körpers. Dies ist eine unschätzbare Hilfe. Wenn ich müde bin, meditiere ich auch oder mache ein kleines Nickerchen. In Notsituationen kann man auch Dr. Lorphan und die galaktischen Heiler um Hilfe bitten (siehe Schlüssel 66).

56. Arcturianische Flüssigkristalltechnologie

Dieses arcturianische Hilfsmittel ist ihre Flüssigkristalltechnologie. Die Arcturianer bringen auf Anfrage eine Art flüssigen Kristall in dein Vierkörpersystem und deine Chakren ein, welcher sofort jegliche negative Energie deaktiviert. Meistens bitte ich zuerst um diesen Prozess und dann um den goldenen Zylinder.

57. Der arcturianische goldene Zylinder

Man kann Lord Arcturus direkt um den goldenen Zylinder bitten, der dann über dem Vierkörpersystem herabgelassen wird. Er entfernt alle giftigen Energien und ich habe ihn zur Entfernung ungewollter Implantate, Elementale, ätherischen Schleims, Parasiten und jeglicher anderer Unausgewogenheiten auf allen Ebenen eingesetzt. Man kann sich diesen Zylinder wie einen großen Magneten vorstellen, der Unreinheiten anzieht. Wenn der Zylinder wieder vom Körper abgenommen wird, zieht er dabei noch alle vorhandenen Reste ab. Der Flüssigkeitskristall in Kombination mit dem goldenen Zylinder reinigt jedes Mal mein Energiefeld. Diese Hilfstechniken wurden wirklich von Gott geschickt, um all meine Körper zu heilen und mich weiterhin zu verfeinern. Es gibt auch Aufstiegsbeschleuniger, die ich immer dann, speziell während des Schlafs, nutze, wenn ich mich unklar oder durch die Verwicklungen in die Lektionen des Lebens verunreinigt fühle.

58. Das Prana-Wind-Reinigungsgerät

Dieser goldene Schlüssel handelt von ihrem Prana-Wind-Reinigungsgerät. Diese Technologie ist von unschätzbarem Wert für mich. Bitte die Arcturianer darum, dieses Gerät in deinem Energiefeld zu verankern. Es gleicht einem Ventilator, den man zum Herzchakra herablässt, damit er alle darin befindlichen negativen Energien aus deinem Energiefeld entfernt. Er bringt die Nadis, oder ätherische Drähte, und die gesamten ätherischen Lichtgitter, wieder in die richtige Position und klärt sie. Es hilft dir zudem dabei, deine Venen und Arterien zu reinigen. Dies hatte einen sehr starken Effekt auf meinen physischen Körper. Ich habe dies jedes Mal angewandt, wenn ich irgendeine negative Energie in meinem Energiefeld verspürt habe.

59. Die arcturianische Freudenmaschine

Die Freudenmaschine ist ein weiteres beeindruckendes arcturianisches Werkzeug, mit einem wundervollen, wohltuenden Effekt auf den Emotionalkörper. Jedes Mal, wenn ich mich emotional angeschlagen fühle, bitte ich um die arcturianische Freudenmaschine. Ich wette mit dir um zehn Lichtquotient-Punkte, dass du, wenn du jetzt sofort die Arcturianer darum bittest, ihre Freudenmaschine zu aktivieren, du aus dem Schmunzeln oder gar aus dem Lachen nicht herauskommst. Ich habe das mit Freunden erlebt, die total davon beeindruckt waren. Die Arcturianer schicken dir dabei pure Freude aus dem neunten Strahl und es wird dir dabei absolut unmöglich sein, niedergeschlagen zu bleiben, selbst wenn du dies möchtest. Nichts heilt besser als die Freude. Der Aufstieg, die Freude und die Liebe sind alle miteinander verbunden. Nutze dieses Werkzeug, um die Christus-/Buddhaqualitäten in deinem Leben täglich zu kultivieren.

60. Die arcturianische Spannungserhöhung

Der folgende goldene Schlüssel ist die Anwendung der arcturianischen Spannungserhöhungstechnik. Häufig, wenn ich bei der Post oder im Supermarkt anstehe und meine Zeit nutzen möchte, flüstere ich zu mir selbst oder spreche telepathisch: "Lord Arcturus und ihr Arcturianer, erhöht die Spannung." Ich fühle augenblicklich, wie der spirituelle Fluss in meinem Körper zunimmt. Es ist einfach, effektiv und kann überall und jederzeit angewandt werden.

61. Das arcturianische Plattensystem

Dies ist eine Schlüsseldispensation, die ich von Lord Arcturus erhalten habe. Es geht dabei um die Verankerung des arcturianischen Plattensystems in unser Chakren- system. Lord Arcturus sagte, dass diese fortgeschrittene Technologie, bildlich gesprochen, einen Brief in 18 Sekunden verschicken würde, wofür das Chakrensystem normalerweise 3 Monate benötigen würde. Diese fortgeschrittenen Technologien, die mit der Zeit nach und nach in mir verankert wurden, haben buchstäblich mein ganzes Wesen wieder belebt.

62. Die arcturianische Reprogrammierung deiner ätherischen biochemischen Substanz

Bei diesem nächsten goldenen Schlüssel geht es darum, Lord Arcturus und die Arcturianer darum zu bitten, deine biochemische ätherische Substanz zu reprogrammieren, so dass sie im Einklang mit der Struktur deines physischen Körpers steht. In meinem Fall war es so, dass es eine Zeit gab, in der meine spirituellen, mentalen und emotionalen Körper sich schneller als mein physischer Körper entwickelten, so dass die Arcturianer meine biochemische ätherische Substanz erhöhen mussten, damit mein Vierkörpersystem wieder stimmig war.

Höher dimensionale Heilungsteams und Tempel

63. Die Heilungsmeister der Inneren Ebene

Der nächste goldene Schlüssel bezieht sich auf die Heilungsmeister der Inneren Ebene. Diese Heiler waren ein weiterer wesentlicher Schlüssel bei der Wiederherstellung meines physischen Körpers. Wenn du diese Gruppe von Heilern anrufst, dann bitte dein Christusselbst und deine Monade ebenfalls darum anwesend zu sein. Ich rufe sie oder merke, dass ich in ihren Heilungskammern bin, wenn ich mich nicht gut fühle, unabhängig davon, was die Ursache dafür ist oder wie die Symptome sind. Wenn ich sie dringend brauche, rufe ich sie auch mehrmals am Tag. Wenn du sie gerufen hast, dann sage ihnen, was sie für dich tun können. Lege dich dann hin und ruhe dich aus oder meditiere und lass sie bis zu einer Stunde lang an dir arbeiten.

Nachfolgend sind einige spezielle Anfragen aufgelistet, die du an die Heilungsmeister der Inneren Ebenen richten kannst:

* Bitte um die komplette Reinigung und Wiederherstellung all deiner Körper (dem spirituellen, ätherischen, mentalen emotionalen und physischen). Dies schließt auch die Bitte ein, alle Schwachstellen und Löcher in deiner Aura zu reparieren.

* Bitte auch darum, dass dir auf der ätherischen Ebene, unter Anleitung der Aufgestiegenen Meister, die Substanzen injiziert werden, die du benötigst, wie etwa Vitamine, Mineralien, Hormone und so weiter. Es ist, als würdest du dir diese Substanzen radionisch selbst zuführen oder wie die Bitte um eine ätherische Akupunktur und es funktioniert, da alles Energie ist.

Ich habe viele Heilungsversuche bei Behandlern unternommen, bis ich erkannte, dass mir nahezu alles was ich brauchte, in mir selbst zugänglich war. Dies ist die beste Gruppe von Heilern, die für die Menschheit da ist. Die Heilungsmeister der Inneren Ebenen sind gemeinsam mit den Arcturianern für uns da, um auf allen Ebenen in guter Gesundheit zu bleiben.

64. Stelle deine göttliche Blaupause wieder her

Der nächste goldene Schlüssel war die Bitte an das ätherische Heilungsteam, meine ätherischen Schäden aus vergangenen Leben und aus diesem Leben wieder in Ordnung zu bringen. Dies ist sehr wichtig, da der physische Körper sonst auf der Basis einer beschädigten Blaupause arbeitet und eine vollständige Wiederherstellung nicht möglich ist. Rufe dieses Team an und bitte darum, dass sie deinen ätherischen Körper reparieren und in einen Zustand bringen, in welchem er nur noch deine perfekte monadische Blaupause reflektiert. Die Arbeit mit diesem Team, in Verbindung mit der Bitte um die Verankerung meines monadischen Blaupausen- Körpers und meines Mayavarupa-Körpers, haben die Heilung meines physischen Gefährts und meinen Aufstieg sehr beschleunigt.

65. Die Heilungsmeister der Akupunktur

Dieser goldene Schlüssel besteht in der Bitte an die Aufgestiegenen Meister des Heilungsteams der Akupunktur, ätherische Akupunkturnadeln in deinen Körper zu setzen, um dir bei jeglichen Gesundheitsproblemen, die du hast, zu helfen. Bitte sie darum, die Nadeln dann zu entfernen, wenn du dich wieder wohl fühlst.

66. Dr. Lorphan und die galaktischen Heiler

Ein wertvoller goldener Schlüssel für meine Heilung war die Arbeit mit Dr. Lorphan und den galaktischen Heilern. Dies ist eine hoch entwickelte Gruppe von Heilern, die man bei extremen Gesundheitsproblemen um Hilfe bitten kann. Da meine Gesundheitslektionen sehr ernst waren, habe ich Dr. Lorphan um Hilfe gebeten und er vollbrachte Wunder an mir, indem er mein Energiefeld wieder herstellte und mein Verdauungssystem stärkte. Ich nutze die Hilfe von Dr. Lorphan und den galaktischen Heilern in ernsten Situationen, wenn ich außer der Hilfe der Arcturianer und der Heilungsmeister der Inneren Ebenen weitere Hilfe benötige.

67. Farbbäder in den Heilungstempeln der Inneren Ebenen

Bitte mit diesem goldenen Schlüssel darum, zu den Heilungstempeln auf den Inneren Ebenen gebracht zu werden und dort Farbbäder zu nehmen. Dort befinden sich Becken mit flüssigem Licht und flüssiger Farbe. Dies sind die besten Heilungsbäder. Rufe deine Heilungsengel und bitte sie um ein Heilungsbad in einem Heilungsbecken mit der Farbe deiner Wahl. Dies ist eine tolle Sache und am besten ist es das Bad vor dem Schlafengehen zu nehmen, da es so entspannend und verjüngend ist.

Heilung auf allen Ebenen

68. Heilung muss auf allen Ebenen geschehen

Dieser goldene Schlüssel soll daran erinnern, dass die physische Heilung nicht komplett vollzogen werden kann, ohne zuvor den ätherischen, emotionalen und mentalen Körper zu heilen. Nutze die Werkzeuge, die ich in diesem Buch dargelegt habe, um diese Körper zu heilen. Sie sind die Ursache aller Erkrankungen des physischen Körpers.

69. Das Matrix-Entfernungsprogramm der Kernangst

Dieser goldene Schlüssel, das Matrix-Entfernungsprogramm der Kernangst, ist ein Geschenk Gottes. Diese Technologie ist ein Prozess, bei dem alle tiefer sitzenden Ängste, die du in deinem Vierkörpersystem in diesem Leben und in vergangenen Leben gespeichert hast, mit Hilfe der Aufgestiegenen Meister entfernt werden können. Rufe Djwhal Khul und Vywamus an und bitte sie, diese Gitterwerktechnologie in dein Energiefeld zu verankern und dir bei der Beseitigung all deiner Ängste zu helfen. Dies kann für allgemeine Ängste wie auch für spezielle Ängste durchgeführt werden. Diese Matrix kann auch alle astralen Wesen, astralen Krankheiten, graue Felder und mentale und/oder ätherische Krankheiten herausziehen und dich mit der Hilfe des holographischen Computers aus Djwhal Khuls Ashram darin unterstützen, dein ätherisches Lichtgitter zu reparieren und auszugleichen. Mir gelang es in ca. 9 Monaten auf diese Weise viele meiner Kernängste aus meinem Vierkörpersystem zu entfernen. Allen meinen Gesundheitslektionen lag die gespeicherte Angst in meinen Organen zugrunde. Indem ich sie entfernte, fühlte ich mich wie neugeboren. An nur einem Wochenende war es mir in Zusammenarbeit mit den Meistern möglich, 45 % meiner tiefsten Ängste für mein ganzes Leben aufzulösen. Was für eine schnelle Therapie! Diese Technologie steht allen zur Verfügung und ich gehe in einem Kapitel meines Buches *Jenseits des Aufstiegs* näher darauf ein.

70. Entfernung ätherischer Giftablagerungen

Dieser weitere goldene Schlüssel in meiner Heilung war die Bitte, alle ätherischen Pfeile, Nadeln und Kugeln zu entfernen. Diese negativen Aspekte sind üblicherweise aus den Vorleben, sie können jedoch auch aus diesem Leben stammen. Ich hatte einmal eine Beziehung mit einer Person, die sehr viel Wut in sich trug und zu einem bestimmten Zeitpunkt richtete sich diese Wut gegen mich. Dr. Lorphan und die Heilungsmeister der Inneren Ebenen brauchten zwei Tage, um alle Pfeile und Nadeln aus meiner Leber herauszuholen. Jedes Mal, wenn Menschen andere angreifen oder wütend auf sie sind, schicken sie ihnen solche psychischen Pfeile. Alle derartigen Dinge müssen entfernt werden. Daran kannst du erkennen, warum so viele Menschen krank werden und warum es so viele Erkrankungen gibt, bei denen das Immunsystem versagt, wie beispielsweise beim Krebs. All das stammt zum Großteil aus diesen Verschmutzungen, die nicht gereinigt und entfernt werden. Die heutige Medizin steht somit, mit ihren herkömmlichen Behandlungsmethoden, den chronischen Krankheiten hilflos gegenüber. Sie kommen mit nur 10 % der Realität in Berührung, die restlichen 90 % der Vorgänge aus dem Zwölfkörpersystem ist ihnen unbekannt.

71. Reinige den ätherischen Filter mit deinem persönlichen Farbcode

Dieser goldene Schlüssel stammt aus der Erkenntnis eines Freundes, bezüglich dem, was die Meister als *ätherischen Filter* bezeichnen. Sie sagten, dass jeder ätherische Körper einen Filter hat, der dem eines Filters im Wäschetrockner gleicht. Er wurde so angelegt, dass er automatisch funktioniert, aber mit der Zeit ist er bei den meisten Menschen verstopft und daher ist es dem Licht nicht möglich, angemessen durch den Körper zu fließen. Melchizedek sagte, dass es von größter Wichtigkeit sei, diesen Filter rein zu halten. Dies kann man durch das Hervorrufen des persönlichen Farbcodes tun. Jede Person besitzt ihren eigenen Farbcode. So hat mir Melchizedek beispielsweise gesagt, dass mein persönlicher Farbcode der platinfarbene, der goldene, der blaue und der rote Strahl sei. Melchizedek sagte, dass der Platinstrahl die direkte Energie aus der göttlichen Quelle sei; der goldene Strahl ist sein Strahl aus der goldenen Kammer, der blaue Strahl ist der Strahl aus Djwhal Khuls Ashram und der rote Strahl ist der erste Strahl aus dem Ashram von El Morya und steht mit der Führerschaft in Verbindung. Rufe, um deinen Filter zu reinigen, deinen eigenen persönlichen Farbcode von den Meistern hervor, der dir dabei hilft, deinen ätherischen Filter zu reinigen. Ich würde empfehlen, dies einmal im Monat durchzuführen.

72. Das ätherische Netz ausrichten

Dieser goldene Schlüssel liegt in der Bitte an Djwhal Khul und Lord Arcturus, das Netz des ätherischen Körpers auszurichten. Für diejenigen, die zu emphatisch sind, könnte eine Festigung des Netzes nötig sein. Für diejenigen, die emotional oder psychisch zu verschlossen sind, könnte eine Lockerung des Netzes nötig sein. Überlasse dies deiner mächtigen ICH BIN - Gegenwart und der Weisheit der Aufgestiegenen Meister. Die meisten Menschen benötigen eine Festigung des ätherischen Netzes, da es so mehr Schutz bietet.

73. Reinigung von Tieren

Dieser goldene Schlüssel entstand aus dem Verständnis darüber, dass alle Tiere von außerirdischen Implantaten und negativen Elementalen gereinigt werden müssen. Nachdem ich selbst von Implantaten befreit war, wurde ich darauf aufmerksam gemacht, dass ich vergessen hatte, meine beiden Katzen Patches und Rags auch von Implantaten zu reinigen. Das Reinigen der Tiere geschieht in einer einfachen Prozedur. Bitte dazu um die Flüssiglichttechnologie und den goldenen Zylinder von Lord Arcturus und den Arcturianern und bitte dann speziell darum, dass alle negativen außerirdischen Implantate sowie die negativen Elementale von den Tieren neutralisiert und entfernt werden.

74. Kläre alte Eindrücke aus dem Energiefeld

Der nächste goldene Schlüssel war meine Bitte an Djwhal Khul und Vywamus, alle negativen Eindrücke aus meiner Aura zu entfernen. Negative Eindrücke stammen meistens aus früheren Leben. Sie beinhalten solche Dinge wie ein Schwert oder eine Schnittwunde im Energiefeld. Bitte auch um die Heilung und Reinigung deiner Aura von allen Irritationen und Flecken. All diese Dinge sind sehr einfach zu heilen und zu entfernen, wenn man weiß, worum man bitten muss.

75. Bitte um eine komplette genetische Reinigung

Dieser goldene Schlüssel beinhaltet eine Reihe kosmischer Clearings, die buchstäblich mein gesamtes Vierkörpersystem revolutioniert und wiederhergestellt haben. Zu Beginn dieses Prozesses bat ich Djwhal Khul, Lord Maitreya, Melchizedek und Lord Arcturus um eine komplette Klärung von Krankheiten und Schwächen der genetischen Linie in meinem physischen Körper aus diesem und allen vergangenen Leben. Als Teil dieses Prozesses empfehle ich auch, die Arcturianer um die Entfernung aller Krebsformen und Krankheiten aller Art zu bitten, welche sich im ätherischen, mentalen und emotionalen Körper gebildet haben. Bitte um die Entfernung von allem, was nicht perfekt und von bester Gesundheit ist. Bitte darum für deine ganze Abstammungslinie der Vergangenheit, der Gegenwart und der Zukunft.

76. Die kosmisch-zelluläre Reinigung

Dieser goldene Schlüssel bedeutet, Melchizedek, Metatron und Vywamus anzurufen und um eine kosmisch-zelluläre Reinigung zu bitten. Dies wird deine gesamte Zellenstruktur von Anbeginn deiner ersten Inkarnation auf der Erde reinigen.

Ich glaube, du erkennst nun langsam, dass wir, egal wie sehr wir physisch, emotional, mental oder spirituell erkrankt sind, buchstäblich in das Leben zurückgebracht werden können, indem wir diese unterschiedlichen spirituellen Technologien einsetzen. Es sind die fortgeschrittenen spirituellen Technologien der Zukunft, die jetzt verfügbar sind. Und der Zweck dieses Buches ist, *sie bereits jetzt für dich nutzbar zu machen.* Erstaunlich ist die Einfachheit der Anwendung und ihre Effektivität. Der spirituelle Weg sollte einfach sein, ich glaube damit stimmst du überein.

Ich empfehle dir dieses Buch systematisch Schlüssel für Schlüssel durchzugehen und jede dieser Übungen durchzuführen. Indem du dies tust, wird dein gesamtes Zwölfkörpersystem komplett geklärt, gereinigt und verfeinert, sodass sich keine Krankheit mehr manifestieren kann, da du die feineren Körper gereinigt hast, in denen alle Krankheiten entstehen. Diese Werkzeuge können zur Heilung, zur Gesundheitserhaltung und zur Prävention eingesetzt werden.

Ich zeige dir damit einen Weg, dich selbst zu heilen und zu entwickeln, ohne dazu Ärzte zu bezahlen. Weshalb sollte ich dir einen Fisch geben, wenn ich dich das Angeln lehren kann? Alle Krankheiten entstehen zuerst im ätherischen, emotionalen und mentalen Körper und indem man diese Körper rein hält, indem man die bereits erwähnten Werkzeuge nutzt, erhält man das physische Vehikel gesund. Kannst du dir vorstellen wie viel Geld du damit sparst? Spare daher dein Geld und komme zum nächsten Wesakfest!

3 Werde zu dem, der du wirklich bist: Evolution und Integration auf allen Ebenen

Schlüssel 77-118

Der Aufstieg
Aufstiegsplätze
Die Chakren
Die Entwicklung des Vierkörpersystems
Die Seelen- und Monadenentwicklung
Die Strahlen
Die höhere Entwicklung

Der Aufstieg

77. Bilde deinen Lichtquotienten

Bei diesem goldenen Schlüssel geht es um das Verständnis des Lichtquotienten. Ich kam zu der Erkenntnis, dass die Bildung des Lichtquotienten der Schlüssel zur Vervollständigung der eigenen Einweihungen ist. Die Menge des Lichtes, die man aufrechterhalten kann, ist von höchster Bedeutung. Als ich diese Wahrheit entdeckte, habe ich viel Zeit für den Aufbau meines Lichtquotienten verwandt. Mich zu den Aufstiegsplätzen zu begeben, war einer der Wege, wie ich dies erreichte.

Ein anderer Weg war, direkt während der Meditation um eine Erhöhung des Lichtquotienten zu bitten. Ich bat die Arcturianer, Metatron, Melchizedek und die anderen Meister, mit denen ich zusammenarbeite, darum. Ich bat auch Djwhal Khul darum, an sein Programm des "Zweiten Strahls - Lichtquotienten - Venentropfs" (dies ist die einzige Art, wie ich dies benennen kann) angeschlossen zu werden. Bitte Djwhal Khul darum und er weiß genau, wovon du sprichst. Jede Einweihung erfordert einen bestimmten Lichtquotienten, um abgeschlossen zu werden.
Ein weiterer Weg war, um das Licht von 1000 Sonnen zu bitten und dieses Licht in mein Sein einfließen zu lassen. Auf unsere Bitten hin steht uns das gesamte Licht und die Energie des Universum zur Verfügung. Du kannst auch Lord Maitreya

darum bitten, einen seiner goldenen Lichtstäbe in dein Kronenchakra zu platzieren. Dieser wird von deinem Vierkörpersystem aufgenommen und hilft dabei, deinen Lichtquotienten schneller zu erhöhen.

78. Stabilisiere deinen Lichtquotienten

Dieser goldene Schlüssel ist die Arbeit, deinen Lichtquotienten zu stabilisieren. Es gibt große Schwankungen der Lichtmenge in deinem Vierkörpersystem und während den unterschiedlichen Momenten deines täglichen Lebens. Wenn du zum Beispiel meditierst und viele Lichtaktivierungen durchführst, steigt dein Lichtquotient beträchtlich an. Damit bist du gewöhnlich bei einem Prozentsatz von 80 - 83 %. Während einer geführten Meditation ist es möglich, für ein paar Augenblicke 93 % zu erreichen. Im Alltag kann er dann wieder abfallen. Doch nach jeder Meditation kommt ein wenig zu deinem durchschnittlichen Lichtquotienten dazu. Der Schlüssel liegt darin, nicht nur einen hohen Lichtquotienten durch die Meditation zu erlangen, sondern diesen auch auf dem höchstmöglichen Maß in allen vier Körpern beständig aufrechtzuerhalten. Das ist die wahre Arbeit. Wenn du beispielsweise sehr viel meditierst, jedoch psychologisch nicht ausgeglichen und unklar bist, wird dies deinen Lichtquotienten dementsprechend absenken. Jeder Gedanke, jedes Wort und jede Handlung beeinflussen dein Maß an Licht. Manchmal bekommen die Menschen verwirrende Readings über den Lichtquotienten oder den Einweihungsgrad, da diese Schwankungen nicht beachtet wurden. Frage die Meister, wie hoch dein stabilisierter Lichtquotient ist und wie sehr er schwankt.

79. Bitte um die nächsthöhere Lichtebene

Der nächste Schlüssel ist die Bitte an die Meister, deinen Lichtquotienten auf der nächsthöheren Ebene zu stabilisieren. Hierbei geht es wieder um die Stabilisierung. Als ich 99 % des Lichtquotienten erreicht hatte, ging es auf der kosmischen Lichtquotient-Skala weiter. Dort fiel ich wieder auf 10-11 % der kosmischen Skala zurück. Unabhängig davon, welches Maß du erreicht hast, gibt es immer eine weitere Sprosse, die du auf der Leiter erklimmen kannst.

80. Bilde die Antakarana

Dieser Schlüssel war das Bilden meiner Antakarana, auch Regenbogenbrücke genannt. Die Antakarana ist eine Brücke aus Licht, die du zwischen deiner Persönlichkeit, deiner Seele, deiner Monade und Gott bildest. Diese grundlegende spirituelle Arbeit ist entscheidend. Die Antakarana ist zum einen der Schlüssel zur Verbindung deiner Persönlichkeit mit deinem Höheren Selbst. Zum anderen verbindet sie dich mit deiner Monade oder mächtigen ICH BIN - Gegenwart. Schließlich dient sie noch als Brücke, um dabei zu helfen, die Integration dieser drei Aspekte des Selbst herzustellen. Sobald diese Brücke des Lichtes vollständig ist, ist auch deine Antakarana vollständig zurück zu Gott errichtet. Dies ist deine kosmische Antakarana. Diese Brücke des Lichtes ermöglicht es, dass mehr Licht in dein Vierkörpersystem einströmt, das auf allen Ebenen Heilung bringt. Der Aufbau der Antakarana ist ein Schlüsselaspekt im Aufstiegsprozess. Ich empfehle dir daher mit dem entsprechenden Kapitel aus meinem Buch *Das komplette Aufstiegshandbuch* zu arbeiten.

81. Verbinde die Antakarana mit der Aufstiegssäule

Der nächste goldene Schlüssel wurde mir von Djwhal Khul beigebracht. Es war die Bitte an die sieben Chohans, oder Meister der sieben Strahlen, durch das Zentrum des Dritten Auges zu strahlen und die Kraft der Regenbogenbrücke - der Antakarana - mit dem Licht der Aufstiegssäule, durch die Seele hinauf, den ganzen Weg zurück bis zur Monade zu verbinden. Dadurch vereinigt sich die Chakrensäule, die Aufstiegssäule und die Antakarana, oder Regenbogenbrücke, zu einer integrierten Lichtsäule.

82. Das Ausweiten und Reinigen der Antakarana

Ein anderer goldener Schlüssel war die Durchführung von Meditationen, um die Antakarana und den Zentralkanal auszuweiten und zu reinigen. In meinem Buch *Das komplette Aufstiegshandbuch* habe ich dafür spezielle Meditationen vorgegeben, wie die spirituelle Wirbelwind-Meditation und die Korkenzieher-Meditation. Es ist wichtig, den Zentralkanal, die planetare und kosmische Antakarana zu weiten, damit ein größerer spiritueller Strom durch sie hindurchfließen kann. Je intensiver der spirituelle Strom ist, desto schneller kann sich dein Lichtquotient aufbauen und umso besser ist es um deine physische Gesundheit bestellt. Nutze diese beiden Meditationen, die dich zurück zur Quelle führen.

83. Rufe dein aufgestiegenes spirituelles Selbst

Dieser goldene Schlüssel besteht darin, dein aufgestiegenes spirituelles Selbst, das den Aufstieg bereits im Bereich der nicht linearen Zeit/Raum erlangt hat, anzurufen. Bitte darum, mit ihm permanent zu verschmelzen. Das Herzstück des spirituellen Weges bezieht sich auf die Heilung der Trennung zwischen hohen und noch höheren Ebenen der kosmischen Dimensionen und dem Licht. Wenn du einmal erkannt hast, wie dieser Prozess funktioniert, weißt du, wie du diese Werkzeuge immer wieder einsetzen kannst, nicht nur für den planetaren Aufstieg, sondern auch für den kosmischen Aufstieg.

84. Bitte um das Erstellen der Aufstiegsstruktur

Dieser goldene Schlüssel ist essenziell. Bitte die Aufgestiegenen Meister deiner Wahl darum, die Aufstiegsstruktur in deinem physischen, emotionalen, mentalen und spirituellen Körper zu erstellen. Wenn du bei deinem kosmischen Aufstieg Fortschritte machst, wird sich diese Aufstiegsstruktur schließlich auf deinen solaren, galaktischen und universellen Körper ausdehnen. Dies zieht sich fort, durch alle zwölf Dimensionen der Realität. Begrenze dich nicht allein durch ein fünfdimensionales Bewusstsein.

85. Aufstiegsengel

Dieser goldene Schlüssel ist die Anrufung meiner Aufstiegsengel, um mir in diesem Prozess zu helfen. Engel, die auf die Hilfe während des Aufstiegsprozesses spezialisiert sind, sind von größtem Wert und Nutzen. Bitte sie um Hilfe bei der Vervollständigung deiner sieben Einweihungen und um deinen Aufstieg zu erlangen. Bitte sie darum, dir bei deiner Arbeit im Dienste der anderen zu helfen und dich deiner wahren Aufgabe auf Erden zuzuführen.

86. Verankere spirituelle Energie in deinem physischen Körper

Der nächste goldene Schlüssel besteht in der Anrufung von Erzengel Sandalphon und Gaia, Mutter Erde, um dir bei der Verankerung all deiner spirituellen Energie in deinem physischen Körper zu helfen. Erinnere dich daran, dass der Aufstieg ein Abstieg ist.

Aufstiegsplätze

87. Arbeite mit den Aufstiegsplätzen

Ein wesentlicher Schlüssel zur Manifestation auf allen Ebenen ist das Arbeiten mit den verschiedenen Aufstiegsplätzen. In meinen Büchern *Das komplette Aufstiegshandbuch* und *Jenseits des Aufstiegs* habe ich zwanzig verschiedene Aufstiegsplätze im gesamten Kosmos aufgeführt, die ich während meiner spirituellen Suche selbst entdeckt habe. Diese Aufstiegsplätze hatten sowohl einen enormen Einfluss auf die Beschleunigung meines Aufstiegs wie auch auf meine physische Gesundheit.

Vor meinem Aufstieg empfand ich die Aufstiegsplätze in Mt. Shasta und Luxor sehr nützlich. Nach meinem Aufstieg nutze ich meistens die arcturianische Lichtkammer und die Goldene Kammer von Melchizedek. Ich begebe mich regelmäßig während der Meditation in diese Kammer. Auch während des Fernsehens, Spazierens oder Telefonierens halte ich mich in dieser Kammer auf. Dabei empfand ich oft einen Bilokations-Effekt, bei dem ich zwei Dinge auf einmal tat. Wenn du diese Aufstiegsplätze nutzt, zapfst du universelle Energie an.

Nachfolgend habe ich einige meiner Lieblingsaufstiegsplätze aufgeführt.

* Sai Babas Liebesthron. Reise auf den Inneren Ebenen zu Sai Babas Ashram und bitte darum, auf seinem Liebesthron Platz nehmen zu dürfen. Sai Baba sagte mir, dass man, wenn man darum bittet, "die Liebe, Hilfe und Gnade von Sai Baba" erfahren würde. Ich komme oft hierher, um in dieser Energie Seiner Heiligkeit Lord Sai Babas zu baden. Mein Emotionalkörper freut sich immer sehr, hierher zu kommen.

* Babajis Platz der unsterblichen Glückseligkeit. Reise zu Babajis Platz der unsterblichen Glückseligkeit in seiner Höhle im Himalaja. Bitte Babaji um eine Aufstiegssegnung und Aufstiegsbeschleunigung und mache dich mit den Energien der Unsterblichkeit vertraut. Dieser Platz ist ähnlich wie der Liebesthron von Sai Baba.

* Die Goldene Kammer von Melchizedek. Dieser Aufstiegsplatz steht durch die Gnade Melchizedeks zur Verfügung. Wann immer ich fühle, dass ich der Klärung und der Reinigung bedarf, bitte ich darum, in der Goldenen Kammer in Melchizedeks goldener Flamme gereinigt zu werden. Dies hat einen wunderbar klärenden und regenerierenden Effekt.

* Der Aufstiegsplatz in der Königskammer der Großen Pyramide. Der Aufstiegsplatz in der Königskammer der Großen Pyramide ist einer der kraftvollsten und effektivsten Aufstiegsplätze, die ich je erfahren habe. Ich rufe darin oft Isis, Horus und Osiris an, mir bei dieser Arbeit zu helfen. Im Zusammenhang mit diesem Schlüssel empfehle ich, sich intensiv mit all den Informationen über die ägyptischen Mysterien und Einweihungsrituale zu befassen. Während ich dieses Material studierte, durchlief ich die Einweihungen und legte auf jeder der sieben Ebenen ein Gelübde ab. Ich habe diese Informationen in meinem Buch *Verborgene Mysterien* sehr zugänglich gemacht.

* Aufstiegsplatz - Der Atomare Beschleuniger. Der Atomare Beschleuniger von dem Saint Germain in den *ICH BIN - Reden* gesprochen hat, hatte eine tiefe Wirkung auf mich. Rufe Djwhal Khul und Saint Germain, damit sie dich in deinem spirituellen Körper zum Atomaren Beschleuniger in Table Mountain nach Wyoming bringen. Dies wird eine belebende Wirkung auf dein gesamtes Wesen haben.

Die Chakren

88. Öffne das Aufstiegschakra

In diesem goldenen Schlüssel bat ich um die komplette Öffnung meines Aufstiegschakras, das sich an der Stelle des Hinterkopfes befindet, an der ein Pferdeschwanz gebunden wird. Dies ist ein guter Schlüssel für diejenigen, die sich intensiv dem Aufstiegsweg widmen. Während des Voranschreitens fühlst du die Energie in deinem Aufstiegschakra intensiver als im Kronenchakra.

89. Die vereinigte Chakrensäule

Der nächste goldene Schlüssel war die Bitte, dass meine gesamte Chakrensäule zu einem verlängerten, vereinten Chakra verschmelzen möge. So wie die Monade und die Seele verschmelzen, so verschmelzen letztendlich die Chakren und auch das Zwölfkörpersystem. Das Energiefeld beginnt dann als vereintes Ganzes zu arbeiten.

90. Öffne alle Chakren

Dieser goldene Schlüssel war die Bitte an Melchizedek, Metatron und Michael, alle meine Chakren zu öffnen sowie alle sieben Schichten eines jeden Chakras und alle Facetten innerhalb der Schichten. Wie ich es in meinem Buch *Jenseits des Aufstiegs* beschrieben habe, ist jedes Chakra aus Miniaturchakren oder Blütenblättern zusammengesetzt. Das Ideal ist, alle Blätter auf allen sieben Ebenen zu öffnen. Bitte die Meister, dir dabei zu helfen. Das Licht strömt ein und deine Evolution wird dabei sehr beschleunigt.

Der zweite Schlüssel in diesem Prozess bezieht sich auf die Existenz der 330 Hauptchakren. Es gibt ein 7 Chakranetz für jede Dimension. Melchizedek sprach von 48 Dimensionen, die realisiert werden müssen um den kosmischen Aufstieg zu erreichen. Wenn man sich entwickelt, steigen die Chakren herab. Bei der 6. Einweihung befindet sich das 16. Chakra in deinem Kronenchakra. Ich begann darum zu bitten, dass diese höheren Chakren hinabsteigen mögen, dadurch beschleunigte ich wiederum meinen Prozess erheblich. Was normalerweise ganze Lebensspannen in Anspruch nehmen würde, geschah jetzt in sechs Monaten bis zwei Jahren. Ich hoffe, dass die Tiefe dieser Einblicke in die Funktionsweise der Chakren, dich nicht abschreckt. Jedes verankerte Chakra ermöglicht es dir, eine höhere elektrische Spannung zu halten und aus dir ein hell leuchtendes Licht zu machen.

Rufe in jeder Meditation dein Höheres Selbst an und bitte um eine komplette Öffnung all der existierenden Chakren auf allen Ebenen. Dadurch wurde bei mir nicht nur mein Aufstiegsprozess beschleunigt und die Vollendung meiner Einweihung erreicht, sondern dies half auch dabei, mein ätherisches und mein physisches Vehikel zu elektrisieren. Dies war ein Hauptaspekt bei der Wiederherstellung meines physischen Vehikels.

91. Das universelle Chakra

Der nächste goldene Schlüssel war die Bitte an Djwhal Khul und Lord Melchizedek um die permanente Verankerung und Aktivierung des universellen Chakramusters. Dies ist eine Art Lichtnetz, oder göttlicher Abdruck, welcher auf Anfrage im Kern deines Seins aufgebracht wird.

92. Erwachen der Kundalini

Dieser Schlüssel war die Bitte um ein sanftes Erwecken meiner Kundalini durch die Aufgestiegenen Meister und meine mächtige ICH BIN - Gegenwart. Ich bat auch darum, dass meine persönliche Kundalini an der planetaren Kundalini von Mutter Erde ausgerichtet wird.
Ich erhielt dabei die strenge Anweisung, das Aufsteigen der Kundalini nicht zu erzwingen. Ich wurde darin geführt, Aufstiegsaktivierungsarbeit durchzuführen und mir wurde gesagt, dass dies der Weg zu einer natürlichen Öffnung sei. Ich brauchte dazu keine Kundalini-Yogaübungen zu machen. (Die einzige Ausnahme, die ich hierbei machen würde, ist, wenn du einen gottverwirklichten Lehrer zur Anleitung hättest, der die Verantwortung für deinen Entwicklungsprozess übernommen hätte. Doch diese Lehrer sind sehr selten).

93. Verankere das universelle Übertragungssystem in die Chakren

Dieser goldene Schlüssel umschließt eine göttliche Dispensation, die ich von Lord Melchizedek erhalten habe, um das universelle Übertragungssystem in meine Chakren zu verankern. Alle drei bis vier Monate bitte ich um eine Erhöhung der Wattzahl des Übertragungssystems. Dies hatte eine sehr belebende, beschleunigende und elektrifizierende Wirkung auf meine Chakren, meinen gesamten ätherischen Körper und mein Vierkörpersystem.

Die Entwicklung des Vierkörpersystems

94. Bringe deine vier Körper in die richtige Größe

Dieser goldene Schlüssel ist die Bitte, jeden deiner vier Körper - den physischen, den emotionalen, den mentalen und den spirituellen - in das ihm angemessene Format für dein spezielles Puzzleteil und deine Aufgabe zu bringen. Manche Menschen haben zu große Mentalkörper, die unbedingt etwas verkleinert werden müssen, wiederum andere haben zu große Emotionalkörper. Dies ist keine Verurteilung. Es ist einfach ein Teil des Prozesses der regelmäßigen Ausrichtung und Einstimmung, der durchgeführt werden muss. Dies kann wie eine Einstimmung auf metaphysischer Ebene betrachtet werden. Diese spezielle Einstimmung ist gewöhnlich zum Zeitpunkt des Aufstiegs erreicht; man kann jedoch darum bitten, wenn man das Gefühl hat, dass wieder eine Ausrichtung angebracht wäre.

95. Führe weiterhin eine Klärung und Integration auf allen Ebenen durch

Dieser goldene Schlüssel gilt der Erkenntnis, dass ein Erreichen des Aufstiegs, oder der sieben Ebenen der Einweihung, nicht auch gleichzeitig eine Integration des mentalen, emotionalen und physischen Körpers bedeutet. Es ist ein Missverständnis zu glauben, dass man mit den höheren Einweihungen auch schon die Meisterschaft auf allen Ebenen erreicht hat. Der Aufstieg und die sieben Einweihungen sind hauptsächlich mit dem Grad des Lichtquotienten verbunden. Ohne eine angemessene Integration des mentalen, emotionalen und physischen Körpers kann eine zukünftige Evolution auf der kosmischen Ebene nicht stattfinden.

96. Vereinige die Körper, die Chakren, die Seele und die Monade

Der nächste goldene Schlüssel ist die Vereinigung auf allen Ebenen. Dies schließt deine vier Körper, alle deine Chakren, deine Persönlichkeit, deine Seele, deine Monade, die Antakarana und alle anderen Aspekte deines Wesens ein. Du möchtest dies, um ein integriertes Ganzes zu sein. Manchmal musst du dich während dieses Entwicklungsweges auf verschiedene einzelne Aspekte konzentrieren, damit du lernst, wie diese funktionieren. Dies ist ein wesentlicher Teil des spirituellen Weges. Wenn du alle Bereiche verstehst, kannst du alles angemessen integrieren und meistern. Sobald dich eine Lebenslektion aus dem Gleichgewicht bringt, hilft dir dieses Verständnis dem sofort entgegenzuwirken und das Gleichgewicht wieder herzustellen.

Wenn der Aufstieg und die Selbstmeisterung einmal erlangt sind, ist es nicht weiter notwendig sich auf einzelne Bereiche zu konzentrieren, da alles als Ganzes zusammenwirkt. Wenn du ein Auto besitzt, lässt du es nicht in seinen Einzelteilen durchchecken, wenn alles in Ordnung ist und es bestens fährt. Wenn man einmal integriert und geeint ist, ist es besser, sich auf diese Einheit zu konzentrieren. Sich im Umgang mit Energie gut auszukennen, ist ein wichtiges Hilfsmittel für Lichtarbeiter im Umgang mit sich selbst und um anderen zu helfen.

97. Stelle die Verbindung der zwölf Stränge deiner DNA wieder her

Dies ist ein weiterer, wichtiger Schlüssel, um die Entwicklung zu beschleunigen und er hatte einen sehr kraftvollen Effekt auf die Heilung und Wiederherstellung meines physischen Körpers. Rufe die Meister deiner Wahl und deine eigene ICH BIN - Gegenwart an und bitte darum, dass die Verbindung zu allen zwölf Strängen deiner DNA in deinem ätherischen Körper wieder hergestellt wird. Diese wurden einst, in der Vergangenheit der Menschheit, getrennt. Es wäre uns immer möglich gewesen, diese Verbindung wieder herzustellen, doch niemand wusste genug darüber, um darum zu bitten.

98. Bitte um die Drehung deiner Elektronen in einen aufgestiegenen Zustand

Dieser goldene Schlüssel war die Bitte an Lord Melchizedek und Metatron, alle meine Elektronen auf die Frequenz des vollständig realisierten Aufstiegszustandes zu drehen. Nachdem ich alle meine sieben Einweihungen durchschritten hatte, brachte mich diese Bitte auf jede dimensionale Ebene, die ich zu integrieren suchte. Während der fünfjährigen Phase zwischen 1995 und 2000 arbeitete ich daran, mittels Drehung meiner Elektronen, die zehnte bis zwölfte Dimension zu erreichen. Wenn diese Ebenen teilweise erreicht sind, werde ich an der vollständigen Verwirklichung aller Ebenen, Körper und Chakren arbeiten. Dies ist eine sehr mächtige Aktivierung, die ich wirklich empfehle.

99. Verankere den Code der Unsterblichkeit und bitte um das Lebenshormon

Bitte Lord Melchizedek, mit diesem goldenen Schlüssel, um die permanente Verankerung des geometrischen Codes für physische Unsterblichkeit in dein Bewusstsein und Vierkörpersystem. Dies wird deinen Ätherkörper und das gesamte Vierkörpersystem dazu bringen, den Code der Unsterblichkeit einzuprogrammieren. Ein weiterer Aspekt, deine Vehikel auf Unsterblichkeit zu programmieren, liegt darin, deine Zirbeldrüse darin zu bestärken, die Produktion des Todeshormones einzustellen. Danke deiner Zirbeldrüse, wenn du damit beginnst, für das was sie bisher getan hat, doch versichere ihr, dass sie dies nun nicht mehr tun muss. Bitte sie dann darum, nur noch das Lebenshormon zu produzieren. Affirmiere auch weiterhin regelmäßig in deinen Meditationen, dass deine Zirbeldrüse nur noch das Lebenshormon produziert.

Halte das Bewusstsein aufrecht, dass dein physischer Körper unsterblich ist und statt zu altern mit jedem Tag jünger wird. Die Anwendung der geistigen Kraft, gemeinsam mit der vollständigen Verschmelzung deiner Seele, deiner Monade, deiner kosmischen Chakren und kosmischen Körper führt dazu, dass die Unsterblichkeit zur legalen Möglichkeit wird.

100. Bitte Vywamus um die neue Verkabelung deines elektrischen Systems

Der nächste goldene Schlüssel bezieht sich auf eine Phase spiritueller Arbeit, in der ich mit Hilfe von Vywamus mein elektrisches System neu verkabelt habe, um Heilung, planetaren und kosmischen Aufstieg sowie globale Führerschaft zu erlangen. Vywamus ist ein Fachmann auf diesem Gebiet. Ich würde dir sehr empfehlen, ihn um die Durchführung dieser Arbeit zu bitten, um die genannten Ziele zu erreichen. Diese Arbeit stellte einen wichtigen Teil meiner persönlichen Wiederherstellung und Veränderung dar.

101. Öffne alle Zentren deines Gehirns und erleuchte es

Der nächste Schlüssel ist die Bitte um die vollständige Öffnung aller Zentren deines Gehirns und deren Erleuchtung. Das Öffnen dieser Zentren ist einer der Schlüssel zur Aktivierung des gesamten Aufstiegsprozesses. Diese Bitte sollte regelmäßig in den Meditationen erfolgen.

102. Öffne alle Verstandesbarrieren

Der nächste goldene Schlüssel bezieht sich auf das Anrufen von Metatron, Melchizedek und Erzengel Michael um alle deine Verstandesbarrieren zu öffnen, damit das göttliche Überbewusstsein direkt in dein Innerstes blicken kann.

103. Spiritualisiere deine Blutchemie

In diesem goldenen Schlüssel ging es darum, Sanat Kumara, Buddha, Lord Maitreya und Djwhal Khul um das Spiritualisieren meiner Blutchemie durch das göttliche Licht zu bitten. Ich mag diese Aktivierungen, die in die eigentliche physische Struktur des menschlichen Körpers eindringen und diese transformieren.

104. Aktiviere die Codes, um von Licht zu leben

Der nächste Schlüssel stammt von Melchizedek und ist ein spezieller geometrischer Code, um von Licht zu leben. Ich habe mich nicht deshalb dafür entschieden, weil ich versuchen wollte, ganz ohne Nahrung zu leben, sondern, weil ich dadurch eine bessere Integration des Lichtes feststellen konnte. Ich würde dir empfehlen, um die Aktivierung dieser Codes zu bitten, auch wenn du dich als Aufgestiegener Meister weiterhin von fester Nahrung ernähren möchtest. Melchizedek sagte mir, dass niemand versuchen sollte sich nur noch von Licht zu ernähren, bevor er nicht alle sieben Einweihungen abgeschlossen hat und selbst dann sollte dieser Schritt nicht ohne geistige Führung erfolgen, die bestätigt, ob dies für dich das Richtige ist. Ich habe entschieden, dass es mein Weg ist mich diesbezüglich den Menschen anzupassen, statt mich von ihnen zu unterscheiden. Als fortgeschrittener Lichtarbeiter unterscheidet man sich ohnehin schon genug von der Allgemeinheit. Mein persönlicher Weg liegt darin, mit denjenigen zu arbeiten und ihnen zu helfen, die für diese Art von Arbeit bereit sind.

Die Seelen- und Monadenentwicklung

105. Die Verankerung der Monade

Dieser goldene Schlüssel bezieht sich auf meine Bitte um die komplette physische Verankerung meiner Monade, oder mächtigen ICH BIN - Gegenwart, in mein physisches Vehikel. Wenn du Djwhal Khul und Vywamus bittest, dir bei dieser Aktivierung zu helfen, wird dies permanent erfolgen. Im Zusammenhang damit würde ich auch um die komplette Verankerung der Seelen- und Monaden-Lichtkörper bitten.

106. Himmlische Hochzeit der Persönlichkeit, der Seele und der Monade

Dieser goldene Schlüssel war die Bitte an Melchizedek, Metatron und Erzengel Michael, die himmlische Hochzeit meiner Persönlichkeit mit der Seele und der Monade für die Ewigkeit auf einem 99 % igen Lichtquotienten zu vollziehen.

107. Integriere und kläre alle Seelenausdehnungen

Mit diesem Hauptschlüssel bittest du zunächst um die Klärung der 11 anderen Seelenausdehnungen deiner Überseele. Bitte anschließend um die Klärung der restlichen 144 Seelenausdehnungen der anderen 11 Überseelen deiner Monade. Dies sind deine Seelen- und Monadenfamilien. Diese Klärung umfasst alle vergangenen und zukünftigen Leben aller Seelenausdehnungen in deiner Monade. In deinen früheren Entwicklungsstadien hast du 1/144 deiner Monade ausgemacht. Um deinen Aufstieg zu erlangen, musst du die 12 Seelenausdehnungen deiner Überseele erst klären und dann in dein Wesen integrieren. Um die siebte Einweihung zu vollenden, musst du die anderen 143 Seelenausdehnungen klären und in deine Monade integrieren. Wenn du dich in dieser Weise entwickelst und deinen vollständigen Aufstieg erlangst, steht dir die gesamte Kraft der Monade, oder der mächtigen ICH BIN - Gegenwart, zur Verfügung.

Bitte, um diese Klärung zu vollziehen, Melchizedek, Metatron und Erzengel Michael um eine komplette Klärung der Monade. Diese kosmischen Meister helfen dir bei der Klärung und dann alle Seelenausdehnungen in deine Überseele und dann in deine gesamte Monade zu integrieren. Wenn du dies ernsthaft verfolgst, kannst du eine Seelenausdehnung pro Woche bearbeiten. Führe dies regelmäßig Woche um Woche durch, bis alle 144 Seelenausdehnungen geklärt und integriert sind. Dann geht es mit der Integration deiner 864 Seelenausdehnungen auf den acht- und neundimensionalen Ebenen weiter.

Es muss verstanden werden, dass dieser Vorgang nicht vor Vollendung des kosmischen Aufstiegs abgeschlossen ist. Kannst du erkennen was hier geschieht und wie die Entwicklung beschleunigt wurde? Dies sind die goldenen Schlüssel zum planetaren und kosmischen Aufstiegs, die niemals zuvor enthüllt wurden. Nutze diesen Vorteil, der dir hunderte von Leben auf der Erde erspart.

108. Die Wiedervereinigung und Freisetzung von Seelenfragmenten

Der nächste goldene Schlüssel war die Arbeit mit Djwhal Khul in seinem Ashram, alle Seelenfragmente wieder zu vereinigen. Bitte darum, dass alle verloren gegangenen Seelenfragmente jetzt zurückkehren und integriert werden. Bitte auch darum, dass alle Seelenfragmente, die du mit dir trägst und die dir nicht gehören, in göttlicher Ordnung zurückgesandt werden. Dieses Gebiet ist der westlichen Psychologie recht neu, doch es ist eine alte Praktik in vielen schamanischen Traditionen. Es ist wichtig, dass sich die Menschen über den Nutzen dieser Arbeit bewusst werden.

109. Seelenzopf

Der nächste goldene Schlüssel war die Bitte an Djwhal Khul und Vywamus, meinen Seelenzopf zu aktivieren. Dies bedeutet, die elf anderen Seelenausdehnungen deiner Überseele in deinen gegenwärtigen Bewusstseinsstand einzuflechten.

110. Monadenzopf

Dieser Schlüssel war das Anrufen und die Aktivierung meines Monadenzopfes. Dies ist genau dieselbe Aktivierung wie die vorhergehende, sie wird jedoch für die anderen 143 Seelenausdehnungen deiner gesamten Monade und nicht nur für die anderen 11 Ausdehnungen, die deine Überseele ausmachen, durchgeführt.

111. Rufe deine 144 Seelenausdehnungen, wenn du meditierst

Ein wesentlicher Schlüssel meiner spirituellen Entwicklung war das Anrufen der 143 Seelenausdehnungen meiner Monade während der Meditation. Diese Wesen können auf Erden inkarniert sein oder auf den Inneren Ebenen leben. Auch sie verfügen über einen freien Willen, daher kann man ihnen nicht einfach auftragen zu kommen. Du kannst sie jedoch mit Hilfe der Aufgestiegenen Meister einladen. Die Idee hierbei ist, nicht nur für dich allein, sondern für deine gesamte Monade zu meditieren. Alle 144 Mitglieder deiner Monadenfamilie profitieren dann von deiner Meditation. Sie sind mit dir verbunden, wie deine Finger mit deiner Hand und deine Hand mit deinem Köper verbunden ist. Alle 144 Seelenausdehnungen sind ein Teil der Monade, so wie alle Monaden ein Teil Gottes sind.

112. Werde ein Lehrer für deine Überseele und Monade

Dieser goldene Schlüssel war die Bitte an meine mächtige ICH BIN - Gegenwart und die Meister meiner Aufstiegslinie, ein Lehrer für alle Seelenausdehnungen meiner Überseele und Monadenfamilien zu werden. Ich bat darum, derjenige sein zu dürfen, der für meine Seelengruppe den Aufstieg vollzieht. Ich bat auch darum, dass diese Bitte in die Seelen- und Akashaaufzeichnungen sowie im Karmischen Rat aufgenommen wird. Ich begann damit, nicht nur für meine Entwicklung, sondern auch für die Entwicklung meiner Überseele und Monade die Verantwortung zu übernehmen. Das ist auch ein Grund, weshalb ich sie alle regelmäßig zu meinen Meditationen einlade.

113. Verankere die kosmische Monade

Dieser folgende Schlüssel ist eine der wahren kosmischen Aktivierungen. Bitte Gott, den Mahatma, Melchizedek, Metatron und Michael darum, deine kosmische Monade und nicht nur deine planetare Monade zu verankern. Dies kann nur bis zu einem gewissen Grad geschehen, da wir unmittelbar verbrennen würden, wenn dies mit ganzer Kraft geschehen würde. Man kann jedoch mit diesem Prozess beginnen. Dies kann man gemeinsam mit der Verankerung des mystischen Körper des Herrn tun (siehe den Abschnitt "Die höheren Körper" im nächsten Kapitel).

Die Strahlen

114. Arbeite mit den zwölf Strahlen

Dieser goldene Schlüssel, der einen sehr heilenden und spirituell erhebenden Effekt auf mein Leben hatte, ist die Arbeit mit den zwölf Strahlen. Das Verständnis über die zwölf Strahlen und sie bei Bedarf anzurufen, war ein enormer Segen für meinen spirituellen Fortschritt. Für ein tiefer gehendes Verständnis über die zwölf Strahlen empfehle ich das Kapitel "Esoterische Psychologie und die Wissenschaft der zwölf Strahlen" in meinem Buch *Das komplette Aufstiegshandbuch* zu lesen. Jedes Mal, wenn du einen Mangel an einem der zwölf Strahlen und den damit verbundenen Qualitäten spürst, kannst du einfach diesen Strahl mittels deiner mächtigen ICH BIN - Gegenwart anrufen und er wird augenblicklich für dich verfügbar sein. Falls deine persönliche Kraft zurückgeht, rufe den ersten oder roten Strahl an. Wünschst du dir mehr Freude, dann rufe den neunten Strahl an. Benötigst du eine Reinigung, dann rufe den achten Strahl an. Arbeitest du an einem wissenschaftlichen Projekt, dann ist es gut den fünften Strahl anzurufen. Wünschst du mehr Liebe und Weisheit, dann rufe den zweiten Strahl an. Die Strahlen in dieser Weise zu nutzen, ist, meiner Meinung nach, von unschätzbarem Wert. Mit den Strahlen zu arbeiten ist wahrhaftig eine der größten esoterischen Wissenschaften der Zukunft.

115. Bitte um die höhere Übereinstimmung der Strahlen

Der nächste goldene Schlüssel war die Bitte an Djwhal Khul und Lord Buddha um die Aktivierung der höheren Übereinstimmung der Strahlen acht bis zwölf in meiner Monade, Seele, Persönlichkeit, meinem Verstand, meinen Emotionen und meinem Körper. Ich kam zum Beispiel als eine zweite Strahl Monade in dieses Leben und bin nun eine Monade des zwölften Strahls. Ich kam mit einem Emotionalkörper des sechsten Strahls und habe nun einen Emotionalkörper des elften Strahls. Ich kam mit einem Verstand des fünften Strahls und habe nun einen Verstand des neunten Strahls. Während meines Entwicklungsprozesses habe ich meine höheren Strahlen so magnetisiert, dass sie die Funktion der vorausgehenden Strahlen übernehmen. Eine derartige Anrufung kann direkt durchgeführt werden und wird deinen spirituellen Fortschritt enorm beschleunigen.

116. Rufe die kosmischen Strahlen hervor

Ich habe diesen goldenen Schlüssel dazu genutzt, meine sieben Einweihungen abzuschließen. Er ist einer der kosmischen Dispensationen, die uns durch die Gnade Melchizedeks gewährt wurde. Er schließt das Hervorrufen der kosmischen

Strahlen mit ein. Diese Strahlen gehen weit über die zuvor erwähnten zwölf Strahlen hinaus. Der höchste und reinste kosmische Strahl ist der Platinstrahl Melchizedeks und er stammt direkt aus dem Innersten seines universellen Ashrams. Darunter haben wir das so genannte Yod Spektrum und die zehn verlorenen kosmischen Strahlen. Alle diese Strahlen sind Tönungen des Platinstrahls.

Als Nächstes haben wir auf der universellen Ebene den reinsten und feinsten goldenen Strahl, der uns zur Verfügung steht. Bewegen wir uns weiter hinab in das galaktische Zentrum und das Heim von Melchior, dem Galaktischen Logos, treffen wir auf den silber-goldenen Strahl. Weiter abwärts im solaren Zentrum befindet sich das Heim von Helios und Vesta und der kupfergoldene Strahl. Dieser bringt uns zum planetaren Zentrum, dem Heim von Sanat Kumara und Buddha, unserem neuen Planetaren Logos, wo sich das reine weiße Licht befindet. Das Hervorrufen dieser kosmischen Strahlen hatte eine enorme Wirkung auf die Transformation meines Bewusstseins und die Wiederherstellung meines Körpers und es hat mich bei meinem kosmischen Aufstieg sehr schnell vorangebracht. Ich empfehle dir wirklich sehr, mit diesen Strahlen zu arbeiten!

Die höhere Entwicklung

117. Bringe die höheren Chakren ein

Der nächste goldene Schlüssel ist das Verständnis für den Prozess, die höheren Chakren einzubringen. Jede dieser Aktivierungen ist in drei Schritte aufgeteilt. Der erste Schritt ist die Installation, der zweite die Aktivierung und der dritte die Verwirklichung. Ich habe zum Beispiel meine ersten 50 Chakren installiert und vollständig aktiviert und bin nun dabei, den dritten Schritt, welcher in der Übung dies vollständig zu verwirklichen liegt, zu vollziehen. Meine Körper sind bis in die zwölfte Dimension hinein installiert, meine Aktivierung reicht bis in die zehnte Dimension und meine Verwirklichung befindet sich auf der achten und neunten Dimension.

Du kannst daher diese Chakren weit über deinen tatsächlichen evolutionären Level hinaus installieren. Der nächste Schritt liegt in der Aktivierung von allem. Mir wurde gesagt, dass es mir möglich sei, meine ersten 200 Chakren bis zum Jahr 2000 zu aktivieren. Dann würde während der ersten 31 Jahre im neuen Jahrhundert die Verwirklichung aller Chakren in allen zwölf höheren Körpern stattfinden. Mit der vollständigen Verwirklichung bis in die zwölfdimensionale Ebene hinein, kommen die Fähigkeiten der fortgeschrittenen Aufgestiegenen Meister zum Vorschein. Die zwölfdimensionale Ebene ist die universelle Ebene, die Ebene des Zoharkörpers und des gesalbten Christus-Überselbst-Körpers (siehe den Abschnitt "Höhere Körper" im folgenden Kapitel).

118. Verschmelze die größere und kleinere Flamme, verankere das höhere Monadenbewusstsein

Meine liebste Anrufung während persönlichen Meditationen und Gruppenmeditationen war die Bitte um das Herabsteigen der größeren Flamme und ihre permanente Verschmelzung mit der kleineren Flamme auf der Erde. Das beständige Wiederholen solcher Mediationen führt schließlich dazu, dass die größere Flamme permanent mit der Persönlichkeit und dem Vierkörper-System verschmilzt, während wir hier auf Erden sind. Dies ist der tatsächliche Aufstieg. Das Ziel liegt in der Verankerung und Aktivierung des Bewusstseins der sechs Monaden deines monadischen Moduls; dann deines gesamten solar-monadischen Bewusstseins, dann deines galaktisch-monadischen Bewusstseins und schließlich deines universellen monadischen Bewusstseins auf der zwölfdimensionalen Ebene. Es wird sehr viel über die fünfte Dimension erzählt. Ich bin jedoch mehr auf die zwölfte, die vollkommenen verwirklichte Gottesbewusstseinsebene, konzentriert. Djwhal Khul sagte mir, es würde ab 1995 sechsunddreißig Jahre lang dauern, um diese Ebene vollständig zu verwirklichen. Und ab dem Jahre 2000 sei es schon möglich diese teilweise zu aktivieren.

Ich teile mit euch in diesem Buch alle Erkenntnisse und Hilfsmittel, die ich selbst auf meiner spirituellen Reise genutzt habe. Viele davon habe ich wie Sherlock Holmes mit viel Detektivarbeit entdeckt. Du hast den Vorteil, all dies in einer leicht zu lesenden und praktischen Art präsentiert zu bekommen. Nutze diesen Vorteil. Der wesentliche Schlüssel liegt im Verständnis darüber, dass wir die freie Wahl haben. Die Meister dürfen uns nicht helfen, wenn wir sie nicht darum bitten.

4 Aktivierungen und Energien der Inneren Ebene

Schlüssel 119-176

Lichtpakete
Der Baum des Lebens
Sprache des Lichtes, geheiligte Geometrien und Feuerzeichen
Fortgeschrittene Entwicklung deiner Körper
Metatron und die Entwicklung deiner Körper
Höhere Körper
Kosmische Reinigung und Veredelung
Der Heilige Geist
Die Elohim
Die Verschmelzung mit kosmischen Wesen und Gott
Erhöhe die Kraft deines Dienstes
Galaxien und Universen
Fortgeschrittene Aufstiegsplätze
Verankerung dieser höheren Energien

Lichtpakete

119. Bitte um Lichtpakete

Dieser goldene Schlüssel auf meinem Weg, war die Bitte um Licht-Informations-Pakete an die Meister. Diese werden in das Unterbewusstsein und das Vierkörpersystem einprogrammiert. Ich würde empfehlen, mit den Lichtpaketen der Großen Weißen Loge auf Sirius zu beginnen, indem du Lord Sirius darum bittest. Anschließend würde ich Melchizedek um die Licht-Informations-Pakete der Heiligen Schrift der Elohim bitten. Wenn du diese vollständig aufgenommen hast, bitte um die Licht-Information aus dem Lichtschatz der 352sten Ebene der Gottheit. Bitte anschließend um die Lichtpakete der Tafel der Schöpfung.

120. Bitte um die Lichtpakete eines jeglichen Bereiches aus den universellen Archiven

Dieser goldene Schlüssel ist die Bitte um die Lichtpakete aller relevanten Informationen aus dem gesamten Archiv von Shamballa, der Großen Weißen Loge auf Sirius, dem Ashram Melchizedeks, dem Ashram Metatrons und den Ashrams des Lichtschatzes auf der 352sten Ebene der Gottheit. Bist du zum Beispiel an den Essenern interessiert, kannst du um die Verankerung aller Lichtpakete, die Informationen über sie beinhalten, bitten. So kannst du auch mit allen Informationen zu den Alice Bailey Büchern, der Theosophischen Gesellschaft und/oder der Tibetan Foundation verfahren. Du kannst auch um alle Lichtpakete mit Informationen über die Heilungsmöglichkeiten aus den Archiven Shamballas und der Hierarchie bitten. Die Liste ist endlos. Es ist buchstäblich möglich, alles Wissen aus Gottes unendlichem Universum zu erfragen. Frage daher nach den Licht-Informations-Paketen, die dir in deiner gegenwärtigen und zukünftigen Aufgabe auf Erden und darüber hinaus am dienlichsten sind. Du kannst auch nach den Lichtpaketen der kosmischen zehn Gebote, der Thora, den Heiligen Schriften Melchizedeks, den Heiligen Schriften Metatrons und der höheren Kabbala fragen. Der Effekt dieser Lichtpakete ist unglaublich und hilft dir dabei, deinen Lichtquotienten enorm zu erhöhen.

Bitte Metatron und Melchizedek um die Verankerung und Aktivierung der Licht-Informations-Pakete der Codes und Schriften der kommenden Koryphäen. Du kannst auch um die Verankerung der Lichtpakete der Nag Hammadi Codes, den Schriftrollen des Toten Meeres und den Schriftrollen über den Lichtschatz bitten.

121. Lichtpakete aus dem Goldenen Buch Melchizedeks

Dieser goldene Schlüssel ist die Bitte um die Licht-Informations-Pakete aus dem Goldenen Buch des Melchizedek auf den Inneren Ebenen. Dieses Buch existiert tatsächlich in seinem Ashram auf den Inneren Ebenen. Ich habe damit begonnen, dieses Buch für die Menschheit so einfach und verständlich als möglich zu offenbaren. Dies ist ein sehr aufregendes Projekt für mich und ich hoffe, dass ich es 1998 beendet habe.

122. Die universelle Informationsdiskette zur Übersetzung der Lichtpakete

Dieser goldene Schlüssel war die Bitte an Melchizedek, in meinem Gehirn eine seiner universellen Informationsdisketten zu verankern. Sie dient der Übersetzung und hilft, die Licht-Informations-Pakete aus verschiedenen kosmischen Quellen zu übersetzen.

Der Baum des Lebens

123. Verankere den Baum des Lebens

Dieser goldene Schlüssel ist einer meiner Lieblingsschlüssel und er hatte eine tiefgreifende Wirkung auf alle Bereiche meines Lebens. Rufe Melchizedek, Metatron und Erzengel Michael und bitte sie um eine permanente Verankerung und Aktivierung des kosmischen Baum des Lebens. Bitte um die systematische Öffnung und Aktivierung der zehn Sephiroth und des verborgenen Sephiroth Daath. Bitte dann um die Öffnung der sieben kosmischen Siegel. Dies wird dich enorm voranbringen.

124. Sei gesalbt mit dem Wissen um die Sephiroth

Rufe mit diesem goldenen Schlüssel Metatron und Melchizedek und bitte sie darum, mit der höchsten Triade des Wissens um die Sephiroth mit einem permanenten Lichtnetz über deinem Kopf gesalbt zu werden.

Sprache des Lichtes, geheiligte Geometrien und Feuerzeichen

125. Feuerzeichen aus Die Schlüssel des Enoch, *geheiligte Geometrien und Lichtpakete*

Ein weiterer goldener Schlüssel, der eine enorme Wirkung auf meinen Aufstiegsprozess hatte, war die Bitte um die Feuerzeichen, Schlüsselcodes, die geheiligten Geometrien und die Licht-Informations-Pakete aus dem Buch *Die Schlüssel des Enoch.* Mit anderen Worten, du bittest darum, das gesamte Buch durch deine rechte Gehirnhälfte statt deiner linken Gehirnhälfte aufzunehmen. Bitte darum, dass dies in allen fünf geheiligten Sprachen geschieht!

126. Bitte um die Feuerzeichen, die geheiligten Geometrien und die Schlüsselcodes für den nächsten Schritt in deiner Entwicklung

Dieser goldene Schlüssel war die Bitte um die Feuerzeichen, Schlüsselcodes und die geheiligten Geometrien, um mich zum nächsten Schritt meiner Entwicklung zu führen und um mir zu helfen, die zwölf Dimensionen der Realität zu realisieren. Bitte Melchizedek, Metatron und Lord Michael darum. Die Feuerzeichen, Schlüsselcodes und geheiligten Geometrien werden in dich einströmen und dich weit über deine Vorstellungskraft hinaus transformieren. Bade so lange wie möglich in diesem wunderbaren Strom.

127. Das Kommunikationssystem der Sprache des Lichts

Dieser goldene Schlüssel war die Bitte an Metatron, das Kommunikationssystem der Sprache des Lichts auf einer bewussten Basis zu verankern, so dass die Kommunikation des Geistes aus allen Ebenen der Schöpfung erfolgen kann.

128. Melchizedeks kosmisches Computersystem zur Entschlüsselung

Mit diesem goldenen Schlüssel bat ich Melchizedek und Lord Arcturus um die Verankerung und Aktivierung von Melchizedeks kosmischem Computersystem. Dieser höchst profunde kosmische Computer unterstützt den Transfer der Feuerzeichen, Schlüsselcodes und geheiligten Geometrien, die angerufen und programmiert wurden, in deinen Lichtkörper und Ätherkörper. Danach werden diese deinem physischen Körper übermittelt. Der Computer hilft auch, den Prozess von der Installation zur Aktivierung und anschließend zur Verwirklichung, die nach jedem Verankerungsprozess eintritt, zu beschleunigen. Diese Aktivierung hatte einen sehr tief greifenden Effekt auf meinen Aufstiegsprozess.

Fortgeschrittene Entwicklung deiner Körper

129. Melchizedeks Kristalle und Diamanten zur Verschmelzung mit dem Zwölfkörpersystem

Der nächste goldene Schlüssel war die Verankerung von Melchizedeks Kristallen und Diamanten. Melchizedek teilte mir mit, dass dies bei der Verankerung, Aktivierung und Verwirklichung des Verschmelzungsprozesses mit dem Zwölfkörpersystem hilfreich ist. Ich habe diese besondere Aktivierung als sehr kraftvoll empfunden.

130. Das heilige Buchstabennetz der DNA und RNA

Der nächste goldene Schlüssel ist die Bitte an Melchizedek und Metatron das heilige Buchstabennetz der DNA und der RNA zu verankern und zu aktivieren. Dieses Netz verfügt über 64 Facetten und durch kontinuierliches Anrufen wird das gesamte Netz installiert, aktiviert und verwirklicht.

131. Der Biostratus, die genetische Superhelix

Dieser goldene Schlüssel ist die Bitte an Metatron um die permanente Verankerung des Biostratus. Der Biostratus ist die spirituelle genetische Superhelix, die nach dem Fall verloren ging und jetzt wieder komplett zurückgebildet werden kann.

132. Permanente Verankerung des kosmischen Herzen

Dieser goldene Schlüssel hatte eine sehr erhebende Wirkung auf mich. Ich bat dabei Lord Sirius um die permanente Verankerung des kosmischen Herzen. Ich weiß theoretisch nicht alles über viele dieser Aktivierungen, doch intuitiv und emotional verspürte ich eine enorme Veränderung und Anhebung meines Bewusstseins durch diese Aktivierung.

133. Verankere das Tetragrammaton in dein tiefstes Inneres

Dieser goldene Schlüssel war die Verankerung und permanente Aktivierung des Tetragrammaton in mein tiefstes Inneres, um daraus die Inspiration für jeden Gedanken, jedes Wort und jede Tat, die Gott und die göttlichen Qualitäten reflektieren, zu empfangen.

134. Öffne die Tore des Lichtes zu deinem höchsten Potenzial

In diesem goldenen Schlüssel habe ich Melchizedek, Metatron und Erzengel Michael darum gebeten, die Tore des Lichtes zu meinem höchsten Potenzial zu öffnen.

135. Die heilige Schriftrolle des brennenden Lichts im Dritten Auge - ein unmittelbares Offenbarungsgeschenk

Der nächste goldenen Schlüssel war die Bitte an Metatron, Melchizedek und Erzengel Michael, die heilige Schriftrolle des brennenden Lichtes in mein Drittes Auge und das Kronenchakra, als unmittelbares Offenbarungsgeschenk für die Menschheit, einzuprogrammieren.

136. Das Auge des Horus

Rufe mit diesem goldenen Schlüssel Thoth/Hermes und Buddha an und bitte um die Verankerung und permanente Aktivierung des Auge des Horus. Dies hatte einen starken Aktivierungseffekt auf mein Drittes Auge.

137. Öffne den atomaren Zugang zum Dritten Auge

Bitte mit diesem goldenen Schlüssel Djwhal Khul darum, den atomaren Zugang im Bereich deines Dritten Auges zu öffnen. Bitte ihn dann um die Öffnung aller Aspekte des Dritten Auges.

138. Entferne die Schleier des Lichtes und der Zeit

Der nächste goldene Schlüssel war die Bitte an Metatron, Melchizedek und Erzengel Michael, alle Schleier des Lichtes und der Zeit zu entfernen.

139. Lebende Energiecodes

Dieser goldene Schlüssel ist die Bitte an Melchizedek, Metatron und Erzengel Michael, alle lebenden Energiecodes zu verankern und zu aktivieren, damit sich unsere Zellmembranen mit den größeren Membranen des universellen Melchizedek und Yahweh Gott verbinden können.

140. "Die Pilzhut - Superantenne"

Der nächste goldene Schlüssel wurde mir mit dem Abschluss meiner siebten Einweihung gegeben. Dies ist etwas, das alle beim Erlangen ihrer siebten Einweihung erhalten können. Ich habe diese göttliche Dispensation spaßeshalber den Pilzhut oder die Freiheitsstatue genannt, weil es genauso aussieht. Wir erhalten sie von Lord Sirius und Melchizedek und sie funktioniert wie eine lange Antenne oder ein Sende- und Empfangsgerät. Sie gleicht der Spitze der Freiheitsstatue, weil sie kleine Fenster in sich trägt. Sobald sie aktiviert wird, dreht sie sich und verstärkt jede Schwingung, die wir aussenden. Dies erhöht unsere allgemeine Spannung. Wir drehen stets daran, wenn wir Weltdienst oder Gebetsdienst leisten. Es ist wie die Vision Gottes einer Nikola Tesla Antenne. Dies war eine weitere fortgeschrittene Technologie, die mir dazu diente, mein gesamtes Zwölfkörpersystem wieder herzustellen und zu elektrifizieren.

Metatron und die Entwicklung deiner Körper

141. Verankere den Microtron von Metatron

Ein weiterer wichtiger Schlüssel war die Verankerung und Aktivierung des Microtron durch Metatron. Dies ist eine Art Lichtgitterarbeit, die in deinem Energiefeld verankert wird und die eine elektrifizierende Auswirkung auf das gesamte Vierkörpersystem hat. Es ist ein weiteres Goldstück, um deinen Aufstieg zu erreichen. Bitte Metatron, den Microtron permanent in dein Vierkörpersystem zu verankern.

142. Verankere das Superelektron

Dieser goldene Schlüssel war die Bitte an Metatron, das Superelektron permanent in meinem gesamten Vierkörpersystem zu verankern und zu aktivieren.

143. Balanciere die 72 Mind-Bereiche aus

Dieser goldene Schlüssel war die Bitte an Metatron, die 72 Mind-Bereiche, wie in dem Buch *Die Schlüssel des Enoch* beschrieben, zu erleuchten und auszubalancieren.

144. Rufe die 72 Namen Metatrons an

Ein höchst transformierender Schlüssel bei meinem spirituellen Fortschritt war das Anrufen Metatrons und seiner 72 geheiligten Namen und in dieser Energie zu baden.

Höhere Körper

145. Verankere die höheren Körper

Jede Existenzebene ist mit einem Körper verbunden. Einer der Superschlüssel zur Beschleunigung des Aufstiegsprozesses ist die Verankerung, Aktivierung und Verwirklichung dieser Körper in dein Vierkörpersystem. Mit der Zeit wird aus deinem Vierkörpersystem ein Zwölfkörpersystem. Bitte um die Verankerung folgender Körper: den buddhischen Körper, den atmischen Körper, den monadischen Körper, den logoischen Körper, den Gruppenseelenkörper, den Gruppenmonadenkörper, den galaktischen Körper und den universellen Körper.

Wenn du möchtest, empfehle ich dir zusätzlich folgende Körper, wie sie im Buch *Die Schlüssel des Enoch* beschrieben sind, zu verankern:

den gesalbten Christus-Überselbst-Körper, den Zohar-Körper, den Eka-Körper, den Epi-kinetischen Körper, den Gematria-Körper, den höheren Adam-Kadmon-Körper, den mystischen Körper des Herrn, den elohistischen Körper des Herrn, den Körper des paradiesischen Sohnes und den Sohnschaft-Körper. Die beständige Anrufung dieser Körper in deinen Meditationen wird dich mit der Zeit mit ihnen verschmelzen lassen. Jeder Körper besteht aus einer höheren Oktave des Lichts und der Schwingung als der vorhergehende.

Dieser Verschmelzungsprozess mit den Körpern, den Chakren und den Chakrengittern ist das A und O der Entwicklung. Das Prinzip, das die Körper und die Chakren in diesem Prozess miteinander verbindet, ist der Aufbau des Lichtquotienten. Mein stetiges Bestreben, diese Körper, Chakren und das Licht anzurufen, hat mir ermöglicht, innerhalb eines Jahres drei Haupteinweihungen zu durchlaufen.

Der andere Schlüssel zu diesem Prozess, war die Arbeit in einem Gruppenkörper. Dies war mir möglich, da ich mich mit den Kernmechanismen der Arbeit dieses bestimmten Zustandes befasst habe. Als ich zu dieser Einsicht kam, erkannte ich, wie es möglich ist, die Evolution in einer Weise zu beschleunigen, wie es in Äonen und bei den Wurzelrassen der Vergangenheit nicht möglich war. Dies ist jedem auf Anfrage möglich.

146. Füllen des Zoharkörpers mit Yod Spektrum

Dieser goldene Schlüssel ist eine spirituelle Aufstiegsaktivierung von Melchizedek und Metatron, um das Yod Spektrum in den Zoharkörper zu füllen. Das vereinfacht die Verankerung des Mayavarupa-Körpers. Es ist sehr kraftvoll und ich fühle wie sich mein Körper durch diesen Prozess transformiert.

147. Das Gewand von EL Shaddai und der vielfarbige Mantel

Im nächsten goldenen Schlüssel geht es darum, während der Meditation Melchizedek und Metatron anzurufen und um die vollständige Verankerung des Gewandes von El Shaddai und des vielfarbigen Mantels zu bitten. Diese beiden sind dem Lichtkörper von Metatron und dem Zoharkörper, wie im Buch *Die Schlüssel des Enoch* beschrieben, zuzuordnen.

148. Arbeite mit deiner Merkabah

Dieser goldene Schlüssel war die Arbeit an meiner persönlichen Merkabah. Wenn du noch nie daran gearbeitet hast, bitte die Meister darum, dir in der Anfangszeit bei deren Erschaffung zu helfen. Es gibt viele Typen der Merkabah. Ich würde jedoch empfehlen, sie dir als einen großen Kristall mit zwei Enden vorzustellen, in dem du sitzt. Sie dient dir als Schutz beim Seelenreisen.

Einer der Schlüssel zur Beschleunigung deines Aufstiegs liegt in der Anrufung deiner mächtigen ICH BIN - Gegenwart, und/oder der Aufgestiegenen Meister, und sie zu bitten, deine Merkabah derart schnell zu drehen, bis sie die Schwingung erreicht, die du erlangen möchtest und die der Schwingung der Aufgestiegenen Meister gleicht oder einem bestimmten Prozentsatz des Lichtquotienten. Das Drehen der Merkabah erhöht deine Schwingung auf die nächst höhere Ebene. Das Ziel ist es dann, an deren Stabilisierung zu arbeiten.

Kosmische Reinigung und Veredelung

149. Das kosmische Feuer

Der nächste goldene Schlüssel war die Bitte um das, was Djwhal Khul das kosmische Feuer nennt. Er erklärte mir, dass ich nur einen ganz kleinen Teil dieser kraftvollen Energie anrufen dürfe. Jedoch sorge dieser kleine Anteil schon für eine tiefe spirituelle Wirkung. Dein Bewusstsein wird dadurch vollkommen gereinigt und geklärt. Ich empfehle dir im Zusammenhang damit, täglich die Violette Flamme der Umwandlung anzurufen, um dein Energiefeld zu reinigen und alle negativen Energien in die göttliche Reinheit und Perfektion zu transformieren.

150. Reinigung von den niederen Ausdrucksformen der Strahlen, der Tierkreiszeichen und des Baum des Lebens

Mit diesem goldenen Schlüssel bittest du darum, in den holographischen Computerraum von Djwhal Khul gebracht zu werden, um dich dort von allen niederen Ausdrucksformen der sieben Strahlen, der zwölf Tierkreiszeichen und des Baum des Lebens aus der Kabbala reinigen zu lassen.

151. Die zwölf kosmischen Stationen und Himmelshäuser

Rufe anschließend an die vorherige Reinigung aus Schlüssel 150, Melchizedek, Metatron und Michael an und bitte um die Verankerung und Aktivierung der zwölf kosmischen Stationen und Himmelshäuser. Dies ist in Wirklichkeit die Aktivierung der zwölf höheren Ausdrucksformen der Tierkreiszeichen.

Der Heilige Geist

152. Taufe durch den Heiligen Geist

Der nächste goldene Schlüssel, den ich sehr kraftvoll empfand, war die Bitte an den Heiligen Geist, oder Shekinah, um eine permanente göttliche Taufe mit dem lebenden Licht. Diese Aktivierung spricht für sich selbst.

153. Die Lebenskraft des Heiligen Geistes

Dieser goldene Schlüssel war die Bitte an den Heiligen Geist, Shekinah, mein Vierkörpersystem permanent mit der Lebenskraft des Heiligen Geistes zu versorgen. Dieser Vorgang hat mein gesamtes ätherisches Körpersystem energetisiert und elektrifiziert.

154. Die Gaben des Heiligen Geistes

Dieser goldene Schlüssel ist die Bitte an Michael um die Gaben des Heiligen Geistes, welche die göttlichen Fähigkeiten der Meister darstellen.

155. Die Bitte an den Heiligen Geist, die Auswirkungen von Fehlern ungeschehen zu machen

Der nächste goldene Schlüssel war etwas, das ich in dem Werk *Ein Kurs in Wundern* gelernt habe. Es ist die Anrufung des Heiligen Geistes, um die Auswirkungen von Fehlern, die du begangen hast, ungeschehen zu machen. Jedes Mal, wenn ich mich selbst in die Klemme, hinsichtlich meiner Umgangsweise mit anderen Menschen gebracht hatte, bat ich den Heiligen Geist darum, meine Fehler und das Karma, dass dadurch in Bewegung gesetzt worden war, ungeschehen zu machen. Ich staunte immer darüber, wie sich die Dinge dann auf wundersame Weise klärten. Sorge dich nicht, wenn du einen Fehler gemacht hast. Gott und der Heilige Geist können, sofern du sie darum bittest, alles wieder in die richtige Richtung lenken. Lerne dann aus deinem Fehler und setze deinen Weg fort.

Die Elohim

156. Ausrichtung auf die Elohim-Computer

Der nächste goldene Schlüssel ist die Bitte an Lord Buddha, Erzengel Sandalphon, Mutter Erde und Lord Melchizedek, dass dein Bewusstsein und dein Vierkörpersystem auf planetarer Ebene auf die Elohim-Computer ausgerichtet werden.

157. Die göttliche Matrize der Elohim

Der nächste goldene Schlüssel war die Bitte an die Elohim-Räte, die göttliche Matrize der Elohim dauerhaft in mein Vierkörpersystem zu verankern. Die göttliche Matrize der Elohim ist ein Lichtgitternetz aus göttlicher Weisheit.

158. Verankerung des göttlichen Samen der Elohim

Dieser goldene Schlüssel war die Bitte an die Elohim-Räte, um die dauerhafte Verankerung des göttlichen Samens der Elohim in mein Vierkörpersystem. Der Samen der Elohim ist "das Antlitz und das Ebenbild der göttlichen Schöpfung".

Die Verschmelzung mit kosmischen Wesen und Gott

159. Das Einbringen der Mahatma Energie

Der nächste goldene Schlüssel dreht sich um meine Arbeit mit Mahatma. Der Mahatma, oder der Avatar der Synthese, ist ein Gruppenbewusstsein, welches alle 352 Ebenen der Gottheit verkörpert. Das Anrufen dieser Energie und ein kosmischer Walk-In für diese Energie zu sein, hatte eine enorme Beschleunigung für mich zur Folge. Während der letzten Jahre habe ich regelmäßig um ein immer intensiveres Einströmen der Mahatma-Energie gebeten. Dies hatte einen enormen Beschleunigungseffekt auf mein Bewusstsein. Um das Wissen über die Mahatma-Energie und wie man mit ihr arbeitet zu vertiefen, empfehle ich mein Buch *Das komplette Aufstiegshandbuch,* in dem ich ausführlich darüber geschrieben habe.

160. Verankere deinen ursprünglichen Bund des Feuers und des Lichtes

Der nächste goldene Schlüssel war der Aufruf an Yahweh, Metatron und Melchizedek, meinen ursprünglichen Bund des Feuers und des Lichtes mit Yahweh zu verankern, rückzuversichern und zu aktivieren.

161. Des Vaters Ewige Auge der göttlichen Schöpfung

Der nächste goldene Schlüssel war die Bitte an Metatron um die Verankerung und Aktivierung des Vaters Ewigen Auge der göttlichen Schöpfung, wie es im Buch *Die Schlüssel des Enoch* beschrieben ist. Jede dieser Aktivierungen erleuchtet einen anderen Aspekt deines Zwölfkörpersystems und schließlich die 200 Hauptchakren aufwärts bis in den Bereich der zwölften Dimension. Der erste Schritt liegt dabei jedoch darin, die fünfte Dimension, also deinen Aufstieg, zu erlangen.

162. Die Ordination durch den Geist des Yahweh

Der nächste goldene Schlüssel war die direkte Bitte um die Ordination durch den Geist des Yaweh zu einem Botschafter des Lichtes zu werden, um autorisiert zu lehren und zu demonstrieren und ein grundlegender Pfeiler und Zeuge des Königreich Gottes zu sein.

163. Die Nogan-Hüllen des YHWH

Dieser goldene Schlüssel ist die Bitte um die Nogan-Hüllen des YHWH. Diese Nogan-Hüllen helfen uns dabei, wie im Buch *Die Schlüssel des Enoch* beschrieben, die Ekstase Gottes zu erfahren und darüber zu kontemplieren. Bitte unmittelbar um die vollständige Vereinigung mit dem lebenden Licht.

164. Anrufung der Deka-Delta Licht-Emanationen

Der nächste goldene Schlüssel war die Bitte um die Deka-Delta Licht-Emanationen aus den zehn Lichtaufschriften des Göttlichen Geistes. Diese dienen als Aufstiegsaktivierungen.

165. Der Orden des Melchizedek

Dieser goldene Schüssel war die Bitte an Melchizedek, mir, als einem seiner Priester, Diener und Propheten, die Schlüssel der Melchizedek-Priesterschaft zu übertragen, um sie für meinen Dienst an der Menschheit zu erhalten und zu verkörpern. Du kannst Melchizedek direkt darum bitten, in seinen Orden eingeweiht zu werden. Dazu bedarf es keiner äußeren Person auf der Erde. Dies wird von Melchizedek selbst durchgeführt. Seit ich ihn darum bat, ist Melchizedek bei jeder meiner Haupteinweihungen erschienen, um die Taufe an mir mit seinem Einweihungsstab durchzuführen.

Erhöhe die Kraft deines Dienstes

166. Licht-Schriftrolle deines Dienstes

Der nächste goldene Schlüssel ist die Bitte an Lord Sirius und die Große Weiße Loge, eine Licht-Schriftrolle in dein Vierkörpersystem einzubringen, um dich mit allen nötigen Informationen bezüglich deiner dienenden Arbeit zu versorgen.

167. Roben der Meister

Dieser goldene Schlüssel war die Bitte an Djwhal Khul, Lord Maitreya und Melchizedek, um die Robe der Führung, Liebe, Weisheit und Kraft. Du kannst auch um die Robe des Schutzes von Erzengel Michael bitten.

168. Aktivierung der Messiasschaft für einen größeren Dienst

Der nächste goldene Schlüssel war die Bitte an Melchizedek und Metatron, meine innere Messiasschaft zu aktivieren, um der Menschheit intensiver dienen zu können.

169. Die Regenwolke aller wissenswerten Dinge

Der nächste goldene Schlüssel war die Bitte, die Regenwolke aller wissenswerten Dinge, wie von Patanjali erwähnt, zu verankern. Ich erfuhr durch diese Verankerung eine Zunahme an Wissen und Weisheit. Ich bat darum, dass die Regenwolke eine Öffnung zum Buch des Lebens erhält und dass mir dieses vollständige Wissen für meinen Dienst zur Verfügung stehe.

170. Verbindung mit dem Meister-Gitternetz, das die Erde umgibt

Der nächste Schlüssel ist die Bitte an Melchizedek, Metatron und Lord Michael, hinsichtlich deiner spirituellen Entwicklung und deines Dienstes, mit dem Meister-Gitternetz verbunden zu werden. Die Erde wird von drei Gitternetzen umgeben, welche die Meister einfach Netz A, Netz B und Netz C nennen. Im Laufe deiner Entwicklung betrittst du immer höhere Ebenen.

Galaxien und Universen

171. Die Govinda-Galaxie

Im nächsten goldenen Schlüssel bat ich darum, während meiner Meditation oder in der Nacht während des Schlafes, in die Govinda-Galaxie gehen zu dürfen. Die Meister sagten mir, dass mir dies bei der Verankerung und Aktivierung einer dauerhaften Verbindung zur bedingungslosen Liebe als eine ewige bewusste Realität verholfen hat.

172. Anrufung der Energien der christusbewussten Universen

Rufe mit diesem goldene Schlüssel die Energien der 43 christusbewussten Universen dieses Kosmischen Tages an. Es gibt viele Universen, welche die Quelle unseres Kosmischen Tages und auch die Quelle anderer Kosmischen Tage ausmachen. Diese tief greifende Aktivierung ist eine der stärksten, die man erfahren kann; und die sich daraus ergebende Transformation ist unbeschreiblich.

173. Die Licht-Pyramide aus dem nächsten Universum

Dieser goldene Schlüssel ist die Bitte an Metatron, um die Licht-Pyramide des nächsten Universums, wie sie im Buch *Die Schlüssel des Enoch* beschrieben wird.

Fortgeschrittene Aufstiegsplätze

174. Aufstiegsplatz der großen Zentralsonne (für Initiaten der 7. Einweihung)

Bevor ich mit dem nachfolgenden goldenen Schlüssel, dem Aufstiegsplatz Gottes, zu arbeiten begann, habe ich sehr viel Zeit mit dem Aufstiegsplatz der großen Zentralsonne vieler Universen verbracht. Dieser Aufstiegsplatz liegt eine Stufe unterhalb des Aufstiegsplatzes Gottes. Man darf ihn erst betreten, wenn man alle sieben Einweihungen vollendet hat - doch schließlich darf man ihn eigenmächtig betreten. An diesem Aufstiegsplatz mit seiner platinfarbenen Ausstrahlung zu sitzen, hatte eine starke Wirkung auf mich. Dies hat mein Wesen wahrhaftig wieder hergestellt und mich in Richtung kosmischen Aufstiegs vorangebracht.

175. Aufstiegsplatz Gottes (nur für die Gruppenarbeit)

Mit diesem goldenen Schlüssel habe ich in einer Gruppenmeditation mit meiner Stammgruppe die ersten Erfahrungen gemacht. Uns wurde eindringlich erklärt, dies nicht einzeln zu tun, da dies buchstäblich zu Verbrennungen unseres physischen Körpers führen könnte. Doch gemeinsam war es uns durch die Gnade von Mahatma und Lord Melchizedek möglich, uns zum Aufstiegsplatz Gottes auf der 352. Ebene Gottes zu begeben. Dies hatte einen tief greifenderen Effekt auf mich, als alles was ich zuvor getan hatte.

Es ist keinem Individuum auf diesem Planeten gestattet, diesen Aufstiegsplatz eigenmächtig zu betreten. Doch beim Wesakfest 1996 war es der gesamten Gruppe durch eine göttliche Dispensation möglich, diese Erfahrung zu machen und die Energie dabei war unbeschreiblich. Es war deshalb erlaubt, weil die 1200 Menschen auf dem Fest einen Gruppenkörper bildeten, der dieser hohen Energie gewachsen war. Uns wurde jedoch in dieser Situation nur ein kleiner Teil dieser beeindruckenden Energie gewährt. Selbst wenn eine Person Melchizedek, den Universellen Logos, channelt, kommt nur ein Prozent der Energie von Melchizedek herein. Die Energiemenge, die man vom Aufstiegsplatz Gottes erhält, ist noch geringer. Doch obwohl dies so ist, ist dieser Bruchteil von einem Prozent die kraftvollste Energie, die ein Mensch auf diesem Planeten jemals erfahren hat. Ist dies keine "Karotte" um zum Wesakfest zu kommen? Komm zum nächsten Wesakfest und erfahre es selbst. Wir führen es jährlich durch. Dies ist ein Beispiel, was durch die Möglichkeit einer göttlichen Dispensation geschehen kann.

Verankerung dieser höheren Energien

176. Anrufung der Minitornados

Bei diesem goldenen Schlüssel werden nach den Meditationen die Minitornados angerufen, die zur permanenten Aufnahme der Energien, die du angerufen hast, verhelfen. Dies kann von Hellsichtigen tatsächlich gesehen werden.

Der Effekt dieser Aktivierungen kann nicht mit Worten beschreiben werden, er geht weit über unsere Vorstellungskraft hinaus und kann nur intuitiv wahrgenommen werden. Alles was ich dazu sagen kann ist, dass die Zeit, in der ich diese Aktivierungen durchgeführt habe, die intensivste spirituelle Wachstumsphase war, die ich in diesem Leben erlebt habe!

Das beständige Anrufen dieser Energien geschieht während bestimmter Phasen in unserer Entwicklung. An einem gewissen Punkt hältst du diese Energien beständig aufrecht. Nachdem ich nun meine sieben Einweihungen durchlaufen und den Aufstieg erlangt habe, führe ich nicht mehr alle Anrufungen durch, da ich vieles jetzt aktiviert und integriert habe. Ich bitte nur noch um jene Energien, die für meinen nächsten Schritt in meinem kosmischen Aufstiegsprozess wichtig sind.

5 Manifestation: Prinzipien und Übungen

Schlüssel 177- 221

Manifestationsgebete und Aktivierungen
Die Arbeit mit dem Unterbewusstsein
Richtlinien für Gebet, Affirmation und Visualisierung
Einige Hilfsmittel für die Manifestation
Spezielle Hilfe von den Meistern
Aus der Sicht Gottes
Prinzipien und Gesetze der Manifestation
Einstellungen gegenüber der Manifestation
Geben und Dankbarkeit
Karma
Geschichten über Manifestationen
Die Kraft der Visualisierung

Manifestationsgebete und Aktivierungen

177. Die Huna-Praxis des Gebets

Dieser goldene Schlüssel, die Huna-Praxis des Gebets, ist eine unschätzbare Hilfe für die Manifestation. Die Huna-Lehre hat ihren Ursprung auf Hawaii. Die Channelings des spirituellen Lehrers Paul Solomon erwähnen Huna als die reinste Form der Psychologie und Religion auf diesem Planeten. Die Kahunas lehrten eine Gebetsmethode, die ich selbst seit fünfzehn Jahren praktiziere. Es ist die kraftvollste, mir bekannte Methode. Ich nutze sie gewöhnlich nur für größere Dinge.

Die Kahunas lehrten, dass man seine Bitte zuerst in besonderer und anschaulicher Weise aufschreiben soll, um sie dann an Gott, deine mächtige ICH BIN - Gegenwart und die Aufgestiegenen Meister zu richten. Sprich das Gebet dreimal laut und gib dann deinem Unterbewusstsein den Auftrag, dieses Gebet mit aller vitaler Kraft zur Manifestation des Gebets und Mana *(besondere Kraft zur Verstärkung - Anm.d.Herausg.)* an die Quelle deines Seins zu überbringen. Ich erlebte die wundersamsten Resultate mit dieser Gebetsmethode. Ich habe sie in sehr wichtigen Angelegenheiten und spirituellen Dingen in meinem Leben angewandt und sie ließ mich niemals im Stich. Ich habe der Huna-Praxis in meinem Buch *Jenseits des Aufstiegs* ein gesamtes Kapitel gewidmet. Darin sind auch Beispiele für eine Reihe sehr kraftvoller Hunagebete zu finden. Die Kombination dieser Huna-Gebets- methode und Sai Baba um die Hilfe seiner Allmacht, Allwissenheit und Allgegenwart in den Meditationen anzurufen, war eine beeindruckende Kombination. Dies, kombiniert mit meinen Gebeten an Djwhal Khul, Lord Maitreya und Melchizedek, die meine Aufstiegseinheit bilden, waren die drei Gebetsarten, die meinen Manifestationserfolg unterstützt haben. Während ich die Hunalehre studierte, stellte ich fest, dass eine möglichst erfolgreiche Manifestation an alle drei Ebenen gleichzeitig gerichtet werden muss. Ich habe dies folgendermaßen zusammengefasst: *Gott, meine persönliche Kraft und die Kraft meines Unterbewusstseins sind ein unschlagbares Manifestationsteam.* Mein Leben war ein Tanz, der sich zwischen persönlicher Kraft und positiven Handlungen zum Gebet hin und positiver Einstellung und Affirmationen bewegte.

Die Kahunas lehrten auch, dass man vor jeder Gebetsarbeit, die vitale Kraft und Mana aufbauen sollte, die gemeinsam mit dem Gebet durch die Kraft des Unterbewusstseins geschickt wird. Diese vitale Kraft baut sich auf natürliche Weise auf, wenn man stets aus dem Bewusstsein der persönlichen Kraft und der Begeisterung heraus betet. Sie kann auch durch tiefes Atmen oder körperliche Übungen, speziell zentrierende Übungen wie Tai Chi, aufgebaut werden. Du kannst auch Gott und die Meister um eine Steigerung dieser vitalen Kraft bitten oder deinem Unterbewusstsein den Befehl erteilen, sie zu steigern. Die vitale Kraft hilft auf wundersame Weise bei den Manifestationen deiner Gebetsanliegen. Die Aufgestiegenen Meister haben dies bestätigt.

178. Gebete an Ganesha

Der nächste goldene Schlüssel ist die Arbeit mit Ganesha, dem Elefantengott des Ostens, der bekannt dafür ist, Hindernisse aus dem Weg zu räumen. Ganesha ist völlig real und hat enorme Macht auf dieser Weltenbühne. Die Kombination aus Sai Baba, den Hunagebeten, der Dreieinigkeit von Melchizedek, Lord Maitreya und Djwhal Khul plus Ganesha garantiert dir die Beseitigung aller Hindernisse in deinem Leben; egal worum es sich handelt.

Du kannst Ganesha direkt anrufen oder eine Zeremonie durchführen, die man in meinem Buch *Kosmischer Aufstieg* nachlesen kann. Bei dieser Zeremonie ruft man Ganesha an, knackt eine Kokosnuss und chantet ein bestimmtes Mantra. Dann lässt man die Kokosnuss als Opfergabe zurück. Das funktioniert! Ich bitte Ganesha in allen Lebensbereichen um Hilfe.

Die Arbeit mit dem Unterbewusstsein

179. Der Brief an das Unterbewusstsein

Den nächsten goldenen Schlüssel nennt man den Brief an das Unterbewusstsein. Du kannst ihn jederzeit, wenn du es für nötig hältst, schreiben oder in einer separaten Rubrik in deinem Tagebuch einbringen. Ich schreibe einen Brief an mein Unterbewusstsein und rede wie mit einem Kind oder einem jüngeren Bruder mit ihm und erkläre ihm dabei, wie ich mir eine Zusammenarbeit und Kooperation mit ihm wünschen würde. Ich habe dies auch öfter in Verbindung mit Briefen an mein Höheres Selbst oder an Gott praktiziert. Mit der Zeit half dies, meine drei Geistesebenen zu integrieren.

180. Autosuggestionen: Die Arbeit mit dem Unterbewusstsein in der Meditation und vor dem Schlafen

Der nächste goldene Schlüssel war die Wissenschaft der Autosuggestion. Viele Jahre lang habe ich, bevor ich einschlief und am Morgen als ich erwachte, den hypnagogischen Zustand zwischen Schlaf und Wachsein genutzt, um mir hypnotische Suggestionen zu geben. Dabei programmierte ich mich auf perfekte Gesundheit, Wohlstand, Erfolg, eine volle Klientenliste - eben auf alles, was ich wünschte. Suggestionen, die in diesem Zustand gegeben werden, gehen direkt in das Unterbewusstsein. Ich führe dies auch häufig am Ende meiner Meditationen durch, wenn ich mich in einem veränderten Bewusstseinszustand befinde. In der Meditation befinden wir uns in einem engeren Kontakt mit der Geistigen Welt und den Meistern, daher haben wir auch ihre Ohren, um es einmal so auszudrücken. Wir befinden uns dann in einem veränderten Bewusstseinszustand und das Unterbewusstsein ist demzufolge in einem für Suggestionen hoch empfänglichen Zustand.

181. Die Macht des Unterbewusstseins

Ich empfehle dir das Buch *Die Macht Ihres Unterbewußtseins* von Joseph Murphy zu lesen. Dieses Buch half mir, die Art wie das Unterbewusstsein arbeitet, zu verstehen. Es ist nicht besonders gut, um die persönliche Kraft oder das Gebet zu verstehen, doch es ist exzellent, um die Nutzung des Unterbewusstseins zu lernen. Die unglaubliche Macht des Unterbewusstseins steht dir unmittelbar zur Verfügung. Du kannst lernen, sie bewusst als kraftvolles Werkzeug für deine Manifestationen zu nutzen. Hieraus können die Wunder geschehen!

Richtlinien für Gebet, Affirmation und Visualisierung

182. Sprich Affirmationen und Gebete in positiver Weise

Der nächste goldene Schlüssel war, alle meine Affirmationen und Gebete in positiver Weise zu sprechen. Ansonsten kann das Unterbewusstsein, das keine Logik besitzt, das Gegenteil dessen manifestieren, was du wolltest. Sprich zum Beispiel: "Ich esse nur gesunde Nahrung", anstatt "Ich will kein Junkfood mehr essen", denn das Unterbewusstsein registriert kein "nicht/kein". Möchtest du ein gebrochenes Bein heilen, dann sage, dass dein Bein jetzt kraftvoll, geheilt und ganz ist. In anderen Worten, sage, was du wünschst und nicht, was du nicht wünschst. Dieser Punkt klingt ganz einfach, doch er ist enorm wichtig beim Erlernen des effektiven Manifestierens.

183. Nutze die fünf inneren Sinne, um die Visualisierung zu steigern

Der nächste goldene Schlüssel war das Einsetzen meiner fünf inneren Sinne für die Visualisierungsarbeit. Damit meine ich, die positiven Resultate durch inneres Sehen, Hören, Schmecken, Riechen und Fühlen zu erfahren. Ich vernahm dabei auch ein inneres Wissen. Meine Visualisierung wurde dadurch so real, dass es mir schwer fiel, sie von meiner Tagesrealität zu unterscheiden. Wenn die positive Visualisierung derart real ist, dauert es gewöhnlich nicht mehr lange bis sie manifestiert ist.

184. Lasse die Manifestation zu; zu viel und zu wenig beten

Der nächste Schlüssel bezieht sich darauf, die Dinge im Manifestationsprozess geschehen zu lassen. Dies kann man auch mit der Aussaat im Garten vergleichen. Nach der Aussaat gräbst du auch nicht jeden Tag an dieser Stelle, um zu sehen, ob die Saat aufgeht. Alles wächst in der richtigen Jahreszeit und zum rechten Zeitpunkt. Wenn du die Stelle stets aufgräbst um nachzusehen, warum die Saat nicht aufgeht, wird sie nie heranwachsen können. Dieser Vorgang schult zudem den Glauben, die Geduld und das Vertrauen in Gott und Seine Gesetze. Wenn die Manifestationsarbeit einmal erfolgt ist, sollte man loslassen. Dies führt uns zu einem Bereich in jeglicher Art der Manifestationsarbeit - zu viel und zu wenig zu beten. Es gibt dabei keine feste Regeln. Viele Menschen beten nicht genug und dies hält die Geistige Welt, die Aufgestiegenen Meister und Engel davon ab, in das Leben desjenigen einzugreifen. Höhere Wesen müssen dazu eingeladen werden, bevor sie uns helfen können. Es ist jedoch auch möglich, aus Angst und einem Mangel an Glauben zu viel zu beten. Doch es ist besser zu beten, als sich zu sorgen, da alle Sorge aus der Angst geboren ist. Wisse, dass Gott und die

Aufgestiegenen Meister alle Gebete beantworten. Es ist auch nicht falsch, seine Gebete, Affirmationen und Visualisierungen zu wiederholen und jeder Mensch ist in dieser Hinsicht auch unterschiedlich. Für manche Menschen reicht ein Gebet. Für andere sind mehrere Gebete nötig. Manchmal wiederholt man auch ein Gebet so oft, wie eine Affirmation und das ist in Ordnung. Es ist jedoch auch möglich, zu viele Affirmationen anzuwenden und dem Prozess damit nicht zu gestatten, zur Reife zu kommen. Zu anderen Zeiten kann es dann wiederum wichtig sein, die Gebete und Affirmationen zu wiederholen, um das Unterbewusstsein damit umzuprogrammieren. In manchen Fällen muss man ein und dasselbe Gebet zwei Mal am Tag beten und das ein ganzes Jahr lang, während in anderen Fällen ein einziges Gebet genügt. Die Richtlinie dabei ist, das Gebet zu wiederholen und/oder weitere positive Affirmationen zu sprechen und Visualisierungen durchzuführen, wenn du beginnst, dir Sorgen zu machen.

185. Begrenze nicht die Art, wie sich die Dinge manifestieren können

Der nächste goldene Schlüssel war zu lernen, Gott nicht in der Art zu begrenzen, in der er mir helfen kann. Als ich Gott, Sai Baba und den Meistern mein Anliegen vorbrachte, war es wichtig, das Resultat nicht durch mein Denken, dass sich die Manifestation nur auf bestimmte Weise ereignen könne, zu begrenzen. Gott arbeitet auf wundersame Weise. Manchmal schränken wir ihn ein, weil wir glauben, dass die Dinge sich nur auf bestimmte Weise ereignen können. Es gibt da eine klassische Geschichte, in der ein Mann bei einer Überschwemmung auf dem Dach seines Hauses steht und Gott um Hilfe bittet. Zuerst kamen die Nachbarn, um ihm zu helfen, doch er lehnte ihre Hilfe ab, da er darauf wartete, von Gott gerettet zu werden. Dann kam ein Boot an seinem Haus vorbei, doch er lehnte die Hilfe wieder ab. Schließlich kam noch ein Hubschrauber, um ihn aus der Überschwemmung zu retten, aber auch diese Hilfe lehnte er ab.
Am Ende zerstörte die Flut sein Haus und der Mann starb. Als er am Himmelstor stand und Gott und den heiligen Petrus sah, fragte er sie: "Warum wurden meine Gebete nicht erhört?" Gott antwortete: "Was meinst du damit? Was meinst du, wer dir deine Nachbarn, das Boot und den Hubschrauber geschickt hat?" Achte darauf, dass du durch dein Verhalten nicht den Zustrom der Segnungen und der Freigebigkeit Gottes verhinderst. Lass Gott, bezüglich der Hilfe für dich, freie Hand, denn Er weiß besser, was für dich gut ist als du. Wunder geschehen oft auf unerwartete Weise.

186. Übergibt dich Gott, lasse Verhaftungen los und nutze die Kraft des Geistes

Der nächste goldene Schlüssel ist das Loslassen von Verhaftungen zugunsten deines Manifestationswunsches. All meine Gebetswünsche formuliere ich als Vorlieben, jedoch nicht als Verhaftungen. Ich teile Gott mit, dass es sich dabei um eine innige Vorliebe handelt, doch dass ich gleichfalls glücklich bin, wenn es nicht geschieht. Eine solche Haltung ist entscheidend in allen Lebensbereichen. Das kosmische Gesetz besagt, dass du alles, woran du dich haftest, von dir fern hältst. Wünschst du dir etwas so sehr, dass du dein Glücklichsein davon abhängig machst, ist es häufig etwas, das du nicht wirklich brauchst. Gott und die Meister berücksichtigen diesen Punkt. Gott wird nicht die Wünsche deines negativen Egos erfüllen - und das ist auch gut so, ansonsten hätten wir alle viele Probleme. Dein Unterbewusstsein *will* dir jedoch immer wieder die Wünsche deines negativen Egos erfüllen. Das Unterbewusstsein besitzt keine Logik, es wird daher das Negative gleichermaßen anziehen wie das Positive, wenn du, bewusst oder unbewusst, darum bittest. Entscheide daher sorgfältig, worum du bittest und was du affirmierst.

Für mich ist es ziemlich gleich, nichts oder alles zu besitzen. Wie ist das möglich? Wir können uns in beiden Situationen dafür entscheiden, ein Bewusstsein des inneren Friedens, des Glücklichseins, der Hingabe, der Annahme und des Gleichmuts zu haben und eine Vision der Perfektion aufrechterhalten. Dieses Bewusstsein habe ich während einer Phase, in der mir alles genommen wurde, beibehalten und es hat dafür gesorgt, dass ich jetzt alles und noch viel mehr erhalten habe. Wenn ich alles in einem Augenblick verlieren würde, wüsste ich genau, was ich tun müsste, um alles zurückzubekommen. So krank zu werden, wie ich war und alles zu verlieren, war wohl das Beste, was mir passieren konnte. Ich möchte damit nicht sagen, dass ich es noch einmal erleben möchte. Was ich damit sagen möchte ist, dass dies ein endgültiger Test war, eine ultimative Gelegenheit, das zu praktizieren, wovon ich sprach, da mich die Situation dazu zwang, mich zu 100 % für Gott zu entscheiden oder zu sterben.
Viele wählen den Tod und ich habe größtes Verständnis für ihre Entscheidung. Ich wählte das Leben und zu 100 % Gott und entschied mich dafür, mein Leben zu einem lebendigen Beweis meiner Liebe und meines Glaubens an Ihn zu machen, unabhängig davon, wie sehr ich gelitten habe - physisch, emotional, mental, spirituell, beruflich, finanziell und sozial. Könnte ich nicht rennen, würde ich laufen. Könnte ich nicht laufen, würde ich kriechen. Könnte ich nicht kriechen, würde ich ruhen. Das was ich durchmachte, zwang mich die höchstmögliche Selbstmeisterung und Selbstdisziplin zu entwickeln, andernfalls hätte ich es nicht geschafft. In Wahrheit war es das Feuer, das mich zum Erlangen des Gottesbewusstseins gebracht hat.

187. Bitte erwartungsvoll

Der nächste goldene Schlüssel war die Erwartung. Bleibe, nachdem du gebetet, affirmiert und visualisiert hast, in einem Zustand der Erwartung. Glaube an Gott,

Sai Baba, die Aufgestiegenen Meister und Engel. Glaube an deine persönliche Kraft, die Macht deines Unterbewusstseins und an die göttlichen Gesetze. Erwarte und visualisiere die Manifestation deines Gebetes - und nichts kann den Prozess aufhalten. Du tust damit exakt das, was Sai Baba tut, ausgenommen davon, dass Sai Baba dies auf einer universellen Ebene tut und es daher schneller geht. Die Prinzipien dabei sind jedoch dieselben und er würde es dir selbst sagen. Sai Baba ist der Meister der Manifestation auf diesem Planeten. Bleibe in absoluter Erwartung, dass deine Gebete sich manifestieren werden.

188. Bitte um alles was du willst: Bete und affirmiere unaufhörlich

Der nächste goldene Schlüssel war es, die Meister, die Engel und Gott in allen Bereichen meines Lebens, einschließlich dem materiellen, um Hilfe zu bitten. Manche Lichtarbeiter haben das Gefühl, dass es nicht in Ordnung sei, um materielle Hilfe, sei es nun Geld oder andere materielle Dinge, zu bitten. Das stimmt nicht. Materie ist verdichteter Geist. Es gibt keine Trennung. Ich nutze die Hilfe der Meister in allen meinem Lebensbereichen.
Ich bitte zum Beispiel Sai Baba, Melchizedek, Lord Maitreya, Djwhal Khul und die Engel immer darum, mich vor einer Steuerprüfung zu bewahren. Nicht, weil ich nicht ehrlich wäre, sondern, weil ich den Aufwand damit scheue. Ich bitte Gott, die Meister und Engel, mir bei der Gestaltung des Wesakfestivals zu helfen. Als ich früher noch Klienten brauchte, bat ich auch darum.
Bete, affirmiere und visualisiere beständig für jeden Aspekt deines Lebens. Du manifestierst mit jedem Gedanken, Wort und jeder Tat in jedem Moment deines Lebens. Gestalte daher dein Leben wie eine ausdrückliche Session des beständigen Meditierens, Betens, Affirmierens und Visualisierens. Ich war deshalb erfolgreich in meinen Manifestationen, da ich darum gebeten habe und das innere Bild meines Manifestationswunsches aufrechterhalten habe. Wenn ich dabei ins Schwanken kam, habe ich weiter gebetet, affirmiert und visualisiert, um den richtigen Geisteszustand wieder zu erlangen.

Einige Hilfsmittel für die Manifestation

189. Schreibe auf, was du möchtest

Der nächste goldene Schlüssel war, alles aufzuschreiben, was ich wünschte. Das physische Aufschreiben deiner Vision steigert die Manifestationskraft enorm gegenüber der einfachen Beschäftigung mit den Dingen in deinem Geist. Es bringt deine Gedanken auf den Punkt und formuliert deine Ansichten. Ich hatte viele Jahre lang überall in meinem Haus Zettel, Notizen und Affirmationen angebracht, die mich an Dinge erinnern sollten, die ich an erster Stelle in meinem Geist bewahren wollte. Ich erstellte stets Listen und arbeitete mit den unterschiedlichsten Hilfen in meinem Tagebuch. Je mehr du dein Unterbewusstsein mit diesen positiven Gedanken und Bildern erfüllen kannst, desto eher manifestiert es deine Wünsche für dich.

190. Nutze Schatzkarten und andere Hilfsmittel

Der nächste goldene Schlüssel ist die Erstellung von Schatzkarten. Während bestimmter Phasen meines Lebens habe ich Collagen mit den Dingen erstellt, die ich zu dieser Zeit wünschte. Ich sammelte dazu Bilder, Affirmationen und Worte, welche die Dinge repräsentierten, die ich in meinem Leben manifestieren wollte. Dann brachte ich diese "Schatzkarte" dort an, wo sie mich täglich an die Wünsche erinnerte. In anderen Phasen meines Lebens führte ich die "Spiegelarbeit" durch. Ich redete zu mir selbst oder sprach Affirmationen und schaute mir dabei in die Augen. Ich habe die Affirmationen auch gesungen oder Subliminal-Kassetten gehört. Das hat mir sehr viel Spaß gemacht und war zudem äußerst wirkungsvoll.

191. Lege Bücher unter dein Kissen, um das Wissen aufzunehmen

Der nächste goldene Schlüssel war eine Geschichte über Edgar Cayce, die mich tief beeindruckt hat. Als er ein Junge war, wurde er von seinem Lehrer dafür gescholten, dass er seine Lektionen nicht gelernt hatte. Cayce vernahm eine innere Stimme, die ihn dazu aufforderte, um eine dreißigminütige Pause zu bitten. Dann sollte Cayce sich hinlegen, seine Augen schließen und mit dem Buch unter seinem Kissen ein kleines Nickerchen machen. Als er erwachte, konnte er sich an den Inhalt des gesamten Buches erinnern. Als ich das erste Mal davon hörte, war ich sehr beeindruckt und legte viele Nächte lang Bücher unter mein Kopfkissen und betete darum, den Inhalt energetisch aufnehmen zu können. Ich war zwar nie so erfolgreich wie Edgar Cayce, aber ich glaube, es hatte doch einen Effekt, insbesondere wenn ich zuvor betete. Probier es aus. Es ist der beste Weg zur Erleuchtung für eine träge Person.

Spezielle Hilfe von den Meistern

192. Das Manifestations- und Transmutations-Gitternetz

Der nächste Schlüssel ist eine wichtige Aktivierung, die ich von Saint Germain in einer meiner Mediationen gelernt habe. Rufe Saint Germain an und bitte ihn darum, dass das Manifestations- und Transmutations-Gitternetz permanent in deinem Solar Plexus verankert wird. Saint Germain erklärte uns, dass dieses Gitternetz uns dabei hilft, effektiver zu manifestieren. Es unterstützt uns auch dabei, negative Energien effektiver in positive Energien umzuwandeln. Man muss nur darum bitten.

193. Göttliche Dispensationen

Dieser goldene Schlüssel ist die Bitte um göttliche Dispensationen. Ich begann sehr spontan während der Mediationen mit ein paar Freuden damit und konnte bald feststellen, dass dies eine unschätzbare Hilfe ist. Ich bitte für gewöhnlich Melchizedek, Lord Buddha, Lord Maitreya und Djwhal Khul um eine göttliche Dispensation. Manchmal bitte ich auch den Karmischen Rat und Quan Yin darum. Ich bitte dabei immer um etwas ganz Spezielles und wenn dies machbar ist, beantworten die Meister in der Regel meine Bitte. Ein Beispiel wäre die Bitte um eine göttliche Dispensation hinsichtlich der Beschleunigung meines Aufstiegsprozesses, um noch umfangreicher Dienen zu können.

Aus der Sicht Gottes

194. Erkenne dich selbst als eins mit der gesamten Schöpfung

Ein Hauptschlüssel für die Manifestation ist, dich selbst als eins mit dem, was du zu manifestieren wünschst zu sehen. Mit anderen Worten, manifestiere nicht aus dem Bewusstsein heraus, getrennt von dem zu sein, was du zu manifestieren suchst. Dies bedeutet, aus dem Selbst heraus zu manifestieren, statt aus der Persönlichkeit. In Wahrheit sind wir alle das Ewige Selbst. Wir leben in der gesamten Schöpfung und die gesamte Schöpfung lebt in uns. Jeder teilt dieselbe Identität mit Gott. Es gibt keine Trennung der Wesen. Es gibt nur Gott, der sich in unzähligen Formen verkörpert. Diese Formen des Selbst durchleben Phasen, in denen sie vergessen haben, wer sie sind. Doch dann erwachen sie und wissen wieder, wer sie sind und schon immer waren. Dies ist auch der Grund, weshalb es in dem Buch *Ein Kurs in Wundern* heißt, dass der Fall niemals stattgefunden hat; wir meinen nur, es sei so gewesen.
Nimm einen anderen Weg und wisse, dass du Gott bist, dass das, was du zu manifestieren suchst, Gott ist und nichts anderes als Gott existiert. Manifestation geschieht aus der Sicht Gottes dann, wenn Gott sich für die Absicht Gottes manifestiert. Du bist eins mit dem und lebst in dem, was du zu manifestieren suchst. In Wahrheit bist du Gott, der manifestiert. Dieser goldene Schlüssel wird einen tief greifenden Effekt auf dich haben, wenn du ihn in deinem Innersten vollständig aufnehmen kannst.

Eine Möglichkeit, sich während der Manifestation mit Gott zu identifizieren, lernte ich von Saint Germain. Es ist die Verwendung des "ICH BIN" zu Beginn all deiner Affirmationen. Diese Worte haben eine doppelte Bedeutung, indem sie sich sowohl auf dich wie auch auf den Namen Gottes, der ICH BIN oder ICH BIN DAS ICH BIN ist, beziehen.

195. Du brauchst nur eine Sache zu manifestieren

Dieser goldene Schlüssel baut auf dem vorhergehenden Schlüssel auf und ist etwas, das ich aus dem Buch *Ein Kurs in Wundern* gelernt habe. Es geht dabei um das Verständnis, dass jeder von uns tatsächlich nur eine Sache zu manifestieren braucht. Wenn wir diese eine Sache manifestieren, werden wir auch alles andere als Nebenprodukt manifestieren. Diese eine Sache ist natürlich das Einssein mit dem Bewusstsein Gottes. Dies schließt auch die Heilung der Gedankenform ein, dass wir getrennt von Gott wären. In Wahrheit waren wir niemals und werden wir niemals von Gott getrennt sein. Es gibt keine Trennung auf der spirituellen Ebene, doch es gibt sie für die meisten Menschen auf der mentalen, emotionalen und physischen Ebene. Unsere spirituelle Hauptarbeit liegt also darin, die spirituelle Realität der Einheit mit Gott in unser Vierkörpersystem zu verankern. Es genügt nicht, dies intellektuell zu wissen. Wir müssen dies in der Tiefe auf allen Seinsebenen unseres Wesens wissen. Die Heilung des Gefühls der Trennung von Gott auf diesem Planeten umfasst vollständig das Christus-/Buddhabewusstsein.
Kannst du die Kraft der Manifestation und die Berührung des König Midas, welche aus dem beständigen Einheitsbewusstsein mit Gott entstammt, erkennen? Kannst du, wenn du auf allen Ebenen manifestierst und dich im Gottesbewusstsein befindest, die Macht deiner Gebete und Affirmationen erkennen?

196. Erkenne, dass wir bereits alles sind und alles haben

Der nächste Schlüssel war die Aussage aus *Ein Kurs in Wundern,* dass wir bereits alles *sind* und alles *haben*. Dies ist ein weiteres wichtiges Prinzip im Manifestationsprozess. Letztlich sind wir Gott, sind wir der Christus. Es gibt nichts zu tun, da wir bereits das sind, was wir suchen. Diese Lehre gleicht der des großen Lehrers aus dem Osten, Ramana Maharshi. Wir sind bereits Gott und *Ein Kurs in Wundern* und Ramana Maharshi zeigen uns Übungen, die uns dabei helfen, uns mit dieser Wahrheit zu identifizieren. Es stimmt auch, dass wir uns bereits in dem Prozess befinden, diese Wahrheit zu erkennen. Letztendlich haben und sind wir bereits alles, daher gibt es aus dieser Perspektive auch nichts zu manifestieren, da wir alles in uns tragen, was wir suchen. Folglich ist die Aufrechterhaltung dieses Bewusstseins der ultimative Manifestationsprozess.

Natürlich ist noch nicht jeder an diesem Punkt angelangt, sonst würde man dieses Buch auch nicht lesen. Was *Ein Kurs in Wundern* und Ramana Maharshi sagen ist wahr; doch es stimmt auch, dass wir uns alle im Prozess der Gottesverwirklichung befinden. Wir können affirmieren, dass wir bereits der Christus sind, obwohl wir ihn noch nicht verwirklicht haben. *Ein Kurs in Wundern* und die Lehren von Ramana Maharshi sind sozusagen aus der Perspektive geschrieben, bereits am Ende des Tunnels angelangt zu sein. Dies zu affirmieren und zu visualisieren ist Teil des Prozesses, um die Gottesverwirklichung zu erlangen. Der Prozess der 352 Einweihungen zurück zur Gottheit geht Schritt für Schritt, wobei man ein immer größeres Maß der Gottesverwirklichung erreicht. Zu erkennen, dass wir bereits Gott sind und dass wir schon alles haben, ermöglicht es uns, alles aus der Sicht Gottes zu betrachten, während wir daran arbeiten, Gott immer mehr in unserem Leben und in unserem Vierkörpersystem zu manifestieren.

Ein Kurs in Wundern wurde aus einer himmlischen Perspektive geschrieben und kann als idealistische Lehre bezeichnet werden. Wenn man ihn auf diese Weise versteht und nutzt, kann er zu einer der praktischsten Hilfen auf diesem Planeten werden. *Ein Kurs in Wundern* ist nicht für jeden geeignet, selbst der Kurs sagt dies. *Ein Kurs in Wundern* und die Huna-Lehren wären, meiner Meinung nach, eine gute Verbindung und eine ausgeglichene Philosophie. Ich habe versucht, in meinen Büchern diese Integration für euch herzustellen.

197. Einstimmung auf die Perfektion

Der nächste goldene Schlüssel ist das Konzept der Einstimmung auf die Perfektion. Letztendlich sind alle Dinge perfekt, denn alles ist Gott. Hinsichtlich des physischen Körpers sagt *Ein Kurs in Wundern* beispielsweise: "Krankheit ist eine Abwehr gegen die Wahrheit." Die Wahrheit ist, dass wir alle Christus sind und Krankheit eine Illusion. Wie kann der vollkommene Christus krank sein? Dies gilt für alle Bereiche des Lebens. Wann immer sich irgendeine Begrenzung oder etwas Unvollkommenes in deinen Geist einschleicht, fange sofort an zu beten oder affirmiere oder visualisiere, um deine Gedanken sofort wieder in den perfekten Zustand zurückzubringen. Dies bringt uns zurück zur Lektion der Aufmerksamkeit. Das Ideal besteht darin, deine Aufmerksamkeit stets auf die mächtige ICH BIN - Gegenwart und auf Gott zu richten.

Nehmen wir an, du hast Finanzprobleme. Es kommen Rechnungen, die du nicht bezahlen kannst. Anstatt dich dabei auf den Mangel zu konzentrieren, beginne unmittelbar zu beten und deine mächtig ICH BIN - Gegenwart und die Aufgestiegenen Meister um Hilfe zu bitten. Wie Edgar Cayce sagte: "Warum sich sorgen, wenn man beten kann?" Indem du betest oder eine Affirmation sprichst,

bringst du dein Bewusstsein unmittelbar in den perfekten Bewusstseinszustand der Fülle zurück. Du gehst dabei nicht im Äußeren zum Einkaufen, sondern hältst das Ideal der Fülle aufrecht. In gewissem Sinne kann man sagen, dass du das Geld bereits auf der ätherischen Ebene manifestiert hast und nur darauf wartest, dass es sich auf der physischen Ebene manifestiert. Der Schlüssel, um im Leben erfolgreich zu sein, liegt darin, stets deine Aufmerksamkeit auf Gott und das Vollkommene zu richten, statt auf Mangel und Begrenzung. Wenn du damit aufhörst, Begrenzung, Krankheit, Armut oder einen Mangel an Perfektion zu akzeptieren, dann wirst du überall, wohin du auch gehst, zu einer heilenden Kraft. Du hast vollkommenen Glauben an Gott, Vertrauen und Geduld, so dass du weißt, dass sich alle deine Gebete manifestieren werden. Du hast auch vollkommenen Glauben, Vertrauen und Geduld in die Kraft deines eigenen Geistes. Du weißt, dass jeder Gedanke und jedes Bild, das du affirmierst oder visualisierst, sich durch die Kraft deines Unterbewusstseins manifestieren wird.
Gelobe dir jetzt, in diesem Moment, nur noch die Vollkommenheit als Realität zu akzeptieren. Das ist auch das, was ich selbst getan habe, obwohl die aktuelle Lage in meinem Leben zu diesem Zeitpunkt genau das Gegenteil zeigte. Schließlich hat mein innerer Glaube an Gottes Wirklichkeit gesiegt. Dies kannst du auch erfahren, wenn du diese universellen Gesetze und Prinzipien anwendest. Der Schlüssel ist, dass die Ebenen übereinstimmend sein müssen. Wir können nicht beten und das Gebet gleichzeitig anzweifeln oder sabotieren. Es muss einen Einklang der drei Ebenen geben. Die Kraft Gottes, der Meister und deines eigenen Bewusstseins und Unterbewusstseins werden sich erst dann vollkommen manifestieren, wenn du diese Prinzipien strikt einhältst.

198. Erhalte eine "Science of Mind" - Behandlung

Der nächste goldene Schlüssel waren die Science of Mind *(Wissenschaft über die Gesetzmäßigkeiten des Gemütes - Anm.d.Herausg.)* - Behandlungen. Wenn du dies noch niemals zuvor gemacht hast, würde ich dir empfehlen, eine Science of Mind - Gemeinschaft anzurufen, um eine Session zu bekommen. Es wird für den Bereich deines Lebens, der nicht in Ordnung ist, eine Behandlung für dich aufgestellt. Die Praxis von Science of Mind und die Lehren von Ernst Holmes sind sehr eloquent und ihre Behandlungen basieren auf der spirituellen Wahrheit, dass alles letztendlich vollkommen ist. Man geht die Behandlungsschritte mit dir durch und dann kannst du sie zu Hause durchführen. Du kannst dann später nach diesem Muster deine eigenen Behandlungen erstellen. Diese Behandlungen sind sehr kraftvoll und wenn man sie täglich 21 Tage lang durchführt, wird sich diese Realität in dein Unterbewusstsein einprägen. Dieser Prozess und die Huna-Praxis sind ein unschlagbares Team.

Prinzipien und Gesetze der Manifestation

199. Alles ist Geist

Der nächste goldene Schlüssel war die Anwendung des großen Hermetischen Prinzips: *Alles ist Geist; das Universum ist geistig.* Das gesamte Universum ist nicht nur Energie, sondern auch geistig. Wie Edgar Cayce sagt, dass alle Gedanken Dinge sind. Das materielle Universum ist ein Gedanke im Geiste Gottes. Alle Dinge, die wir im täglichen Leben nutzen, sind materialisierte Gedanken. Sai Baba ist in der Lage, durch Denken und bildlichem Vorstellen zu materialisieren. Wir werden dies auch bald können. In Wahrheit tun wir es schon, allerdings sehr viel langsamer. *Die Energie folgt dem Gedanken.* Die Anwendung dieses Hermetischen Gesetzes besagt, dass alles, was du lange genug denkst, sich manifestieren kann und wird. Ich habe die Kraft meines Geistes und die der Aufgestiegenen Meister genutzt, um Heilung, Selbstverwirklichung und Führerschaft im Aufstiegsprozess zu manifestieren. Dieses Gesetz wirkt immer und wenn du dich nicht auf allen Ebenen auf die Gottesverwirklichung ausrichtest, wird dieses Gesetz unbewusst dazu genutzt, das Gegenteil anzuziehen. Das Universum kann durch die Kraft des Geistes kontrolliert werden, da alles Geist und das Universum geistig ist. Das gesamte Universum ist ein Ausdruck des göttlichen Geistes. Je höher die Ebenen, die wir in Gottes Geist erreichen, desto mehr Kontrolle und Meisterschaft werden uns in Gottes unendlichem Universum zuteil.

200. Ein höherer Geist und ein Unterbewusstsein

Der nächste goldene Schlüssel meiner Manifestationsarbeit war die Erkenntnis, dass es nur einen höheren Geist und ein Unterbewusstsein gibt. Nur das Bewusstsein des Ego ist davon getrennt. Man kann es so betrachten, dass Gott einen unendlichen Geist besitzt. Carl Jung nannte das Unterbewusste das kollektive Unbewusste. Jung dachte bei diesem Begriff an die gesamte Menschheit, was auch stimmt. Ich betrachte dies nun auch hinsichtlich der gesamten Schöpfung. Aus diesem Bewusstsein heraus zu beten, zu affirmieren und zu visualisieren, wird deine Manifestationskraft und deinen Magnetismus erheblich steigern.

201. Alles, was wir manifestieren möchten, ist Energie

Der nächste Schlüssel meiner Manifestationsarbeit war das Verständnis dafür, dass alles, was ich manifestieren möchte, Energie ist. Alles in Gottes Universum, einschließlich des materiellen Universums, ist Energie, die in verschiedenen Geschwindigkeiten und in unterschiedlicher Resonanz schwingt. Geld und materielle Dinge, die wir manifestieren möchten, sind Energie. Jede Manifestation -

sei es die Heilung des physischen Körpers oder der Aufstieg oder materielle Dinge - ist die Arbeit mit Energie. Beginne damit, alles was du tust, als bewegte und sich verändernde Energie zu betrachten. Damit hast du einen der wahren goldenen Schlüssel der Alchemie, Verwandlung und Manifestation in jedem Bereich deines Lebens erkannt.

202. Das Prinzip der Polarität

Mein nächster Schlüssel war zu lernen, das Prinzip der Polarität zu verstehen. Das Hermetische Gesetz besagt: *Alles ist dual; alles besitzt Pole; alles hat ein Gegenteil; gleich und ungleich sind dasselbe; Gegensätze sind ihrer Natur nach identisch, aber verschieden in ihrem Rang; Extreme treffen sich; alle Wahrheiten sind nur Halbwahrheiten; alle Paradoxe können miteinander in Einklang gebracht werden.* Dies ist einer der tief greifendsten goldenen Schlüssel. Beim Verständnis der Natur der Dualität erkennst du beispielsweise, dass das negative Egobewusstsein die Polarität des Christusbewusstseins ist. Erinnere dich daran, dass alles Geist und Energie ist. Indem man die Energie und den Geist kontrolliert - oder den Ton und das Licht - kann die Energie sehr einfach von einem Pol zum anderen bewegt werden. Negatives Egobewusstsein kann somit zum Christusbewusstsein bewegt werden. Angst kann in Liebe verwandelt werden.

Nimm beispielsweise Heiß und Kalt. Sie unterscheiden sich nur in der Gradangabe auf der Skala eines Thermometers. Wer kann wirklich sagen, an welcher Stelle das Eine endet und das Andere beginnt? Das Fortschreiten auf dem spirituellen Weg bringt einen Wechsel der Polarität mit sich. Es verändert sich die Polarität der Führung durch das niedere Selbst zu der Führung durch das Höhere Selbst. Die Polarität ändert sich von der Persönlichkeit zur Seele hin, von der Seele zur Monade und von der Monade zu Gott. Bist du zu sehr auf deinen Emotionalkörper ausgerichtet, dann musst du dein Bewusstsein in Richtung Mentalkörper polarisieren. Der Wechsel vom physischen Körper zum Lichtkörper wird uns schließlich die Teleportation ermöglichen. Es ist entscheidend, die Natur der Dualität und Polarität zu verstehen und dabei zu erkennen, wie die Dinge ihrer Natur nach gleich, jedoch im Rang verschieden sind. Daher kann alles in unserem Leben zum Gegenteil oder zu einem Ausgleichspunkt gebracht werden, wenn wir dies wünschen. Wir können dies durch die innere Kraft von Sai Baba und den Aufgestiegenen Meistern und durch Gott mit Hilfe von Gebeten und Meditation erreichen. Die Polaritäten können sich auch durch unsere eigene mentale Kraft und durch Visualisierung verändern. Diese Arbeit bezieht sich auf die Wissenschaft der Heilung unserer Einstellung. Sie können durch Energiearbeit, bestimmte Töne, Farben, Licht oder auch Aromatherapie verändert werden. Die Anwendung der Hermetischen Prinzipien: *Alles ist Geist* und *Alles besitzt eine Polarität* sind absolute Schlüssel, um Heilung, Aufstieg, Führerschaft, Geld und alles, was du dir wünschst, zu manifestieren. Setze dem leeren Bankkonto ein volles Bankkonto entgegen. Es ist dasselbe, nur auf einer veränderten Stufe. Es bedarf dazu eine Veränderung der Energie, die durch die aktive Kraft des Geistes, des Gebetes, der Visualisierung und der persönlichen Kraft manifestiert wird. Der Unterschied zwischen Arm und Reich ist nicht so groß. Wenn du beim Lotto gewinnst, ändert sich deine finanzielle Situation augenblicklich. Wenn du Geld erbst, ändert sie sich auch sofort. Bekommst du eine neue Arbeitsstelle, kann sie sich ebenfalls augenblicklich verändern. Alles auf dem spirituellen Weg ist zu lernen, wie man Energie beeinflusst. Wenn dies im Dienste Gottes geschieht, wird es Weiße Magie genannt. Geschieht es jedoch im Dienste des negativen Egos und der Dunklen Bruderschaft, wird es Schwarze Magie genannt. Der Schlüssel hierbei ist, ein Meister der Beeinflussung der Energie im Dienste Gottes, der Aufgestiegenen Meister und der Menschheit zu sein.

Jeder Mensch auf dem Planeten manipuliert Energie und arbeitet mit diesen Gesetzen. Das Problem dabei ist, dass dies meist unbewusst geschieht und eher zur Verschlechterung als zur Verbesserung der Lebensqualität führt. Der Schlüssel hierbei ist, die Gesetze zu verstehen und in jedem Augenblick des Lebens bewusst zum Wohle von sich selbst und anderen damit zu arbeiten.

203. Gottes universelle Gesetze wirken immer

Der nächste Schlüssel war die Erkenntnis, dass Gottes universellen Gesetze *immer* wirken. Diese Gesetze wirken nicht nur im Zusammenhang mit Gebet, Affirmation und Visualisierung. Sie wirken bei jedem Gedanken, den du denkst, bei jedem Wort, das du sprichst und bei allen deinen Handlungen - selbst wenn du schläfst. Darin liegt das wahre Verständnis der Manifestation.

Da Gottes Gesetze immer wirken, ziehen sie sowohl Positives wie Negatives an, abhängig davon, was wir bewusst oder unbewusst vorgeben. Und das Unterbewusstsein mit seiner Anziehungskraft, seinem Magnetismus und seiner Abstoßungskraft arbeitet auch immer. Das Unterbewusstsein kann ebenso Unglück wie Fülle und Göttlichkeit anziehen, da es über keine abwägende, logisch denkende Kraft verfügt. Wenn wir Gottes Gesetze nicht zum Positiven nutzen, setzen wir sie zum Negativen oder bestenfalls auf das Geratewohl ein. Gottes Gesetze zu verstehen und auf allen Ebenen zu meistern, ist der Schlüssel zur Heilung, zum Aufstieg, für die Berührung des König Midas, der alles, was er berührte, in Gold verwandelte und zur Führerschaft. Es sind die göttlichen Gesetze, die uns lehren, in Liebe Gott zu folgen. Oftmals ist es das Leiden, das uns wieder auf den spirituellen Weg zurückbringt.

204. Die fünf Ebenen der Manifestation

Der nächste goldene Schlüssel war die Erkenntnis, dass Manifestation auf fünf Ebenen geschieht.

* Die spirituelle Ebene der Manifestation ist die Erkenntnis, dass wir Gott sind, der einen anderen Teil unserer Selbst manifestiert, der im Körper Gottes lebt.

* Die mentale Ebene der Manifestation hält unseren Geist stets im Licht und auf die Perfektion dessen gerichtet, was wir zu manifestieren wünschen.

* Der emotionale Aspekt der Manifestation ist Enthusiasmus, Hingabe und einen kindlichen Glauben an Gott und Seine Gesetze aufrechtzuerhalten.

* Die ätherische Ebene der Manifestation ist das Wissen darüber, dass alles, worum du gebeten und was du affirmierst und visualisierst hast, bereits beantwortet wurde und schon auf der ätherischen Ebene existiert. Es hat sich einfach noch nicht auf der physischen Ebene materialisiert.

* Die fünfte Ebene der Manifestation ist die Materialisierung des Gebets auf der physischen Ebene.

Der allererste Schritt jeder Manifestation ist die Bitte durch das Gebet und die Affirmation sowie die Visualisierung. Ein Teil der Manifestation ist, über den Glauben hinaus zu absolutem Wissen zu gelangen. Sobald die Bitte des Gebets die ätherische Ebene erreicht hat, ist es so, als ob du es bereits greifen kannst. Wenn man sich mit der Manifestation beschäftigt, verwischt sich die Grenze zwischen Phantasie und Realität. Wer könnte sagen was realer ist? Sobald die von dir gewählte innere Realität durch Gebet, Affirmation und Visualisierung realer ist als die äußere Realität, bist du zu einem Meister der Manifestation geworden. Du siehst die Dinge dann mit deinen inneren Christusaugen und nicht nur mit deinen physischen Augen.

205. Das Gesetz des Eigentums

Der nächste goldene Schlüssel war der, den ich das Gesetz des Eigentums nannte. In Wahrheit gehört das, was wir manifestieren, nicht wirklich uns. Niemand kann etwas sein Eigentum nennen, da alles Gott gehört. Was wir auch immer auf jeglicher Ebene manifestieren, einschließlich der physischen, wurde uns nur von Gott geliehen. Wenn Gott es zurück möchte, gibt es nichts im gesamten Universum was ihn davon abhalten könnte es wiederzuerlangen. Daher ist es besser, nicht zu sehr an den Dingen festzuhalten; es ist besser, die Dinge so zu sehen, wie sie wirklich sind. Diese Erkenntnis und Einstellung wird deine Manifestationen enorm beschleunigen.

206. Verantwortlicher Umgang

Dieser goldene Schlüssel bezieht sich darauf, mit allem, was uns von Gott gegeben wurde, gut umzugehen. Segnet dich Gott mit dem Geld für ein neues Auto, dann pflege dein Auto und gehe gut mit dieser Segnung um. Er hat sie dir gegeben. Gott hat uns mit einem physischen Körper gesegnet und es ist unsere Verantwortung, auf ihn zu achten, ihn gut zu behandeln, zu pflegen und ihn ohne Eitelkeit gut zu kleiden. Dasselbe gilt für ein neues Heim oder finanziellen Wohlstand. Lasst uns Gott nicht für selbstverständlich nehmen, sondern das, womit er uns segnet, weise nutzen. Dies bezieht sich nicht nur auf die physische Ebene, sondern auch auf Kinder, Führerschaft und unsere Klienten. Es gibt so viele Menschen auf dieser Welt, die leiden und in Armut leben. Lasst uns weise mit den großen Segnungen, die Gott uns verliehen hat, umgehen und sie, wenn möglich, mit anderen teilen.

Einstellungen gegenüber der Manifestation

207. Manifestiere aus der Haltung der Selbstautorität und dem Wissen, ein Instrument Gottes zu sein

Einer der wichtigsten goldenen Schlüssel, um Heilung, Aufstieg, Dienst, Führerschaft und alles erdenklich andere zu manifestieren ist, dies aus der Selbstautorität, Selbstmeisterung und persönlichen Kraft heraus zu tun. Manifestiere aus der Perspektive: "Ich bin Gott und mein Herz ist rein, selbstlos und liebend, daher steht mir das gesamte Universum zur Verfügung". Wie es in dem Buch *Ein Kurs in Wundern* heißt, "nicht die Großartigkeit hat es getan, sondern die Größe". Es geschieht aus dem Bewusstsein heraus, ein Vehikel und Instrument des höchsten Gott zu sein, eine Brücke zur Quelle aus der planetaren Ebene. Betrachte dich selbst als ein Vehikel, um Gottes Allmacht und Allwissenheit zum Zwecke der Manifestation Seines göttlichen Planes auf Erden zu manifestieren.

208. Baue auf Gott und Gottes Gesetze der Fülle

Der nächste goldene Schlüssel war, nur auf Gott und Gottes Gesetze bezüglich meines Wohlstandes zu bauen. Viele Menschen bauen auf äußere Dinge, die ihnen Sicherheit im Leben geben sollen. Doch äußere Dinge, einschließlich Personen, können jederzeit genommen werden - und werden es letztendlich auch. Die einzige wirkliche Sicherheit im Leben ist Gott, die Aufgestiegenen Meister, die Kraft von Sai Baba und Gottes Gesetze. Paramahansa Yogananda gab eine Affirmation, die ich sehr mag. "Gott ist meine Geldanlage und meine finanzielle Sicherheit." Ich würde es noch ein wenig abändern: "Gott, Sai Baba, die Aufgestiegenen Meister, die Engel, meine persönliche Kraft und die Macht meines Unterbewusstseins sind meine Geldanlage und meine finanzielle Sicherheit."

Viele Menschen bauen nur auf eine Ebene der Manifestation. Bei einigen ist es nur die persönliche Kraft und die physische Handlung. Andere verwenden nur das Gebet. Wieder andere konzentrieren sich auf Affirmationen oder Visualisierungen. Andere bauen auf die Engel, Sai Baba oder einen anderen Meister. Wiederum andere konzentrieren sich ausschließlich auf Gott. Ich sage, nutze sie *alle* und noch mehr, um deine innere Stärke und Fähigkeit zur Manifestation aufzubauen. Was in dir ist, kann dir niemals mehr genommen werden. Alle Dinge können genommen werden, so wie es mir erging; ich konnte jedoch alles wieder neu aufbauen, sogar noch umfangreicher als zuvor, weil ich diesen inneren Gesetzen vertraute. Wie es im Buch *Ein Kurs in Wundern* heißt: "Wunder sind natürlich." Sie sind ein natürliches Nebenprodukt, wenn man Gottes Gesetze positiv anwendet.

209. Liebe dich selbst

Der nächste goldene Schlüssel bezieht sich auf die Selbstliebe und Manifestation. Ich habe viele Menschen in meiner Beratungspraxis gesehen, die Unmengen an Affirmationen und Gebete sprachen, dabei jedoch nicht die gewünschten Resultate erzielten. Als ich dies mit ihnen durchging, erkannte ich, dass die Blockade in einem Mangel an Selbstliebe lag. Dies ist eine ultimative negative Affirmation. Wenn Menschen das Gefühl haben, Gottes Segnungen nicht zu verdienen, liegt dies oft an erfahrenen oder eingebildeten Verletzungen aus der Vergangenheit. Dieser Glaube wird dann zu einer sich selbst erfüllenden Prophezeiung, selbst wenn dies unbewusst geschieht. Es ist zudem ein falsches Denken, da wir in Wahrheit alle Gott und der Christus sind und es alle wert sind, geliebt zu werden. Es ist daher wichtig, sich mit einem Diamanten zu identifizieren und nicht mit dem Schlamm.

210. Vergebung - Das Loslassen von Blockaden bei der Manifestation

Ein weiterer goldener Schlüssel ist, sich zu vergewissern, dass man sich selbst und anderen für alle Fehltritte vergeben hat. Jeder Groll und jede Schuld ist dabei, die Manifestation deines Gebets und deiner Affirmation zu blockieren. Du brauchst auf allen Ebenen ein reines Gewissen, ansonsten wird das Gebet teilweise sabotiert. Dies klingt einfach, doch es ist sehr wichtig. Überprüfe dies stets, bevor du mit deiner Manifestationsarbeit beginnst.

211. Wandle das Armutsbewusstsein in ein Wohlstandsbewusstsein

Der nächste goldene Schlüssel ist, das Armutsbewusstsein und den Glauben, arm zu sein bedeutet gleichzeitig spirituell zu sein, loszulassen. Diejenigen, die meinen, dass Geld etwas Schlechtes sei und für seine Dienstleistungen Geld zu nehmen nicht in Ordnung sei, werden dabei von ihrem negativen Ego geleitet. Sie meinen, spirituell zu sein, doch in Wahrheit haben sie ein Armutsbewusstsein. Gott möchte, dass wir auf allen Ebenen in Fülle leben, auch auf der materiellen. Jeder besitzt ein spirituelles und ein irdisches Bankkonto und die Idee dabei ist, beide täglich aufzubauen. Gott und die Meister möchten, dass wir auf allen Ebenen in Fülle leben, nicht nur auf der spirituellen Ebene. Gesundheit, Wohlstand, Frieden und Freude sind Nebenprodukte der Gottesverwirklichung. Indem Lichtarbeiter wohlhabender werden, verändert sich auch die irdische Welt. Je mehr Geld du besitzt, umso mehr kannst du anderen geben, um dabei zu helfen, den göttlichen Plan auf Erden zu manifestieren.

212. Lasse Zweifel und Ängste bezüglich der Manifestation los

Der nächste goldene Schlüssel bezieht sich darauf, Zweifel, Ängste und Sorgen loszulassen, nachdem du dir ein Manifestationsziel gesetzt hast. Wir sind Gott und was wir denken, werden wir manifestieren. Manchmal gibt es die Tendenz zu affirmieren, zu visualisieren und zu beten, diese Energie dann eine Zeit lang aufrechtzuerhalten und dann Zweifel, Ängste und negative Gedanken einschleichen zu lassen.
Der Schlüssel ist, in deiner Gottesnatur zu verbleiben. Alle unsere Gedanken, Worte und deren Beobachtung sind eine Affirmation zur Manifestation. Ich habe gemerkt, dass ich dies mit dem Wesak-Festival getan habe. Ich war voller Vertrauen, dass wir 1200 Teilnehmer haben würden. Doch Saint Germain wies darauf hin, dass ich auf der einen Seite sagen würde, dass die Werbung dafür klappt und dies auf der anderen Seite wieder verneinte. Einerseits müssen wir solche Unterscheidungen machen, doch andererseits müssen wir auch sehr vorsichtig damit sein, was wir sagen. Ich war wirklich dankbar für diese Rückmeldung von Saint Germain, da er mir damit half, wieder zu dem Bewusstsein meiner Vision zurückzukehren.

213. Warum sich sorgen, wenn du beten kannst?

Der nächste goldene Schlüssel ist ein Rat, den ich von Edgar Cayce als Hilfsmittel gegen Sorgen gelernt habe. Sein Rat war: "Warum sich sorgen, wenn du beten kannst?" Ich würde dem noch hinzufügen: "Warum sich sorgen, wenn du beten, affirmieren, visualisieren und deine persönliche Kraft beanspruchen kannst?" Damit besitzt du und nutzt du die Kraft deiner drei Bewusstseinsebenen: das Bewusstsein, das Unterbewusstsein und das Überbewusstsein. Ich habe Edgar Cayces Rat oftmals in meinem Leben befolgt und er wirkte immer.

214. Wisse, dass du nicht versagen kannst

Der nächste Schlüssel liegt in der Erkenntnis, dass ich nicht versagen kann. Wie kann ich mit meiner persönlichen Kraft, der Hilfe Gottes, der Aufgestiegenen Meister und der von Sai Baba sowie der Kraft meines Unterbewusstseins versagen? Wie kann ich mit all dieser Unterstützung nicht gegen den Glanz und die Illusion ankommen? Wie kann ich damit ohne Erfolg bei meiner Gottesverwirklichung bleiben?

215. Gott hilft denjenigen, die sich selbst helfen

Der nächste goldene Schlüssel ist die Aussage, dass Gott denjenigen hilft, die sich selbst helfen. Warte nicht darauf, dass die Aufgestiegenen Meister dein Leben in Ordnung bringen oder deinen Geist kontrollieren werden, denn das wird nicht geschehen. Mein Vorankommen zum Aufstieg und zur Führerschaft habe ich im Wesentlichen durch meine eigenen Bemühungen und Gebete um das, was ich für jeden einzelnen Schritt benötigte, erreicht. Die Aufgestiegenen Meister haben dies nicht für mich getan. Das ist ein großer Unterschied. Wenn die Aufgestiegenen Meister dies für uns täten, würden wir niemals lernen, selbst ein Aufgestiegener Meister zu werden.

216. Diene, ohne Früchte für deine Bemühungen zu erwarten

Dieser goldene Schlüssel ist der Dienst an der Menschheit ohne Früchte für deine Bemühungen zu erwarten. Was zählt ist die Tatsache, dass du freiwillig, in Liebe gedient hast. Überlasse die Resultate Gott. Manchmal geht ein gelegter Samen über Jahre nicht auf. Das ist in Ordnung. Es ist wichtig, dass du in Liebe gibst. Erwarte nicht von den Menschen, dass sie dir etwas zurückgeben. Es ist unsere Aufgabe, unser Licht und unsere Liebe, unabhängig davon wie es aufgenommen wird, leuchten zu lassen. Damit bleiben wir die Ursache in unserer Realität. Unsere Aufgabe ist einfach, fortwährend zu lieben und zu dienen und uns nur darauf zu konzentrieren. Dann wird alles in großer Fülle zu uns zurückströmen.

Geben und Dankbarkeit

217. Das Gesetz der Dankbarkeit

Der nächste goldene Schlüssel war das Gesetz der Dankbarkeit. Dieses Gesetz hat zwei Aspekte. Der erste ist, dich dafür zu bedanken, dass deine Gebete bereits beantwortet wurden. Denn in Wahrheit wurden sie bereits in dem Moment, in dem sie gesprochen wurden, von Gott, Sai Baba, den Aufgestiegenen Meistern und den Engeln beantwortet. In den Dimensionen, in denen Gott und die Gotteskraft lebt, gibt es keinen Raum und keine Zeit. Daher wird ein Gebet auch augenblicklich beantwortet. Dafür zu danken ist das Beste, was du tun kannst. Der zweite Aspekt des Gesetzes der Dankbarkeit ist, dafür zu danken, wenn sich das Gebetsanliegen im Physischen manifestiert. Außerdem ist es wichtig, sich all der Geschenke in deinem Leben, mit denen Gott dich gesegnet hat und all der Gaben von Mutter Erde bewusst zu sein und dafür zu danken. Ein von Liebe und Dankbarkeit erfülltes Herz ist bereit, die Fülle Gottes zu empfangen.

218. Der Zehnte

Der nächste goldene Schlüssel war das Gesetz des Zehnten zu befolgen und Geld zu spenden. Dies ist wirklich ein karmisches Gesetz hinsichtlich des Umgangs mit Geld. Das grundlegende Gesetz besagt, dass du, wenn du 10 % deines Einkommens für einen wohltätigen spirituellen Zweck spendest, du dies durch dieses kosmische Gesetz in zehnfacher Weise wieder zurückbekommst. Wenn du geizig mit dem Universum bist, wird das Universum auch geizig mit dir sein. Bist du jedoch großzügig mit dem Universum, das Gott ist, ist Gott auch großzügig zu dir. *Ein Kurs in Wundern* sagt: "Wir erschaffen unser eigenes Seelenheil." Wir müssen unser Geld in Umlauf halten. Ich habe dies getan, indem ich eine große Anzahl von Büchern für das Wesakfest reduziert und auch an Obdachlose abgegeben habe. Dieses Gesetz des Zehnten und des Geldspendens basiert auf einem fundamentalen Glauben an Gott und Gottes universellen Gesetze, die sich auf allen Ebenen der Schöpfung manifestieren.

Karma

219. Verwandlung von Karma

Dieser goldene Schlüssel ist die Bitte an Melchizedek, Metatron und Erzengel Michael, um eine göttliche Dispensation zur Verwandlung all deines Karmas. Für den Aufstieg musst du 51 % deines Karmas aus deiner gesamten Überseele ausgeglichen haben. Bitte die Meister und deine mächtige ICH BIN - Gegenwart darum, dein Karma auszugleichen. Dies wird über viele Meditationen hinweg geschehen, da nicht alles auf einmal aufgelöst werden kann. Mit Geduld und Fleiß kannst du mit der Zeit deine gesamte karmische Geschichte ausgleichen. Ich fragte Melchizedek, wie viel Karma ich ausgeglichen hätte. Ich meine er sagte 75 % für die Monade. Das ist sehr gut, da wir es hier mit dem Karma von 144 Seelenausdehnungen zu tun haben, welche die Monade der Person ausmachen.

Dies ist ein Beispiel dafür, wie wissenschaftlich der spirituelle Weg ist. Der Schlüssel dabei ist, die Mechanik der Evolution zu verstehen und dann um die Dinge zu bitten, die diesen Prozess beschleunigen.

220. Das Karma ausgleichen

Der nächste Schlüssel war das Verständnis darüber, dass ich mein vergangenes Karma durch gute Taten in diesem Leben ausgleichen, also auflösen kann. Ich achte auf meinem Weg ständig darauf, gute Taten zu vollbringen und zu helfen, wo es nötig ist. Wenn die Selbstverwirklichung einmal erreicht wurde, geht es eher darum zu dienen, statt bedient zu werden. Der Buddhist nennt dies "zufällige freundliche Taten zu vollbringen". Es ist erstaunlich, welche Auswirkungen diese zufälligen freundlichen Taten haben können. Das ist das A und O auf dem spirituellen Weg.

221. Das Gesetz des Karmas und das Gesetz der Gnade

Der nächste goldene Schlüssel war das Verständnis über den Unterschied zwischen dem Gesetz des Karmas und dem Gesetz der Gnade. Das Gesetz der Gnade bedeutet, über den einfachen Weg und das Gesetz des Karmas, über die Schule der harten Schläge zu lernen. Ich gelobte, all meine Lektionen durch das Gesetz der Gnade zu lernen und dabei nicht nur aus meinen eigenen Fehlern oder Erfolgen, sondern auch aus denen der anderen zu lernen. Dieses spirituelle Gelöbnis beinhaltet den Wunsch "sich selbst zu kennen" und daher auch Gott und seine universellen Gesetze zu kennen und in Harmonie mit diesen Gesetzen zu leben. Der Zustand der Gnade bedeutet, bewusst mit den universellen Gesetzen zu leben. Der Zustand des Karma bedeutet, sich dieser Gesetze nicht bewusst zu sein und daher scheinbar ein Opfer ihrer Auswirkungen zu sein. Das Leiden, das du erfährst, ist Gottes Weg, dich diese Gesetze zu lehren. Alles Karma wird durch die Inanspruchnahme der Gnade verwandelt.

Geschichten über Manifestationen

Die folgenden drei Geschichten zeigen, wie die Gesetze der Manifestation stets wirken, ob wir uns dessen bewusst sind oder nicht.

* Das verletzte Knie

Ein Ereignis in meinem Leben zeigte mir deutlich, wie die Gesetze der Manifestation stets wirken. Ich war so um die zwanzig Jahre und war Langstreckenläufer. Dabei zog ich mir eine Verletzung am linken Knie zu, konnte

die Ursache dafür aber nicht herausfinden. Ich ging zum Arzt, doch er konnte mir nicht helfen. Ich lief gerne und wollte mich diesbezüglich nicht einschränken lassen. Schließlich bekam ich ein Channeling von einer Freundin, in dem mir mitgeteilt wurde, dass ich einen Kalziummangel hätte. Das ergab einen Sinn, da ich damals keine Milchprodukte gegessen habe und auch diesbezüglich keine Nahrungsergänzung zu mir nahm. Also nahm ich Kalzium und es ging meinem Knie ein paar Wochen später so gut, dass ich wieder zu laufen begann.
Einige Monate später kamen die Schmerzen wieder. Ich ging wieder zu meiner channelnden Freundin. Sie sagte mir, dass mit meinem Bein alles in Ordnung wäre und die Beschwerden diesmal von meinem Denken ausgehen würden. Zu dieser Zeit verstand ich noch nicht ganz, wie das Unterbewusstsein arbeitete. Die Durchgabe besagte, dass ich meinen Freunden häufig von meinem schlechten Knie erzählt habe, sodass das Unterbewusstsein einfach nur das manifestierte, was ich meinen Freunden erzählt habe. Dies hat mir wirklich die Augen geöffnet und mich dazu gebracht, das Unterbewusstsein und die Hypnose ausführlich zu studieren. Von diesem Zeitpunkt an sagte ich mir, dass mein linkes Knie kraftvoll wie Stahl ist. Innerhalb von drei Wochen war mein Bein geheilt und ich hatte keine weiteren Probleme mehr damit.

* Der Foulball

Ein anderes Mal ging ich mit meinem Freund Joel zu einem Baseballspiel. Ich war gut drauf und als wir ins Stadium liefen sagte ich zu ihm im Spaß: "Joel ich habe für heute Abend einen Foulball beim Universum bestellt. Ich war schon auf zahlreichen Spielen und habe noch nie einen Foulball bekommen. Für heute habe ich einen bestellt." Mit 25 oder 26 Jahren habe ich die universellen Gesetze noch nicht richtig verstanden und ich war mir definitiv nicht bewusst darüber, dass ich sie nun hier anwenden würde. Das Spiel war komplett ausverkauft und es müssen 56.000 Zuschauer im Stadium gewesen sein.
In der 2. Spielzeit schlug Joe Ferguson von den Houston Astros einen Foulball durch die Luft in die Sitzreihen. Der Ball flog über meinen Kopf hinweg, prallte von den Händen eines Mannes, der eine Reihe über mir saß, ab, stieß an den Knöchel der Person rechts neben mir und rollte direkt auf mich zu. Ich hob ihn auf und zeigte ihn der Menge. Wir erinnerten uns dann beide daran, was ich zu Beginn gesagt hatte und mein Freund war baff. Es ist hierbei wichtig zu erkennen, dass die meiste Mani- festationsarbeit dann geschieht, wenn wir uns nicht darauf konzentrieren. Das Gesetz wirkt immer, für Gutes oder Schlechtes, ob wir uns dessen bewusst sind oder nicht.

* Krebs und die Macht des Geistes

Diese Geschichte hat mir mein Vater erzählt. Mein Vater, ein Psychologe, gründete in den 70-ern eines der ersten ganzheitlichen Gesundheitszentren in Los Angeles

mit Namen "Center for the Healing Arts". Während dieser Zeit freundete er sich mit Dr. Carl Simonton an, einem Arzt, der sich auf die Arbeit mit Krebspatienten auf ganzheitliche und innovative Weise spezialisiert hatte. Carl erzählte meinem Vater die folgende Geschichte:
Ein Mann kam mit seiner Frau zu Dr. Simonton. Als Carl ihn sah, gab er ihm nicht mehr als drei Monate. Er schlug ihm eine Operation vor, um zu sehen, ob man den Krebs herausschneiden könnte. Doch während der Operation stellten sie fest, das der Krebs viel weiter fortgeschritten war, als es die Ärzte vermutet hatten; er hatte sich im ganzen Körper ausgebreitet. Sie nähten ihn wieder zu ohne etwas getan zu haben und beschlossen, den Mann für den Rest seiner Tage in Frieden leben zu lassen. Dies haben sie auch seiner Frau gesagt. Die Frau erzählte es ihrem Mann jedoch nicht. Er kam in dem Glauben und mit dem Bild nach Hause, dass der Krebs komplett chirurgisch entfernt worden sei. Nach drei Monaten kam er zu einem Termin und die Röntgenuntersuchung zeigte, dass der Krebs des Mannes komplett verschwunden war. Die Ärzte waren völlig verblüfft. Sie hatten noch nie erlebt, dass ein derartiger Krebsbefall nach drei Monaten verschwunden war. Die Ärzte fragten ihn, was er getan hätte, um eine derartige Heilung zu erlangen. Der Mann antwortete: "Was sagen Sie da? Sie haben doch den gesamten Krebs vor drei Monaten entfernt." Die Ärzte aber erklärten ihm, nichts dergleichen getan zu haben. Der Patient war sprachlos.

Drei Monate später war der gesamte Krebs wieder da und der Mann starb. Wenn diese Geschichte einem nicht die ehrfurchtsgebietende Kraft des Geistes und wie die Gesetze der Manifestation in jedem Augenblick des Lebens wirken verdeutlicht, dann wird es durch nichts verdeutlicht werden. Deshalb geben die Ärzte in Japan keine vorhersagenden Diagnosen, wie es die Ärzte in den Vereinigten Staaten häufig tun und sagen ihnen häufig auch nicht, was ihnen fehlt. Sie führen eine Krebsbehandlung beim Patienten durch ohne ihm zu sagen, was ihm fehlt. Ob dies nun richtig ist oder nicht, ist bestimmt ein interessantes philosophisches Thema, doch das zugrunde liegende Motiv dafür ist einleuchtend. Es gibt einige Menschen, denen es besser ginge, wenn sie nicht über ihren Zustand Bescheid wüssten. Andere hingegen, nutzen den Ernst ihrer Erkrankung, um spirituell voranzukommen und ihre Situation zu transformieren.

Die folgenden beiden Geschichten zeigen die Kraft einer bewussten Manifestation.

* Sofortige Manifestation von Geld

Ich war 27, lebte in Monterey, Kalifornien, und wollte einen Workshop von Ronald Beasley, einem brillanten spirituellen Lehrer aus England, besuchen. Es war eine seltene Gelegenheit, denn er war nicht oft hier. Das Problem war, dass ich damals Student war und dies eine Zeit in meinem Leben war, in der ich am wenigsten

Geld hatte. Der Workshop sollte 200 $ kosten, was eine Menge Geld für mich war. Eines Morgens, als ich Tagebuch schrieb, sprach ich mit meinem Höheren Selbst und erzählte ihm von dem Workshop und meinem Wunsch, ihn zu besuchen und sofern es einverstanden damit sei, sollte mir das Geld dafür zukommen. Ungefähr eine Stunde später räumte ich meinen Kühlschrank aus, um den Inhalt zu einem Freund zu bringen, da ich meine Familie in Los Angeles für sechs Wochen besuchen wollte. Als ich mit meinem Gepäck aus dem Haus kam, sah ich einen Mann am Strand, den ich noch nie zuvor gesehen hatte. Ich stieg in mein Auto und fuhr los, da winkte mich der Mann herbei. Er fragte mich, ob ich wüsste, ob man hier in der Nähe etwas mieten könne. Ich verneinte. Daraufhin sagte er mir, dass seine Mutter für 4-5 Wochen aus Deutschland zu Besuch käme und er für sie eine Unterkunft suchen würde. Plötzlich ging mir ein Licht auf. Ich zahlte damals nur 150 $ Miete im Monat für mein Apartment, doch es lag nahe am Meer. Ich sagte ihm, dass ich ihm mein Apartment für 200 $ vermieten würde, er nahm an und gab mir das Geld. Nur 2 Stunden nachdem ich mit meinem Höheren Selbst gesprochen hatte, war das Geld für den Workshop da!

Die Kraft der Visualisierung

Ich habe ein Interview mit dem Schauspieler Jim Carrey gesehen. Es ist der Komiker, der immer die extrem lustigen Grimassen in seinen Filmen schneidet. Seine Familie war sehr arm und er lebte tatsächlich eine Zeit lang in einem Auto. Er sagte, er habe sich stets vorgestellt und visualisiert, dass er einen Scheck über 10 $ Millionen Dollar hat. Er hatte sogar eine Kopie eines 10 $ Millionen-Schecks in seinem Geldbeutel. Dann wurden ihm 10 $ Millionen für seinen neuen Film geboten. Meine Visualisierung besteht darin, zwei oder drei Millionen meiner 20-bändigen Enzyklopädie zu verkaufen. Melchizedek und Djwhal Khul sagten auf den Inneren Ebenen, dass sie dies kommen sehen. Ich habe diese Visualisierung ähnlich vorgenommen wie Jim Carrey es tat. Die andere Visualisierung, die ich intensiv vornehme, ist die Teilnehmerzahl beim Wesakfest von 1200 auf 2500 bis 5000 Personen zu steigern. Ich sehe es, ich weiß es, ich rieche es, ich schmecke es, ich berühre es und ich höre es.

Die Meister haben mir gesagt, dass diese Zahl absolut realistisch sei. Ich visualisiere es nicht nur, sondern ich weiß auch, dass es so sein wird. Wir alle kennen das Gesetz "Wie Innen so Außen, wie Oben so Unten." Das, was wir denken und uns bildlich in unserem Bewusstsein und Unterbewusstsein vorstellen, wird sich, wenn wir lange genug daran festhalten, in unseren äußeren Lebensumständen manifestieren. Dies, gemeinsam mit dem Gebet, ist eine phantastische Kraft.

6 Die Verankerung der Spiritualität in unserem täglichen Leben

Schlüssel 222-267

Richtlinien

222. Investiere in das Beständige

Diesen goldenen Schlüssel lernte ich von Sai Baba. In seinen Vorträgen über die *Bhagavad-Gita* sprach er von der Bedeutung, die eigenen Energien in das Beständige statt in das Unbeständige zu investieren. Wir alle treffen genau in diesem Augenblick die Entscheidung, ob wir unsere Energien für unser spirituelles Bankkonto oder für unser materielles Bankkonto einsetzen. Das eine ist beständig, das andere unbeständig.
Ich sage damit nicht, dass irdische Belange unwichtig seien, denn sie sind wichtig. Doch sie sind nur im Zusammenhang mit unserem spirituellen Leben und Dienen wichtig. Diejenigen, die Zeit und Energie in materielle Belange investieren, werden auf der Inneren Ebene Bankrott gehen, da sie nicht weise investiert haben. Lasst euch bei eurem Dharma nicht durch das niedere Selbst und das negative Ego auf Abwege bringen. Passt auf, dass ihr euch nicht in Glanz, Maya und Illusion verfangt, denn dies bringt euch nichts als Kummer. Lasst euch nicht in Versuchung führen. Bleibt stets wachsam und auf eure wahren göttlichen Prioritäten ausgerichtet.

Wir leben in einer sehr außergewöhnlichen Zeit des Massenaufstiegs in der Geschichte der Erde. Der Aufstieg ist nicht mehr nur einigen Menschen vorbehalten. Er ist jedem möglich. Lasst uns zusammen, Hand in Hand und Seite an Seite daran arbeiten, um diesen Wandel zu vollziehen. Dies ist nicht die Aufgabe von Gott oder den Aufgestiegenen Meistern. Es ist unsere Aufgabe, da wir die Sichtbarwerdung der Spirituellen Hierarchie auf Erden sind. Die Aufgestiegenen Meister der Inneren Ebenen arbeiten mit uns, um uns für diese Arbeit zu schulen und vorzubereiten. Sie schreiten dann in ihrer eigenen kosmischen Entwicklung voran. Wir werden dann ihre Plätze in der spirituellen Regierung einnehmen und unseren Brüdern und Schwestern auf der Erde helfen, so wie uns geholfen wurde.

223. Anerkenne nichts außer Gott

Der nächste Schlüssel ist das Verständnis des Leugnens und der Affirmation. Es gibt ein gesundes Leugnen und ein ungesundes Leugnen. Über das ungesunde Leugnen wissen wir alle Bescheid; das Verleugnen der Realität der höheren Wahrheit. Gesundes Leugnen hingegen ist der Schlüssel, den inneren Frieden zu bewahren. Es ist einer jener psychoepistemologischen Gedanken, von denen schon die Rede war. Der Schlüssel hierbei ist, nur den Gedanken Gottes den Zutritt zu deinem Geist zu gestatten. Als Jesus dem sich beschwerendem Apostel sagte: "Weiche von mir, Satan", praktizierte er das gesunde Leugnen. Sobald negative Gedanken versuchen in das Bewusstsein einzudringen, müssen sie abgewehrt werden und durch spirituelle Gedanken und Bilder ersetzt werden. Der Verstand arbeitet wie ein Fernsehgerät. Wenn du ein Programm siehst, das dir nicht gefällt, schalte auf einen anderen Kanal um und richte damit deine Aufmerksamkeit auf etwas anderes aus. Du isst keine verdorbenen oder vergifteten Nahrungsmittel, daher solltest du auch keine vergifteten Gedanken in deinem Geist zulassen. Halte eine gute mentale Diät ein. Es ist wirklich so einfach.

Wenn du das Wort "Leugnen" nicht magst, kannst du die Gedanken auch durch Auslachen aus deinem Geist vertreiben. Erlaubt man negativen Gedanken den Zutritt in seinen Geist, wird man negativ hypnotisiert. Der Großteil meiner Arbeit als Psychologe und spiritueller Lehrer besteht nicht darin, Menschen zu hypnotisieren, sondern sie zu ent-hypnotisieren - sie aus der Trance der Illusion, in der sie sich befinden, herauszuholen. Was du denkst, erschafft nicht die Wahrheit; es erschafft die Realität, in der du lebst. Wie Sai Baba sagt: "Dein Geist erzeugt Fesseln oder dein Geist erzeugt Freiheit" Manchmal, wenn mich negative Gedanken plagen, stelle ich mir vor, diese Gedanken wären ein Spiegel und er würde in viele kleine Teile zerspringen. Dann visualisiere ich Sai Baba und/oder genau das Gegenteil der Gedanken, die mich geplagt haben. Meistens genügt es, mir das Bild von Sai Baba vorzustellen. Was könnte dieser Allmacht, Allgegenwart und Allwissenheit Seiner Heiligkeit Lord Sai Baba widerstehen?

224. Betrachte dich selbst als die Monade und einen Aufgestiegenen Meister

Der nächste goldene Schlüssel war, mich selbst als die Seele, die Monade und einen Aufgestiegener Meister, der auf dieser Erde lebt, zu sehen. Übe es, die Monade oder die mächtige ICH BIN - Gegenwart auf Erden zu sein. Übe es, ein Aufgestiegener Meister zu sein. Übe es, Meister Jesus oder Sai Baba zu sein. Betrachte auch andere auf diese Weise, selbst wenn sie jetzt noch nicht an diesem Punkt stehen. Dies hilft dir wieder dabei, dein Bewusstsein zur nächsten Stufe hin zu polarisieren. Dies ist einer der echten Schlüssel, um deine Einweihungen und den Aufstieg zu manifestieren.

225. Lehre, was du lernst

Der nächste goldene Schlüssel war, mich auf das Lehren dessen auszurichten, was ich selbst gerade lerne. Mit dieser Absicht las, studierte und machte ich mir Notizen. Ich habe meinen Geist geschult, auf diese Weise zu denken; dies ist einer der Gründe, warum ich die Fähigkeit entwickelt habe, diese Dinge den Menschen leicht verständlich zu vermitteln. Indem ich lehrte, sei es durch Unterrichten, Vorträgen oder bei Klienten, war ich gezwungen, den Stoff selbst zu lernen und zu beherrschen. Alle Lichtarbeiter sind Lehrer. Versuche alles, was du studierst aus dieser Perspektive zu integrieren. Ich biete dir an, dieses Material für deine eigenen Klassen, Vorträge und Sessions zu nutzen, wenn du auf den Urheber hinweist. Studiere es jedoch zuerst für dich selbst und wenn du darin sicherer bist, helfe auch anderen damit.

226. Handeln statt zu kritisieren - eine Geschichte

Der nächste goldene Schlüssel bezieht sich auf eine Geschichte, die ich von Paul Solomon über eine Mysterienschule hörte. Ein junger Mann kam zu einer bestimmten Mysterienschule, um am Unterricht teilzuhaben. Als er am ersten Morgen den Speisesaal zum Frühstück betrat, fiel ihm auf, dass der Boden vor dem Speisesaal etwas schmutzig war. Er dachte sich dabei, dass diese Mysterienschule nicht so gut organisiert sei, wie er sich das vorgestellt hatte. Als er am nächsten Morgen den Speisesaal betrat, war der Boden noch schmutziger und er war noch empörter. Er dachte bei sich, dass er womöglich die falsche Mysterienschule ausgesucht hätte. Am dritten Tag war es noch schmutziger und es lehnte ein Besen an der Tür. Der junge Mann schloss daraus, dass er sich die falsche Mysterienschule ausgesucht hatte. Natürlich bestand die Lektion für ihn darin, den Besen zur Hand zu nehmen und den Schmutz selbst zu entfernen. Dies hat auch eine große Bedeutung für das Leben von uns allen, denn das Leben ist eine Mysterienschule, ausgehend von unserem Höheren Selbst und den Aufgestiegenen Meistern, die unsere Entwicklung überwachen. Wenn wir Dinge erleben, die nicht in Ordnung sind, hat sie uns Gott vielleicht genau in diesem Moment offenbart, damit wir etwas dagegen tun können, selbst wenn es ein einfaches Gebet ist. Stimme dich bezüglich dieser Dinge, bei denen du etwas im Rahmen deines Dienens unternehmen kannst, auf deine innere Führung ein.

Liebe die Erde und ihre Lebewesen

227. Liebe die Erde

Ein goldener Schlüssel, den mir Djwhal Khul gab, war, *die Erde zu lieben*. Er sagte, das Leben auf der Erde zu lieben, sei einer der Schlüssel, um die endgültige Befreiung von ihr zu erlangen. Manche Lichtarbeiter bezeichnen die Erde als ein Gefängnis oder die Hölle. Dies ist falsches Denken. Die Erde ist möglicherweise ein Himmel. Wenn alle auf Erden ein fünfdimensionales Bewusstsein demonstrieren würden, wäre sie ein wundervoller Ort zum Leben. Unsere Arbeit ist es, den Himmel auf Erden mit zu erschaffen. Wir sind hier, um die Liebe, die Freude, den Frieden und die Meisterschaft zu demonstrieren, die hier auf Erden möglich sind, wenn man als Aufgestiegener Meister auf ihr lebt. Wir sind die Pioniere. Es gibt viele Dinge, an denen man sich auf Erden erfreuen kann und die man schätzen kann. Djwhal Khul mag zum Beispiel Pizza. Er isst oftmals durch andere Menschen mit; lade ihn doch beim nächsten Mal auch ein, wenn es Pizza gibt.

228. Die Weisheit der Tiere

Der nächste goldene Schlüssel hat mit meinem tieferen Verständnis über die Weisheit der Tiere zu tun. Als ich meine damalige Frau kennen lernte, waren ihre Katzen, Patches und Rags, die nahezu 17 Jahre alt waren, dabei. Patches war ihre Katze, Rags wurde augenblicklich zu meiner, obwohl wir natürlich beide liebten. Ich lernte zu Beginn unserer Beziehung, wie weise diese Katzen waren - und die Tiere es im Allgemeinen sind. An einem Wochenende musste sie weg und ich sollte die Katzen versorgen. Es war noch ganz am Anfang unserer Beziehung und ich hatte mich noch nicht so ganz mit den Katzen eingelebt. Es war das Wochenende der Whole Life Expo und es kam so weit, dass ich das gesamte Wochenende weg war. Ich fütterte die Katzen, gab ihnen Wasser und wechselte das Streu und das war's. Als meine damalige Frau zurückkam fragte sie mich sofort, wie die Katzen sich verhalten hätten und ob ich mich gut und liebevoll um sie gekümmert hätte. Ich sagte, dass es den Katzen gut gehen würde und dass ich mich auch gut um sie gekümmert hätte (hierbei log ich etwas). Patches, die wie die

Königin Sheba im Wohnzimmer lag, sprach sofort telepathisch mit ihr und teilte ihr mit, dass ich nicht die Wahrheit sagte, sondern so gut wie nie zu Hause gewesen sei. Meine frühere Frau erzählte mir was Patches gesagt hatte und ich war baff! Ich sage euch, ich hatte meine Lektion gelernt.
Danach übernahmen unsere Katzen den Haushalt und meine damalige Frau und ich hatten keinerlei Kontrolle mehr. Was für ein Leben! Wir machten einen derartigen Wirbel, als seien es menschliche Babys. Die nächste Katzengeschichte ereignete sich als Rags starb. Ich war sehr stark mit Rags verbunden und sie hat mich definitiv um ihre kleine Pfote gewickelt. Ein Tag nachdem sie gestorben war, ging meine frühere Frau in das Wohnzimmer und sah wie Patches sich auf der Veranda sonnte. Sie fragte Patches: "Was tust du?" Patches antwortete augenblicklich telepathisch: "Ich bete mit Rags." Davon überzeugt, dass Rags in ihrem kleinen spirituellen Tierkörper neben Patches saß und mit ihr betete. Ich glaube, das war die ergreifendste und bewegendste Situation, die ich jemals gesehen habe! Djwhal Khul sagte uns, dass Patches in ihrem nächsten Leben ein Mensch werden würde. Was ich vergaß Djwhal Khul zu sagen ist, dass ich glaube, dass sie es bereits ist.

Mantren, Klänge und Licht

229. Das Seelenmantra

Der nächste goldene Schlüssel ist die Anwendung des Seelenmantras. Es stammt von Djwhal Khul und ist in den Büchern von Alice Bailey enthalten. Es ist das tief greifendste Mantra, das ich je angewandt habe. Dieses Mantra aktiviert dein Höheres Selbst und deine Monade vollständig. Du kannst dieses Mantra auch zur Zentrierung anwenden, wenn du aus deiner Mitte geraten bist. Ich spreche vor jeglicher spirituellen Arbeit dieses Mantra.

ICH BIN die Seele
ICH BIN die Monade
ICH BIN göttliches Licht
ICH BIN Liebe
ICH BIN Wille
ICH BIN die Bestimmung

230. Chante Aum

Der nächste goldene Schlüssel ist das Singen der Silbe *Aum*. Wie Sai Baba sagt: "Aum ist der Pfeil und Brahman (Gott) ist das Ziel." Ich beende alle meine Gruppenmeditationen durch das dreimalige Chanten des Aum. Es wird gesagt, dass es der Klang der Schöpfung und die Mutter aller Mantren sei.

231. Wiederhole die Namen Gottes

Der nächste goldene Schlüssel war für mich das Wiederholen der Namen Gottes. Dies ist ein üblicher Teil in der spirituellen Praxis der östlichen Kulturen, ist jedoch im Westen nicht so populär. Dies sollte es jedoch sein, da es alle Probleme lindert. Die Idee dabei ist, dass ein untätiger Geist die Werkstatt des Teufels ist. Weilt dein Geist stets bei Gott, kann die Versuchung nicht eindringen. Dies geht auch mit Djwhal Khuls berühmter Aussage durch Alice Bailey einher: "Halte den Geist stets auf das Licht ausgerichtet."
Das Wiederholen der Namen Gottes, gemeinsam mit der Visualisierung der verschiedenen Formen Gottes, ist eine wundervolle Übung. Sie kann während des Meditierens, während der Autofahrt oder bei den Aufgaben des täglichen Lebens durchgeführt werden. Es gibt viele wundervolle Namen und Formen Gottes. Wie man sagt: "Wie ein Mensch denkt, so ist er." Mahatma Gandhi sagte, dass das Chanten des Namen Rama während seines täglichen Lebens einer der Schlüssel zu seinem Erfolg war. Der letzte Gedanke, den du im Leben denkst, bestimmt den Ort, an den du gehst, wenn du hinübergehst. Lasst uns dies allen eine Lektion sein.

232. Nutze Licht, Farben und Klänge

Der nächste goldene Schlüssel war die Anwendung von Licht und Klängen. Die Anwendung von Licht, Farben und Klangfrequenzen ist, wenn diese spirituell wissenschaftlich genutzt werden, eine kraftvolle Hilfe zur Transformation. Klang kann durch Töne, Chanten, Mantren, erhabene Musik und hingebungsvolle Gesänge ausgedrückt werden. Schon seit vielen Jahren höre ich während des Autofahrens die hingebungsvollen Gesänge der Devotees aus Sai Babas Ashram. Diese schöne Musik und das Singen der Namen Gottes sind höchst erhebend. Sai Baba sagte, das dies eine der wirkungsvollsten Möglichkeiten sei, das Bewusstsein von den Energien des negativen Egos zu befreien. Ich habe das Licht meistens durch das Anrufen der Lichtfrequenz der zwölf Strahlen angewandt. In verschiedenen Phasen meines Lebens habe ich einige der Methoden, die ich in meinem Buch *Verborgene Mysterien* beschrieben habe, genutzt. Das Einbringen von spirituellen Energien in das tägliche Leben, wie Licht, Farbe und Klänge, haben eine äußerst transformierende Wirkung auf das Bewusstsein und das gesamte Vierkörpersystem.

Gebete zum Schutz und zur Reinigung

233. Gebete zum Schutz

Der nächste goldene Schlüssel war für mich die Erkenntnis, wie wichtig es ist, jeden Morgen und jeden Abend vor dem Schlafengehen ein Schutzgebet zu sprechen. Es gibt eine Dunkle Bruderschaft und astrale und negative außerirdische

Mächte, die nicht aus dem Licht kommen. Man braucht sich nicht vor ihnen zu fürchten, da sie nur dann eindringen können, wenn wir es ihnen erlauben. Wir sind keinesfalls Opfer, da wir Gott sind. Der beste Schutz ist, jederzeit in deiner persönlichen Kraft zu bleiben und deine Aufmerksamkeit auf Gott zu richten. Lässt diese spirituelle Ausrichtung gelegentlich etwas nach, können sich die dunklen Mächte zeitweise einmischen. Dies kann leicht rückgängig gemacht werden, indem man wieder seine persönliche Kraft beansprucht und Gebete spricht, um die Ausrichtung und das schützende Licht wieder herzustellen. Als Vorbeugung empfehle ich dir, zwei Mal am Tag Erzengel Michael und/oder Vywamus anzurufen und um den goldenen Schutz-Dom um dich herum zu bitten. Wenn es dir lieber ist, kannst du auch um eine Lichtröhre zum Schutz bitten. Die Art des Schutzes spielt keine Rolle. Wichtig ist, darum zu bitten. Diese einfache Übung kann enorm hilfreich sein und auch bei der Stärkung deines psychologischen Immunsystems helfen.

234. Das Durchtrennen der unsichtbaren Verbindungen durch Michael

Der nächste goldene Schlüssel war die Bitte an Erzengel Michael, alle unsichtbaren Verbindungen, die mich mit Menschen in meinem Leben verbinden, die nicht mehr zu mir passen, zu durchtrennen. Ich bat um die Beseitigung dieser Verbindungen und darum, mit goldenem Licht erfüllt und geheilt zu werden. Dies ist ein sehr wichtiger Prozess, speziell, wenn Beziehungen zu Ende gehen.

235. Aufgebot der Nichteinmischung

Der nächste goldene Schlüssel bezieht sich auf bestimmte zwielichtige Meister und/oder Personen, die vom negativen Ego geleitet werden, und die gelegentlich Probleme bereiten, indem sie versuchen, sich in unsere Arbeit der Manifestation des göttlichen Planes einzumischen. Allen spirituellen Führern und Lichtarbeitern wird dies irgendwann einmal begegnen. Wenn es geschieht, dann rufe die Meister und bitte um "ein Aufgebot der Nichteinmischung". Reiche bei Lord Buddha und dem Karmischen Rat, angeführt von Quan Yin, eine offizielle Beschwerde ein. Tue es nicht aus einer Verurteilung heraus, sondern aus strenger Liebe. Die Meister greifen in deinem Auftrag ein, wenn sie mit deiner Einschätzung übereinstimmen und sie werden dabei bestimmte Schutzkraftfelder einsetzen. Im Extremfall kann die verursachende Person eine Bewährungsstrafe bekommen. Im allerschlimmsten Fall wird die Person vollständig von ihrer spirituellen Energie abgeschnitten, mit Ausnahme der Energie, die sie zur Aufrechterhaltung ihres physischen Vehikels benötigt.

Meditation und Stille

236. Die Notwendigkeit der Meditation

Wie der große Edgar Cayce sagt: "Das Gebet ist das Reden mit Gott und die Meditation ist das Hören auf Gott." Die meisten traditionellen Religionen nehmen sich sehr viel Zeit, um mit Gott zu reden und zu beten, jedoch sehr wenig Zeit für die Meditation und das Zuhören. Gott spricht mit dir, wenn du zuhörst. Wenn du Seine Stimme nicht hellhörig wahrnehmen kannst, spricht er mit dir durch die Intuition, das Wissen, das Verstehen, die Gedanken, die Träume, Bilder, Musik, Poesie und deinen kreativen Ausdruck. Er spricht durch andere Menschen und durch Synchronisationen. Gott spricht stets zu uns. Wir müssen die Augen zum Sehen und die Ohren zum Hören haben.

237. Meditiere mehr und lese weniger

Der nächste goldene Schlüssel ist, weniger Zeit dem Lesen und mehr Zeit der Meditation zu widmen. Lesen ist gut. Lesen ist sogar sehr gut. Meditation ist jedoch besser. Durch Meditation und Gebete beschleunigst du deinen Aufstieg.

238. Stille

Der nächste goldene Schlüssel stammt aus meinen Studien des Pythagoras und seiner Mysterienschule in Crotona. Um in dieser Schule aufgenommen zu werden, musste man das Gelübde des dreijährigen Schweigens ablegen. Die nötige Selbstdisziplin zur Aufnahme in diese Mysterienschule beeindruckte mich sehr (es war Kuthumis Schule, da er Pythagoras gewesen ist). Dies half mir, stille zu werden, allein zu sein und nicht immer in Gesellschaft anderer Menschen zu sein. Ich bin völlig zufrieden mit dem Alleinsein und dem Stillesein über lange Phasen hinweg. Ich erfahre dabei großen Trost und inneren Frieden. Ein Teil der Lektion besteht darin, dass es eine Zeit des Handelns und eine Zeit um einfach zu sein gibt.

Wir sind in unserer Gesellschaft sehr auf das Handeln ausgerichtet und befinden uns in einer extrem leistungsorientierten Gesellschaft. Ich habe diese Programmierung auch sehr ausgeprägt. Doch ich habe in meiner Matura-Zeit auch gelernt, einfach nur zu sein. Ich habe bestimmte Zeiten, in denen ich weder denke noch etwas anderes tue. Dies war eine große Lehre für mich und eine Hilfe bei meinem Heilungsprozess. Es ist so einfach vom hektischen Tempo des Erdenlebens eingenommen zu werden. Daher ist es auch so wichtig, Zeit in der Natur zu verbringen. Nimm dir jeden Tag etwas Zeit zu sein und nichts zu tun.

239. Strebe nach Balance zwischen dem Reden und der Stille

Ein weiterer goldener Schlüssel war das Verständnis darüber, dass es eine Zeit im Leben zum Reden und eine zum Schweigen gibt. Man sollte nicht reden, wenn es an der Zeit zu schweigen ist und man sollte nicht schweigen, wenn es an der Zeit zum Reden ist. In jeder Lebenssituation gibt es passende und unpassende Antworten. Der Schlüssel ist, deiner Intuition zu vertrauen.

240. Beruhige den Geist

Der nächste goldene Schlüssel war zu lernen, meinen Geist zu beruhigen. Es ist nicht verkehrt, einen kraftvollen und aktiven Geist zu besitzen. Das ist eine gute Qualität, die man entwickeln sollte. Doch jeder muss wissen, wie er seinen Geist beruhigen kann. Die meisten Menschen in der westlichen Welt haben dies nicht gelernt. Das Ergebnis ist, dass sie sich getrieben fühlen. Sie mögen wohl viel erreichen, doch sie besitzen keinen inneren Frieden und nicht die echte Stille des Geistes. Ein übermäßig aktiver Geist schwächt die Nebennieren und hat eine schädliche Wirkung auf die Bauchspeicheldrüse und die Leber. Die Leber ist das Organ des Planens und zu viel zu planen fordert seinen Tribut.

Die Bauchspeicheldrüse ist mit der Süße im Leben verbunden und auch mit der Funktion des Willens. Eine übermäßiger Willen kann sowohl die Leber wie auch die Bauchspeicheldrüse schwächen, die sich auf die Balance zwischen Weiblich und Männlich im Körper bezieht. Du bist nicht dein Geist, wie du auch nicht deine Emotionen und dein physischer Körper bist. Dies sind Werkzeuge und Aspekte deiner dreifaltigen Persönlichkeit. Es gibt da eine allgemeine Anschauung unter vielen spirituellen Gruppen, speziell unter denjenigen, die auf den östlichen Philosophien basieren, dass der Geist etwas Schlechtes sei und unter allen Umständen transzendiert werden muss. Das ist eine falsche Lehre. Wie Sai Baba sagt: "Dein Geist erzeugt Fesseln oder dein Geist erzeugt Freiheit." Der Geist muss integriert und angemessen genutzt werden. Die Instinkte, die Emotionen, das Denken und das Geistige muss in richtiger Weise integriert und balanciert werden.

Die wahre Lektion des Geistes besteht dann darin, sich nicht vom Verstand zu befreien, sondern ihn im Dienste des Höheren Selbst und des Heiligen Geistes zu meistern. Nimm dir jeden Tag etwas Zeit, deinen Geist zu beruhigen und ihn wie einen Fernseher auszuschalten, dessen Programm du nicht mehr sehen möchtest. Bestimmte Meditationsarten können hierbei hilfreich sein. Dies kann eine einfache Meditation sein, bei der du dich auf deinen Atem oder eine Kerze konzentrierst. In die Natur zu gehen, ist wohl am hilfreichsten.

In Wahrheit kannst du deinen Geist jederzeit beruhigen, indem du einfach deinen Gedankenprozess dann stoppst, wenn dein Geist auf den nächsten Gedankenzug aufspringen möchte. Es ist wirklich so einfach. Lege dich einfach auf die Couch und beruhige deinen Geist. Wenn du deinen Geist beim Meditieren nicht zur Ruhe bringen kannst, wirst du die Meister oder die stille, leise Stimme in dir nicht hören können. Alle Meditationen sind tatsächlich Vorbereitungen auf die Meditation. Wahre Meditation entsteht in der Stille, wenn der Geist ruhig ist. Schlage dies in dem wunderbaren kleinen Buch *In der Stille liegt die Kraft* von White Eagle nach.

Es gibt verschiedene Meditationsarten für verschiedene Zwecke. Eine schöne Art seinen Geist zu beruhigen, ist die Durchführung von Aufstiegsaktivierungen, wie das Besuchen von Aufstiegsplätzen und sich dann dort in der Stille zu baden. Eine weitere schöne Meditation ist, darum zu bitten, in die Goldene Kammer von Melchizedek gebracht zu werden und dort in Stille zu sitzen und dem universellen Puls im Innersten des Melchizedek Ashrams zu lauschen. Ich gehe oft in der Natur spazieren, um meinen Geist zu beruhigen; ich gehe einfach und bin. Das ist eine schöne Veränderung gegenüber dem Tempo des Gehens, so wie etwa Tagebuch-Schreiben. Es gibt eine richtige Zeit für alles. Wenn du Heilung für deinen physischen Körper benötigst, ist eine besondere Ruhe vonnöten.

Spezielle Meditationen

241. Aufstiegsmeditationen

Der nächste goldene Schlüssel war, die Meditation im letzten Kapitel meines Buches *Das komplette Aufstiegshandbuch* und die Meditationen aus meinem Buch *Jenseits des Aufstiegs* durchzuführen. Dies sind einige der kraftvollsten Meditationen, die du auf diesem Planeten finden kannst.

242. Die siebenstufige Meditation

Dieser goldene Schlüssel ist eine Meditation, die ich viele Jahre durchgeführt habe und die ich von Paul Solomon gelernt habe, der in die spirituelle Welt hinübergegangen ist. Er war einer der begabtesten spirituellen Lehrer. Viele sagten, er sei der moderne Edgar Cayce, da er den Universellen Geist, oder die Quelle, channelte. Er hatte in meinen jungen Jahren einen beschleunigenden Einfluss auf mein spirituelles Wachstum und meinen Weg. Bis zum heutigen Tage empfinde ich vieles seiner Arbeit als das Klarste, das mir begegnet ist. Paul channelte eine Meditation aus der Quelle, die ich als sehr wertvoll erachte. Sie wurde die siebenstufige Meditation genannt. Dabei visualisierst du, wie du einen siebenstufigen Berg erklimmst, wobei jede Stufe eine andere Farbe des Spektrums besitzt. Eine jede Stufe geht auch mit einer speziellen Affirmation einher.

Die erste Stufe ist rot und repräsentiert die Erwartung und das Gespanntsein. Die zweite Stufe ist orange und steht für das Sterben des Alten. Die dritte Stufe ist gelb und kennzeichnet die Wiedergeburt. Die vierte Stufe ist grün und repräsentiert die Harmonie mit der Quelle. Die fünfte Stufe ist hellblau und repräsentiert die Ausrichtung auf die Wahrheit deines Wesens. Die sechste Stufe ist violett und derart, als sei man im Himmel, vereint mit dem Willen Gottes. Dies erfordert, Verantwortung für dich selbst zu übernehmen, wenn du den Thron der Gnade erreichst. Die siebte Stufe ist weiß und repräsentiert den perfekten Zustand. Wenn du erst einmal in deiner Vorstellung den Gipfel des Berges erklommen hast, erschaffst du einen wunderschönen Tempel deines Höheren Selbstes und deiner mächtigen ICH BIN - Gegenwart, indem du ihn erst äußerlich und dann innerlich errichtest. Wenn du diese Meditation regelmäßig durchführst, nimmt sie auf der Inneren Ebene Gestalt an. Sie wird nicht nur zu einem Werkzeug, um deine Schwingung anzuheben, sondern auch für den Kontakt zu deinem Höheren Selbst. Ich habe diese Meditation früher häufig durchgeführt und einen großen Nutzen daraus gezogen.

243. So Ham - Meditation

Dieser goldene Schlüssel ist eine weitere sehr nützliche Meditation. Es ist eine Meditation, die von Sai Baba, Yogananda, Muktananda und vielen östlichen Meistern gelehrt wird. Sie wird die “So Ham - Meditation” oder “Hong Sau - Meditation” genannt. Dies bedeutet "Ich bin das Selbst" oder "Ich bin Gott". Derart soll sich auch der Atem der Menschen anhören, wenn Gott uns zuhört. Wenn es in den Schlaf übergeht, dann hört man das "Aum". Spreche dieses Mantra im Rhythmus deines Atems. Sage beim Einatmen in Gedanken "So" und beim Ausatmen "Ham". Lasse deinen Atem die Geschwindigkeit und den Rhythmus des Mantras bestimmen. Die Idee dabei ist, auf den stillen Punkt zwischen den beiden Aspekten des Mantras zu lauschen. Wenn jemand diese Meditation eifrig durchführt, kann er tatsächlich aus dem spirituellen Strom leben.

244. Lichtdusche

Der nächste goldene Schlüssel war die Bitte um eine Lichtdusche an alle Meister, mit denen ich zusammenarbeite. Ich tue dies normalerweise immer am Schluss meiner Hauptmeditationen. Dies erhöht den Lichtquotienten enorm und fühlt sich absolut wundervoll an.

245. Errichte ein Erdungsband

Dieser goldene Schlüssel ist die Errichtung eines Erdungsbandes, die Wirbelsäule entlang und durch die Beine und Füße hinein in das Zentrum der Erde. Vergewissere dich, dass du deine Energien am Ende der Mediation wieder erdest, dich mit deinem Erdungsband wieder verbindest und die Wurzeln aus deinen Füßen in die Erde hineinragen lässt.

Verankerung höherer Energien in deiner Umgebung

246. Richte einen spirituellen Altar ein

Ein anderer goldener Schlüssel in meinem Leben war, einen spirituellen Altar oder Schrein in meinem Heim einzurichten. Mit der Zeit wurde mein Haus wie ein Tempel. Ich habe viele wundervolle spirituelle Bilder und Statuen in allen Größen in meinem Haus. Stets von diesen Bildern und Statuen umgeben zu sein, hat einen erhebenden Effekt.

247. Pflege die Schönheit in deinem Heim

Bezugnehmend zum vorherigen Schlüssel geht es hierbei um die Ästhetik und den Sinn für Schönheit. Dabei handelt es sich um eine Qualität des vierten Strahles, dessen Entwicklung für alle wichtig ist. Ich versuche mein Heim wie einen spirituellen Tempel mit schönen Statuen, Bildern und Pflanzen zu gestalten. Dies ist eine wichtige Qualität der Führerschaft, besonders wenn du in deinem Heim unterrichtest. Die äußere Erscheinung deines Heims ist das Erste, was die Menschen sehen. Das eigene Heim als Zufluchtsort zu gestalten ist nicht nur wichtig für denjenigen der kommt, sondern auch für die eigene Heilung und Regeneration. Wenn man sich mit schönen Kunstgegenständen, dem Aroma von Weihrauch und Duftölen und wunderschöner Musik umgibt, kann dies einen enormen Auftrieb des menschlichen Geistes hervorrufen.

248. Goldene Pyramide

Der nächste goldene Schlüssel war die Bitte, dass eine goldene Pyramide um und über mein gesamtes Heim und Zentrum platziert wird. Sie dient als Schutz und Energieverstärker. Du kannst auch um eine Pyramide während deiner Meditation bitten.

249. Errichte Aufstiegssäulen

Der nächste goldene Schlüssel war das Errichten einer Aufstiegssäule und einer Lichtsäule in meinem Wohnzimmer, in dem ich auch Kurse gebe und in meinem Büro, in dem ich alle meine Bücher schreibe. Du kannst die Meister darum bitten, dass sie diese errichten. Dann kannst du deine gesamte spirituelle Arbeit, einschließlich der Meditationen, in dieser Aufstiegssäule durchführen.
Rufe im Zusammenhang damit Hermes an, damit er dich und die Aufstiegssäule über deinem Heim mit der Pyramidenenergie der Großen Pyramide von Ägypten und allen anderen Pyramidentempel des Lichtes verbindet.

250. Verankere Aufstiegsplätze in deinem Heim

Der nächste goldene Schlüssel war die Bitte um die Verankerung der verschiedenen Aufstiegsplätze in meinem Heim und in mir selbst; zuerst auf der planetaren Ebene, dann auf der solaren, der galaktischen und der universellen Ebene. Ich bat darum, dass diese permanent in mir und meinem Haus verankert sein mögen. Jede Person, die in mein Haus kommt, sei es zu Kursen oder aus persönlichen Gründen, betritt den Aufstiegsplatz der Goldenen Kammer Melchizedeks.

251. Verankere die Aufstiegslinie der Ashrams in deinem Heim

Dieser goldene Schlüssel ist dem vorherigen Schlüssel ähnlich, ausgenommen davon, dass du um die Verankerung der Aufstiegslinie der Ashrams in deinem Heim bittest. Mein Heim und Zentrum ist der Ashram von Djwhal Khul, Lord Maitreya und Melchizedek; es sind die Meister, die ich in meiner Arbeit repräsentiere. Mein Heim ist auch ein Sai Baba Zentrum.

252. Verankere die Stadt Gottes

Der nächste goldene Schlüssel war die Bitte um die Verankerung der Aufstiegsstadt Gottes, wie in dem Buch *Die Schlüssel des Enoch* beschrieben, in mein Heim und in der Stadt, in der ich lebe.

253. Wähle deinen Wohnort gemäß deiner geographischen Kraftzentren

Der nächste goldene Schlüssel bezieht sich auf meinen physischen Wohnort. Aufstieg und Heilung kann überall erlangt werden, doch die Umgebung kann dabei eine große Rolle spielen. Bestimmte geographische Orte sind Vortexe für spezielle Energiearten. Jede Person reagiert anders auf Energien. Los Angeles war wirklich ein sehr guter Wohnort für mich während meines Trainings und für meine spezielle Mission. Das wäre bestimmt nicht für jeden so. Ich habe auch viel Zeit in Nordkalifornien verbracht, was auch in Einklang mit meiner spirituellen Schwingung war. Djwhal Khul erzählte mir von einem Energiegürtel entlang El Paso, Texas, Phönix und Los Angeles. Merkwürdigerweise wurde ich in El Paso geboren, lebte lange in Los Angeles und wollte einmal nach Phönix umziehen. Diese drei Orte sind geographische Kraftzentren für mich und meine Mission war mit diesem bestimmten Energiegitter verbunden. Sollte ich jemals umziehen, dann wahrscheinlich nach Arizona. Frage in deinen Mediationen und bei gechannelten Sessions nach deinen geographischen Kraftzentren. Sie sind für jeden Menschen einzigartig und können sich mit den Lebensabschnitten ändern.

Die spirituellen Energien in das tägliche Leben einbringen

254. Setze täglich spirituelle Energien ein

Ein weiterer wesentlicher Schlüssel für mich war, stets spirituelle Energien anzurufen, egal was ich tat, sodass ich mich 24 Stunden am Tag in diesem spirituellen Strom befand. Wenn ich mich beispielsweise nach einem langen Arbeitstag nach dem Abendessen hinsetze und den Fernseher einschalte, bitte ich um verschiedene Hilfsmittel und lasse die Meister an mir arbeiten. Ich tue dies natürlich auch während der Meditation. Wenn ich fernsehe ist mein Geist in einer passiven Art beschäftigt und es wird viel spirituelle Arbeit an mir vollbracht. Jeden einzelnen Moment für die spirituelle Arbeit zu nutzen, war einer meiner Hauptschlüssel. Ich entfache die spirituellen Flammen mit etwas spiritueller Arbeit für 24 Stunden am Tag. Es ist erstaunlich, wie viel spirituelle Arbeit während dem Fernsehen, dem Anstehen im Supermarkt, dem Autofahren und dem Besorgungen machen getan werden kann.

Ich merkte, dass die Energien nach dem Essen nachlassen, doch mit der Zeit wurde dies immer weniger. Wenn die Energien nachlassen, rufe sie einfach nach dem Essen wieder zurück. Kannst du erkennen, was für eine wieder belebende Wirkung diese spirituellen Energien in deinem Körper 24 Stunden am Tag, 7 Tage in der Woche und 365 Tage im Jahr auf dein ganzes System haben können? Es fühlt sich wunderbar an und mit der Zeit möchtest du nicht mehr ohne diese Energien sein. Diese beständige Arbeit dient zur Heilung der Trennung zwischen der Persönlichkeit, der Seele und der Monade. Selbst wenn du weder hellhörig noch hellsichtig bist, kannst du stets durch diese Energie mit den Meistern verbunden sein. Energie ist der Schlüssel, denn alles ist Energie.

255. Balanciere Yin und Yang, wenn du mit spirituellen Energien arbeitest

Dieser goldene Schlüssel ist eine Ergänzung zum vorherigen Schlüssel. Er bezieht sich auf das, was ich die "Yin und Yang - Methode" beim Umgang mit spiritueller Energie bezeichne. Während ich beispielsweise schreibe, fließt der spirituelle Strom durch mein Zwölfkörpersystem. Wenn ich telefoniere, Beratungen gebe, einen Vortrag halte oder channle geschieht das selbe. Wenn ich die Yang - Methode beim Umgang mit den Energien nicht nutze, verwende ich die Yin - Methode. Dies geschieht gewöhnlich, indem ich an einen Aufstiegsplatz gehe oder die Arcturianer oder Metatron um den Aufbau des Lichtquotienten bitte. Wenn ich mich in diesem spirituellen Strom befinde, verbringe ich meinen Tag zur Hälfte mit Yang - und zur anderen Hälfte mit Yin - Aktivitäten. Ich schätze beides gleich. Die Yang - Methode dreht die Chakren und lenkt die Energien und die Yin - Methode heilt und stärkt sie.

256. Bitte um deinen spirituellen Namen

Der nächste goldene Schlüssel war die Frage nach meinem spirituellen Namen. Ich wusste bereits sehr früh, dass mein spiritueller Name Joshua ist. Er passte perfekt zu mir und war wie ein Mantra für meine Aufstiegsentwicklung und meine spirituelle Mission. Bitte in den Meditationen um deinen spirituellen Namen. Du kannst dann selbst entscheiden, ob du deinen Namen auch öffentlich ändern möchtest. Ich weiß, dass dies für mich eine sehr kraftvolle Wirkung hatte. Der Tod meines alten Namen und die Geburt meines neuen Namen war sowohl in symbolischer Hinsicht als auch schwingungsmäßig sehr kraftvoll.

Integriere spirituelle Handlungen in dein Leben

257. Affirmationen und Visualisierungen

Der nächste goldene Schlüssel für mich war, den ganzen Tag über zu affirmieren und zu visualisieren. Eine gute Einstellung und Perspektive im täglichen Leben aufrechtzuerhalten ist die ultimative Affirmation. Es ist jedoch auch von großem Wert, eine ganze Sammlung von Affirmationen für alle möglichen Bereiche des Lebens zur Verfügung zu haben. Ich habe Affirmationen für die persönliche Kraft, die Liebe, die finanzielle Fülle, Gott und den Sieg. Die Liste ist endlos. Gemeinsam mit diesen Affirmationen besitze ich eine ganze Sammlung an Visualisationen, die mich mit persönlicher Kraft, Selbstliebe, finanziellem Wohlstand und von Gott erfüllt zeigen. Ich ziehe jeden Tag sozusagen meine mentale und visuelle Göttlichkeit an. Durch diese jahrelange gewissenhafte Ausübung, konnte ich spirituelle Gewohnheiten und psychologische Klarheit entwickeln. In meinem Buch *Seelenpsychologie* habe ich wunderbare Affirmationen und Visualisierungen aufgeführt, die du vielleicht auch anwenden magst.

258. Das System der Aufstiegs-Freundschaft

Der nächste Schlüssel war das System der Aufstiegs-Freundschaft und des Gruppenbewusstseins. Ich habe schon früh bemerkt, dass es wesentlich effektiver ist, mit Freunden und Menschen zusammenzuarbeiten, die sich auf einem ähnlichen spirituellen Weg befinden. Jesus sagte: "Wo zwei oder mehr zusammen sind, da bin ich mitten unter ihnen." Nachdem ich mit meiner Stammgruppe eine Zeit lang zusammengearbeitet hatte, hat sich die Gruppenintelligenz, der ätherische Gruppenkörper, die Liebe in der Gruppe und die Channelingmöglichkeiten der Gruppe enorm gesteigert.

Die Meister sagten mir, dass es uns niemals erlaubt gewesen wäre, in diesem Tempo voranzuschreiten, wenn wir dies nicht in einem Gruppenkörper innerhalb des Aufstiegs-Freundschafts-Systems getan hätten. Sobald deine eigene Entwicklung mit einer oder mehreren anderen Personen verbunden ist, lernst du das Vergleichen und den Wettbewerb aufzugeben und betrachtest dich selbst innerhalb eines Teams. Es ist nicht unbedingt notwendig diesen Weg zu gehen, doch er hat mir viel Freude gemacht. Ich bin dadurch um Lichtjahre weiter gekommen, als wäre ich den Weg allein als eine Insel gegangen. Es ist wunderbar ein Teil einer Gruppe von Menschen zu sein, die dich inspirieren und die du inspirierst. Es macht das Leben schöner und wird deinen spirituellen Weg positiv beeinflussen. Der spirituelle Weg sollte eigentlich auch gemeinsam begangen werden.

259. Channeling

Der nächste Schlüssel war das Channeling, eine wundervolle spirituelle Übung. Es ist leicht für jeden, wenn er es möchte. Jeder auf diesem Planeten ist ein Kanal - und jede Person channelt verschieden. Lasse daher alle vorgefassten Meinungen darüber los, wie du channeln könntest. Es gibt eine Art des Channelns, die jeder kann. Dann gibt es einen telepathischen oder informativen Channel, die Art, in der ich hauptsächlich entwickelt bin. Es gibt andere die Bilder, Musik oder Poesie channeln.
Das Wichtigste ist, aus der Ebene des reinen Geistes zu channeln und nicht aus der astralen oder mentalen Ebene. Es ist entscheidend zu wissen, was du channelst. Viele Menschen channeln aus ihrem negativen Ego, dem Emotionalkörper oder dem Unterbewusstsein und glauben, es sei höhere Weisheit.

Das Kernstück des Channelns ist das Vertrauen, dass der Geist durch dich strömt. Wenn ich meine Bücher schreibe habe ich nicht mal ein Konzept. Alles was ich habe, ist der Titel des Buches. Ich beginne einfach zu schreiben und es fließt hervor. Ich vertraue meiner mächtigen ICH BIN - Gegenwart und den Aufgestiegenen Meistern und dann schreibe ich die Bücher, so wie der Geist mich führt. Dasselbe gilt für öffentliche Reden. Es ist gut ein Konzept zu haben, doch bete dann zu Gott und den Aufgestiegenen Meistern, dass sie intuitiv durch dich sprechen mögen. Ich habe mit der Zeit gelernt, dem zu vertrauen. Es ist unglaublich was alles durchkommt, wenn man es zulässt. Du musst dazu nicht hellhörig sein, um die Stimme der Meister zu hören. Nicht alle Lichtarbeiter sind für diese Arbeit bestimmt. Experimentiere und finde mit deinen Freunden heraus, welches der beste Channelingtyp für dich ist. Für diejenigen unter euch, die mehr über das Channeln lernen möchten, gibt es ausreichend Informationen in meinem Buch *Seelenpsychologie*.

260. Nutze die Zeit des Schlafens für spirituelle Arbeit

Der nächste goldene Schlüssel war, meine Zeit des Schlafens für die spirituelle Arbeit zu nutzen. Ich bitte immer um göttliche Dispensationen, damit verschiedene Arten an spiritueller Arbeit nachts, während des Schlafens, an mir durchgeführt werden. Ich führe stets vor dem Schlafengehen einige spirituelle Arbeit durch, sodass mich meine letzten Gedanken vor dem Einschlafen auf höhere Bewusstseinsebenen bringen. Ich bitte häufig darum, während des Schlafes in verschiedene Ashrams oder zu den Retreats der Aufgestiegenen Meister gebracht zu werden. Der Umfang der spirituellen Arbeit, die während des Schlafens durchgeführt werden kann, ist unglaublich. Ich kann dir nur wärmstens empfehlen, die Vorteile dieser Zeit zu nutzen.

261. Seelenreisen

Der nächste goldene Schlüssel ist das Seelenreisen. Es ist wirklich ganz einfach und man muss dazu weder hellhörig noch hellsichtig sein. Dein spiritueller Körper reist augenblicklich dahin, wo du ihn hinschickst oder du möchtest, dass er hingebracht wird. Ich reise stets mit den Meistern durch den Kosmos, zu verschiedenen kosmischen und planetaren Ashrams, Aufstiegsplätzen und Sternenschiffen, um Ratsversammlung beizuwohnen und Dienste zu leisten. Vieles geschieht dabei natürlich unbewusst während des Schlafens und sogar auch im Wachzustand. Eines meiner neuen Bücher heißt *How to Use the Planetary and Cosmic Ashrams*. Dieses Buch wird eine Karte des Kosmos darstellen und anzeigen, wie man die verschiedenen Ashrams der Meister für den spirituellen Fortschritt und den Weltdienst nutzen kann. Ich bin schon sehr gespannt darauf. Eine der Absichten dieses Buches ist, den Menschen zu zeigen, wie einfach das Seelenreisen und das Nutzen des Kosmos als unser Spielfeld ist.

Das Seelenreisen geht auch mit meiner Bilokations-Arbeit einher - zwei Dinge auf einmal zu tun, wie etwa in der Lichtkammer der Arcturianer zu sitzen während ich spazieren gehe, fernsehe oder telefoniere. Die meisten Lichtarbeiter wissen nicht, dass man viele spirituellen Dinge gleichzeitig tun kann. Diese Erkenntnis hat mein spirituelles Leben und meine Heilung enorm beschleunigt.

Arbeit mit den Archetypen

262. Die universelle Archetypeneinstellung

Bitte mit diesem goldenen Schlüssel darum, in den holographischen Computerraum von Djwhal Khuls Synthesis - Ashram gebracht zu werden, um eine universelle Archetypeneinstellung zu erhalten. Begib dich in die Meditation und empfange diese einmalige Archetypen- und Pranaprägung, welche die komplette Umstrukturierung deines Egos in eine universelle und göttliche Struktur der Archetypen auf der zwölfdimensionalen Ebene bringt. Dies geschieht alles telepathisch und ist extrem kraftvoll.

263. Arbeite mit den zwölf Archetypen

Dieser goldene Schlüssel ist die Arbeit mit den zwölf Archetypen. Das Ziel ist, alle auszugleichen und richtig zu integrieren. Die universelle Archetypeneinstellung wird dabei helfen. Die Arbeit mit den Archetypen muss jedoch auch bewusst geschehen, um die vollständige Meisterschaft auf allen Ebenen zu erreichen. Die Idee ist, alle zwölf Hauptarchetypen in dein Wesen zu integrieren und in allen gut entwickelt zu sein.

264. Bitte um eine archetypische Prägung des Buddha/Christus

Bitte mit diesem goldenen Schlüssel darum, nach Shamballa gebracht zu werden und rufe Lord Buddha und Lord Maitreya an und bitte um eine permanente archetypische Prägung des Buddha/Christus. Verweile in dieser Energie, während diese Arbeit an dir durchgeführt wird.

Balance im täglichen Leben

265. Setze angemessene Grenzen

Der nächste goldene Schlüssel war zu lernen, angemessene Grenzen zu setzen. Wir müssen lernen, uns mit anderen in Einheit und im Gruppenbewusstsein zu verbinden, während wir gleichzeitig fest in unserem Selbst verankert sind. Wenn keine angemessenen psychologischen und psychischen Grenzen eingehalten werden, können wir die emotionalen, mentalen, energetischen und selbst die physischen Dinge anderer übernehmen. Manche Menschen neigen dazu, zu starke Grenzen zu setzen und können das Gruppenbewusstsein auf allen Ebenen, einschließlich der zu Gott, nicht annehmen. Andere Menschen sind zu empathisch und wissen nicht, wie man nein sagt, den eigenen Raum schützt und in einem angemessenen Sinne bei sich selbst bleibt. Der Schlüssel hierbei ist die Balance.

266. Gereifte Ehrlichkeit

Der nächste goldene Schlüssel war die Entwicklung eines gesunden, reifen Maßes an Ehrlichkeit. Wahre Ehrlichkeit beginnt mit der Ehrlichkeit dir selbst gegenüber, was eine tiefe Selbsterforschung mit sich bringt. Wenn du nicht ehrlich zu dir selbst bist, kannst du mit anderen auch nicht ehrlich sein. Die Huna-Lehren und das Buch *Ein Kurs in Wundern* lehren, dass eine der größten Sünden der Menschheit das gegenseitige Verletzen sei. Nimm niemals die Ehrlichkeit als eine Ausrede, um Menschen emotional zu verletzen. Ehrlichkeit muss mit bedingungsloser Liebe, Respekt, einem passenden Timing und Takt einhergehen. Bleibe in deinem Verständnis für Ehrlichkeit balanciert, handle vernünftig und reif und erwäge stets das allerhöchste Gute für andere und dich selbst.

267. Kaizen

Der nächste goldene Schlüssel war das japanische Konzept *Kaizen*, was eine stetige Verbesserung bedeutet. Dies bedeutet, dein Bestes zu geben und dann zu versuchen, noch besser zu sein. Ich hörte erst kürzlich von diesem japanischem Konzept. Es drückt etwas aus, was ich viele Jahre lang praktiziert habe. Ich war über alles, was ich erreicht habe glücklich, doch am nächsten Tag versuchte ich stets, es noch besser zu machen.

Jetzt arbeite ich härter in meinem Leben, als je zuvor. Es geht mir gut damit und ich lasse auch nicht nach, da ich weiß, dass es immer noch viele Sprossen auf der Jakobsleiter zu erklimmen gibt. Selbst jetzt, nachdem ich meine Heilung, meinen Aufstieg und andere wesentliche Ziele erreicht habe, bin ich glücklich, doch noch nicht zufrieden damit. Es gibt immer noch höhere Ebenen der Meisterschaft, der Reinigung und der Gottesverwirklichung zu erlangen. Gott ist unendlich und es gibt immer noch feinere und feinere Ebenen der Reinheit und des Wachstums. Praktiziere die spirituelle Qualität des Kaizen in deinem Leben. Freue dich an deinem Erfolg, doch strebe stets nach höheren Ebenen.

7 Praktische Methoden für die Meisterschaft

Schlüssel 268-289

Das Kommunizieren mit deinem inneren Selbst
Die Einstellung
Reinlichkeit, Organisation und Routine
Psychologische Klarheit
Tagebuch-Schreiben
Spirituelle Logbücher

Als Einleitung dieses Kapitels möchte ich noch einmal auf die Bedeutung hinweisen, auf allen drei Stufen, der spirituellen, der psychologischen und der physischen gleichzeitig zu arbeiten. Alle drei müssen gemeistert werden, um wahre Selbstverwirklichung zu erlangen. Die spirituelle Stufe umfasst die Meditation, das Gebet, bedingungslose Liebe und die Demonstration Gottes auf Erden. Bei der psychologischen Stufe geht es um die persönliche Kraft, die Selbstliebe, die eigene Haltung (Christusbewusstsein gegenüber der Haltung des negativen Egos), die Balance des Vierkörpersystems, die Integration der drei Geistesstufen, den richtigen Umgang mit dem inneren Kind und die Heilung der Einstellung. Bei der physischen Stufe geht es um den Dienst am Nächsten, eine ausgewogene Ernährung, die Meisterung der Sexualität, physische Übungen, Sonnenschein, frische Luft und Freundschaft. Natürlich überschneiden sich diese Stufen, doch jede muss für sich gemeistert werden. Man kann psychologische Probleme nicht gänzlich mit Meditation lösen. Man kann auch allein durch das Lesen keine spirituellen Fortschritte machen. Du kannst auch deinen physischen Körper nicht allein durch die Kraft der Gedanken heilen. Jede Stufe muss für sich beachtet, respektiert und gemeistert werden. Dies ist ein goldener Schlüssel, um Selbstverwirklichung zu erlangen.

Das Kommunizieren mit deinem inneren Selbst

268. Arbeite mit deinen Träumen

Dieser goldene Schlüssel, die Arbeit mit meinen Träumen, war sehr wesentlich für meine spirituelle Entwicklung. Meine Eltern, die beide nach der Jungschen Psychologie arbeiteten, boten mir ein enormes Wissen, um bereits als Kind und

Jugendlicher mit meinen Träumen zu arbeiten. Ich achtete sehr auf meine Träume und im Laufe der Jahre habe ich meine eigene symbolische Traumsprache gelernt. Die Träume haben mich auf allen Stufen mit wichtigen Informationen versorgt. Ich treffe stets Entscheidungen in meinem Leben, bei denen ich die Informationen aus meinen Träumen mit einbeziehe. Schreibe jeden Morgen deine Träume auf und arbeite mit ihnen. In meinem Buch *Seelenpsychologie* gibt es ein Kapitel über Träume, das recht hilfreich für dich sein könnte; und natürlich gibt es auch noch viele andere wunderbare Bücher über dieses Thema. Der eigentliche Schlüssel dabei ist, deine persönlichen Symbole zu erlernen. Meine ICH BIN - Gegenwart arbeitet eng mit mir zusammen und verwendet die Symbole, die ich verstanden habe. Auf diese Weise mit meinen Träumen zu arbeiten, hilft mir dabei, integriert und balanciert zu bleiben. Nimm dir Zeit, um mit deinen Träumen zu arbeiten, denn sie beinhalten eine unschätzbare Quelle an Informationen.

269. Hypnose

Der nächste goldene Schlüssel in meinem Leben war das Erlernen und Praktizieren der Hypnose, einschließlich der Selbsthypnose. Dadurch erlangte ich ein umfassendes Verständnis über das Unterbewusstsein, sowohl theoretisch wie auch praktisch. Aus spiritueller Perspektive kann die Hypnose ein großartiges Hilfsmittel für sich selbst und auch für andere sein. Es gibt eine feine Linie zwischen Hypnose und Meditation. Beides sind veränderte Bewusstseinszustände, doch die Hypnose ist auf das Unterbewusstsein ausgerichtet, während die Meditation sich auf das Überbewusstsein ausrichtet. Die Hypnose ist daher ein gutes Werkzeug, um den Prozess der Umprogrammierung des Unterbewusstseins zu beschleunigen.

270. Briefe an Gott

Diesen goldenen Schlüssel, der sehr hilfreich in meinem Leben war, nenne ich die Briefe an Gott. Immer, wenn etwas geschieht oder wenn ich in meinem Leben aus dem Gleichgewicht geraten könnte, setze ich mich nieder und schreibe einen Brief an Gott und meine mächtige ICH BIN - Gegenwart. Ich habe schon hunderte dieser Briefe geschrieben. Es ist ein Werkzeug, das mir hilft, wieder Klarheit zu erlangen, eine Möglichkeit zu channeln und mich generell spirituell einzustimmen. Es ist eine Art des Tagebuch-Schreibens, mit einer völlig spirituellen Ausrichtung und Konzentration. Gott antwortet immer, entweder durch das eigene Schreiben, auf telepathischem Weg, durch die Intuition, durch Träume, Mediationen oder andere Menschen und Erfahrungen im Leben. Im Grunde habe ich damit meinen persönlichen Fernkurs mit Gott. Diese "Lieber Gott - Briefe" sind zudem sehr wirkungsvolle Gebete. Du kannst auch Briefe an die Aufgestiegenen Meister schreiben, wenn du magst.

271. Arbeite mit dem inneren Kind

Der nächste goldene Schlüssel war meine Arbeit mit dem inneren Kind. Es ist entscheidend zu lernen, sein inneres Kind richtig zu erziehen. Man kann ein hoch entwickelter Eingeweihter sein und muss trotzdem noch erhebliche Arbeit in die Erziehung des inneren Kindes stecken. Die Grundlage aller spirituellen Arbeit liegt darin, mit sich selbst im Reinen zu sein und damit auch mit dem inneren Kind, mit dem Unterbewusstsein, mit dem Vierkörpersystem und dem Ego im Reinen zu sein.

272. Positive Selbstgespräche

Den nächsten goldenen Schlüssel nenne ich das positive Selbstgespräch. Unser Unterbewusstsein spricht immer zu uns. Für den Großteil der Menschheit ist diese Ansprache negativer Art. Einer der Schlüssel diesen Prozess umzukehren ist, mit sich selbst ungezwungen zu sprechen. Dies hilft den Geist umzuprogrammieren und sich das positive Selbstgespräch anzugewöhnen. Dies kann durch Affirmationen, Befehle, dem Gespräch mit sich selbst vor dem Spiegel, Kassetten, positive Erinnerungen, die im ganzen Haus angebracht werden, Selbsthypnose und dem ungezwungenen Selbstgespräch geschehen. Selbstgespräche werden immer negativ angesehen. Doch wenn diese bewusst genutzt werden, kann es ein sehr kraftvolles Hilfsmittel zur Transformation sein.

273. Gesprochener Dialog

Der nächste Schlüssel war das Einsetzen eines psychologischen Werkzeuges, das "der gesprochene Dialog" genannt wird. Mein Vater hat auf diesem Gebiet wundervolle Arbeit geleistet und mir diese Methode als Jugendlicher gezeigt. Es ist ein Werkzeug, um mit sich selbst und mit anderen zu arbeiten. Es kann im Tagebuch, im Sessel oder einfach nur im Geiste durchgeführt werden. Ich habe dies eingesetzt, um mit den psychodynamischen Vorgängen in meinem Bewusstsein umzugehen. Ich habe es auch jahrelang in meiner Beratungspraxis eingesetzt. Führe einen Dialog, in deinem Tagebuch oder im Sessel, mit deinem inneren Kind, deinen inneren Eltern, deinem Emotionalkörper, deinem Mentalkörper, deinem physischen Körper, deinem spirituellen Körper, deinem Höheren Selbst, deiner Monade, deinem negativen Ego oder deinem Christusbewusstsein. Dies verhilft dir zu großer Klarheit und zeigt Perspektiven auf, hilft dir dein Bewusstsein zu integrieren und dir über deine Psychoepistemologie klar zu werden. Mein Vater, Harold Stone, hat über dieses Thema viele Bücher geschrieben. Dieser gesprochene Dialog ist eine verfeinerte Version des Rollenspieles, das anfangs sehr intensiv durch Fritz Perls bei seiner Gestalttherapie genutzt wurde.

Die Einstellung

274. Angemessene Einstellung

Der nächste goldene Schlüssel war das gesamte Konzept der angemessenen Einstellungen. Es gibt keinen perfekten Bewusstseinszustand, der sich niemals ändert. Ein wahrhaftig perfekter Bewusstseinszustand bedeutet, auf die innere Führung zu lauschen und bei Bedarf das Bewusstsein entsprechend auszurichten. Wenn das negative Ego sein hässliches Haupt erhebt, tritt der gesunde Menschenverstand mit seiner persönlichen Kraft in Aktion und gebietet ihm Einhalt. Nach dem morgendlichen Erwachen können die eigenen Ausrichtungen gemäß der empfangenen Führung gestaltet werden. Ebenso wie es mit dem physischen Körper während des Tages geschieht, der mit dir spricht und du dich seinen Bedürfnissen zuwendest. Dasselbe trifft auch auf den Emotionalkörper, den Mentalkörper und den spirituellen Körper zu. Das Leben ist wie Autofahren. Selbst wenn du auf der Autobahn immer geradeaus fährst, musst du doch immer kleine Ausrichtungen vornehmen, um die Spur zu halten. Es gibt einen Zustand der Zentrierung, den wir alle beibehalten möchten. Doch alles fließt und schwingt stets, während wir versuchen die Balance zwischen der weiblichen und der männlichen, der himmlischen und der irdischen Energie aufrechtzuerhalten. Ich nenne dies die angemessene Einstellung, vergleichbar mit der chiropraktischen Ausrichtung, die das Rückgrat zentriert und gerade hält.

275. Gib das Argumentieren auf

Der nächste goldene Schlüssel ist das vollständige Aufgeben des Argumentierens. Es ist gut, sich gegenseitig auf liebevolle Weise Möglichkeiten aufzuzeigen, doch wenn diese Diskussion zu einem Argumentationsaustausch wird, lehne ich mich zurück, bleibe still und lasse mich nicht in das Rechthaben wollen involvieren. Gib alle Selbstgerechtigkeit auf und bezeichne alles, woran du glaubst, als deine persönliche Meinung. Gestatte jedem Menschen seine persönliche Meinung und seine eigenen Werte zu haben, selbst wenn du überhaupt nicht damit übereinstimmst.

276. Glaube nicht an einen Misserfolg

Bezüglich des Themas, Dinge und Vorstellungen loszulassen, empfehle ich dir auch das Wort "Misserfolg" aus deinem Wortschatz zu streichen, da es in Wirklichkeit nicht existiert. Die Vorstellung des Misserfolgs stammt aus dem Glauben an Beurteilungen. Es gibt kein Versagen. Es gibt nur Lektionen, Fehler, Einsichten und Möglichkeiten des Wachstums. Selbst die Aufgestiegenen Meister machen Fehler. Perfektion bedeutet nicht, keine Fehler zu machen; sie bedeutet, keine bewussten Fehler zu machen. Vergib dir jedes Mal selbst, lerne aus der

Situation, lasse alle Schuldgefühle los und schreite weiter voran. Mache keine große Sache daraus. Man kann aus allem seinen Vorteil ziehen, wie Ram Dass sagte.

277. Tu so, als ob du es kannst, bis du es kannst

Diesen Schlüssel habe ich schon früh auf meinem spirituellen Weg entwickelt und ich nenne ihn die absichtliche Methode zum spirituellen Wachstum. Früher kämpfte ich viel mehr mit meinem negativen Ego als ich es heute tue, obwohl ich wusste, dass es nicht gut ist, sich auf die Egokämpfe einzulassen. Dann wandte ich diese absichtsvolle Methode an. Wenn mein negatives Ego beispielsweise sehr verärgert war und einen starken Groll hegte, zwang ich mich selbst dazu, genau das Gegenteil dessen zu tun; und mit der Zeit fühlte ich mich auch so, wie in dieser gegensätzlichen Haltung. Nun habe ich eine viel bessere Kontrolle über mein negatives Ego und kann die Dinge rasch in meinem Verstand bearbeiten und heilen. Im absoluten Notfall schreibe ich mein Tagebuch. Dabei erkenne ich sofort, dass sich alles, was ich erlebe, in meinem Verstand und in meinen Gefühlen abspielt und es nichts außerhalb von mir gibt, was dieses Trennungsbewusstsein hervorruft. Wenn es eine Sache gibt, die man vor allen anderen Dingen betonen sollte, dann ist es das, dass man niemals eine Trennung zwischen sich selbst, seinen Brüdern und Schwestern und Gott hervorrufen sollte. Denn in Wahrheit sind wir natürlich alle Gott. Es gibt eine amüsante Geschichte aus der Zeit, in der ich um die zwanzig war. Ich war damals sehr wütend auf eine bestimmte Person. An diesem Tag schrieb ich in mein Tagebuch, dass ich meine Wut gegen diese Person so lange aufrechterhalten würde, bis die Situation geklärt wäre. In dieser Nacht träumte ich, dass Gott gestorben sei. Du kennst keinen, der sich so schnell wieder vertragen hat wie ich! Es bedurfte keines Geisteswissenschaftlers, um zu erkennen, dass diese beiden Situationen zusammenhingen. Der goldene Schlüssel hierbei ist, in jeder Situation, egal, ob sich dein Emotionalkörper, dein inneres Kind oder das negative Ego dagegen sträubt, danach zu streben, stets im Christusbewusstsein zu verbleiben. Mit dem Christusbewusstsein als deinem Führer kannst du lernen, Übereinstimmungen zwischen allen Aspekten des Seins zu entwickeln.

278. Nicht Fluchen

Diesen goldenen Schlüssel gab Djwhal Khul während eines Kurses. Setze nicht den Namen Gottes zum Fluchen ein und lasse das Fluchen generell sein. Dies ist für viele Menschen schwierig, doch es wurde direkt von Djwhal Khul übermittelt. Er schlug vor, stattdessen kein Fluchwort, sondern zum Beispiel "shoot" zu verwenden, wenn jemand diese innere Läuterung durchlaufen muss oder selbst ein

Wort zu erfinden, das nicht so negativ besetzt ist. Fluchworte besitzen eine bestimmte kollektive negative Energie, die ihnen anhaften und die in das Universum hinausgeschossen werden, speziell dann, wenn sie emotional aufgebracht gesprochen werden. Ich bin ehrlich und sage, dass nicht zu fluchen eines meiner Gelübde war, die am schwierigsten einzuhalten waren. Wenn ich mir manchmal den Zeh anstoße oder etwas wirklich Dummes passiert, rutscht mir plötzlich ein Fluchwort raus. Dies soll nicht verurteilt werden und es ist auch nicht das Ende der Welt, wenn es geschieht.

279. Keine Pornographie

Ein weiterer goldener Schlüssel von Djwhal Khul ist, sich nicht mit Pornographie zu beschäftigen, wenn man die höheren Stufen der Einweihung erreicht hat. In früheren Stadien der Entwicklung gibt es dabei nichts zu verurteilen. Auf einer höheren Entwicklungsstufe wird die Sexualität heiliger, liebevoller und tantrischer. Verurteile dich nicht, wenn du dies früher getan hast, denn alles im Leben geschieht im richtigen Moment.

Reinlichkeit, Organisation und Routine

280. Tägliche Routine

Der folgende goldene Schlüssel war die Anwendung einer inneren Struktur und Organisation in meinem Leben. Carl Jung sagte: "Die größte Sünde des Menschen ist seine Trägheit". Das Unterbewusstsein geht am liebsten den Weg des geringsten Widerstands. Ich führe einen großen Teil meines Erfolges auf die Zeitplanung und Organisation zurück, die ich vor zwanzig Jahren aufgestellt habe. Ich habe bestimmte Zeiten für körperliche Übungen, Meditation, Gebet, Tagebuch schreiben, Arbeit und selbst für die Mahlzeiten. Trotzdem würde ich diese Dinge nicht zu sehr nach dem Yang-Prinzip leben, denn dies nimmt die Freude am Leben. Ich würde es aber auch nicht zu sehr nach dem Yin-Prinzip leben. Diese innere Struktur half mir dabei, Selbstdisziplin zu entwickeln und meine Prioritäten einzuhalten. Ich glaube, jeder kann von einer solchen Struktur profitieren. Trotzdem ist es auch wichtig, diese Routine immer wieder den sich ändernden Bedürfnissen anzupassen. Wenn man diese Art von Ordnung in sein Leben integriert, entwickeln sich mit der Zeit gute Arbeitsgewohnheiten, so dass es dem Heiligen Geist und den Aufgestiegenen Meistern möglich ist, dich als zuverlässigen Channel und als Instrument zu nutzen.

281. Organisation

Der nächste Schlüssel hat damit zu tun, organisiert zu sein und eine gute Zeitplanung einzuhalten. Ich bin bestimmt kein Fanatiker davon; doch ich achte darauf, dass mein irdisches Leben gut geordnet ist. Je mehr Führungsverantwortung jemand übernimmt, desto größer ist der Bedarf an Ordnung in seinem Leben.

282. Reinlichkeit

Dieser goldene Schlüssel bezieht sich auf die Reinlichkeit in allen Bereichen des Lebens. Das bezieht sich auf die persönliche Pflege und die eigene Umgebung. Hinsichtlich meiner persönlichen Pflege gibt es nichts zu beanstanden, doch um ehrlich zu sein, bei meiner Umgebung bin ich darin etwas schwächer. Ich bin kein Schlamper, wie man so sagt, aber ich glaube, ich trage einfach noch einige Junggesellenprogramme in mir, die noch geklärt werden müssen. Zweifellos gibt es jedoch in Bezug auf meine physische Umwelt noch einige Muster zu klären. Eines davon ist, dass ich, sobald sich Besuch angesagt hat, alles ordentlich aufräume, doch mit dem Staubsaugen, Aufwischen etc. habe ich es nicht so. Ich habe das Problem dadurch gelöst, dass einmal in der Woche eine Putzhilfe kommt. Dies geht nun schon dreieinhalb Jahre so und dadurch bin ich wohl auch ein bisschen verwöhnt. Doch die Reinlichkeit ist auf allen Stufen sehr wichtig: ein reiner Geist, reine Gedanken, reine Gefühle, ein gereinigter Körper und eine reine Umgebung. Wie Edgar Cayce in einem seiner Channelings sagte: "Gestalte dein irdisches Heim so, dass die Engel es betreten möchten."

Psychologische Klarheit

283. Ein gesundes psychologisches Immunsystem

Der nächste goldene Schlüssel ist die Beibehaltung eines gesunden psychologischen Immunsystems. Die meisten Menschen bringen das Immunsystem nur mit dem physischen Körper in Verbindung, was natürlich auch stimmt, doch es ist ebenso wichtig, ein gesundes psychologischen Immunsystem aufrechtzuerhalten, denn dies beeinflusst auch das physische Immunsystem. Dies bedeutet, die Themen der anderen Menschen nicht zu übernehmen und anderen Menschen und Situationen nicht zu gestatten, die eigene Realität zu beeinflussen. Das hat mit der Beibehaltung des inneren Friedens und der Freude zu tun, selbst wenn die Menschen um dich herum gereizt, ärgerlich, ungeduldig, aufgeregt oder depressiv sind. Das Ideal für dich ist, stets im inneren Frieden und glücklich zu sein und damit die Menschen in deiner Umgebung aufzubauen, statt sich deren psychologische Krankheiten einzufangen, wobei es tatsächlich weder ansteckende physische noch psychologische Krankheiten gibt. Es gibt nur Menschen mit einer niedrigen physischen und psychischen Widerstandskraft. Dies war eine entscheidende Einsicht für mich. Ein Aspekt eines gesunden psychologischen Immunsystems ist, zwischen Mitleid und Mitgefühl zu unterscheiden. Wir möchten uns eine Form des Mitgefühls erhalten, ohne die Energie und das Bewusstsein der uns umgebenden Menschen aufzunehmen.

284. Psychologische Klarheit und die Integration auf allen Ebenen

Dieser goldene Schlüssel bezieht sich auf das Verständnis darüber, dass das psychologische Selbst die Grundlage für ein spirituelles Leben darstellt. Es gibt Lichtarbeiter, die ihren Aufstieg erlangt haben, jedoch auf Grund ihrer psychologischen Unklarheiten und ihrer persönlichen Probleme für eine Führungsrolle noch nicht in Frage kommen. Es ist von größter Wichtigkeit, dass alle Ebenen klar sind. Alle diejenigen, welche die siebte Einweihungsstufe erreicht haben, ist ein Fortschreiten in den Bereich des kosmischen Aufstiegs nicht gestattet, solange ihr psychologisches Selbst nicht gemeistert und angemessen im Dienste Gottes integriert ist. Das psychologische Selbst schließt die Beziehung zum Unterbewusstsein, zum inneren Kind und zum Vierkörpersystem mit ein. Mein Buch *Seelenpsychologie* kann dich bei diesem wichtigen Lernschritt in der spirituellen Entwicklung gut unterstützen.

Der Grad deiner Einweihung macht nicht automatisch einen wahren Meister aus dir. Der Schlüssel dabei ist, keine Stufen zu überspringen. Ich kannte einen Eingeweihten, der einen unglaublichen Eifer entwickelte, den Aufstieg zu erlangen und es gelang ihm auch in sehr kurzer Zeit. Das einzige Problem dabei war, dass seine geistige Reife der eines 12-jährigen entsprach. Dies ist eine der Gefahren dieser revolutionären Zeiten, in denen wir jetzt leben. Darin liegt auch der Grund, dass den Lichtarbeitern nicht wie in der Vergangenheit das volle Meisterpotenzial gegeben wird, selbst wenn sie ihre siebte Einweihung erlangt haben. Da die Evolution des Planeten in diesen Zeiten so schnell voranschreitet, ist es nun viel einfacher, die sieben Stufen der Einweihung zu durchschreiten und den Aufstieg zu erlangen, als dies in der Vergangenheit der Fall war. Die wahre Verwirklichung eines Aufgestiegenen Meisters bis zum höchsten Reifegrad hängt nun mehr mit dem kosmischen Aufstieg als mit dem planetaren Aufstieg zusammen. Der kosmische Aufstieg kann so lange nicht erlangt werden, bis man nicht nur das fünfdimensionale, sondern auch das zwölfdimensionale Bewusstsein erreicht hat. Du kannst es noch nicht einmal in Betacht ziehen, die solaren Stufen zu integrieren, solange du nicht alle sieben Einweihungsstufen abgeschlossen, deine 144 Seelenausdehnungen integriert und gereinigt, alle 50 Chakren installiert und aktiviert, deine 9 feinstofflichen Körper installiert und aktiviert und deinen Lichtquotienten auf 99 % stabilisiert hast und in die kosmische Lichtquotienten-Skala gelangt bist. Ich kenne Menschen, die versucht haben Stufen zu überspringen. Eine Person bekam einen Herzanfall durch die unsachgemäße Integration. Es erzeugte auch Wahnvorstellungen und Verzerrungen im Mental- und Emotionalkörper. Eine richtige Integration auf allen Ebenen, in der richtigen Reihenfolge, ist stets der beste Schlüssel.

Tagebuch-Schreiben

Ich führe schon seit vielen Jahren ein Tagebuch. Es war eines der wichtigsten Werkzeuge in meiner spirituellen Entwicklung und ein wesentlicher Schlüssel, der mir zur psychologischen und spirituellen Klarheit verhalf. Die folgenden vier goldenen Schlüssel beschreiben Abschnitte meines Tagebuchs.

285. Zyklen

Diesen Abschnitt meines Tagebuchs, die Zyklen, habe ich von Paul Solomon gelernt. Darin habe ich mir alle Zyklen und Phasen meines Lebens von Anfang an betrachtet und in Erinnerung gerufen, die mich zu meinem momentanen Entwicklungsstand geführt haben. Als dies abgeschlossen war, nahm ich mir alle meine kurzfristigen und langfristigen Ziele vor und gab zukünftige Zyklen vor, durch deren Hilfe ich mein eigentliches Ziel, den Aufstieg, die Befreiung und die Gottesverwirklichung erreichen wollte. Durch das jahrelange Tagebuch-Führen trainierte ich meinen Verstand, auf diese Weise zu denken. Dies verhalf mir dazu, meine Zeit und Energie sehr effizient zu nutzen. All meine Gedanken, Worte und Taten wurden mit diesem Fluss an Zyklen, die zu meinem eigentlichen Ziel hin führten, verbunden. Ich würde dir sehr empfehlen, selbst auch eine derartige Methode zu entwickeln.

286. Nach dem Wert aller Erfahrungen suchen

Ein weiterer Abschnitt meines Tagebuchs, "Die Bestätigung des Wertes", habe ich aus Paul Solomons Prozess des inneren Licht-Bewusstseins gelernt. In diesem Abschnitt bestätigst und anerkennst du alle Meister und Lehrer, die dir bis zum heutigen Tage zu deinem spirituellen Wachstum verholfen haben. Wenn man einmal damit begonnen hat, das Leben aus dieser Perspektive zu betrachten, was tatsächlich bedeutet, durch die Augen von Christus zu schauen, wird jede Person und jede Situation zum eigenen Lehrer. Eine Verkehrsampel lehrt dich Geduld. Der Betrunkene in der Gasse lehrt dich Mitgefühl und die Fallen des Alkohols. Der Chef, der dich anschreit, lehrt dich persönliche Kraft, Unverwundbarkeit, Vergebung, bedingungslose Liebe - und möglicherweise, für dich selbst einzustehen. Die Idee dabei ist, den gesamten Tag nochmals durchzugehen und alle diese Lehrer und die Lektionen, die sie mit sich bringen, anzuerkennen. Eine jede Person und eine jede Situation als Lehrer anzuerkennen, kann einen großen Schritt nach vorne ermöglichen. Wenn wir wütend werden und uns aufregen, dann interpretieren wir die Realität falsch, da wir die Dinge durch die Augen des negativen Egos statt durch die Augen von Christus betrachten. Dieser Tagebuchabschnitt ist eine sehr effektive Methode, um das Bewusstsein und das Unterbewusstsein durch das Christus- bewusstsein zu betrachten und zu interpretieren.

287. Hauptlektionen des Tages

Den Abschnitt "Meine Hauptlektionen des Tages" habe ich über viele Jahre sehr gewissenhaft geführt. Jeden Tag schrieb ich die wesentlichen Dinge auf, die ich gelernt hatte, in der Art: "habe ich gut gemacht" und "habe ich dürftig erledigt". Es ist wichtig, sich die Zeit für die Innenschau zu nehmen und aus den Erfahrungen zu lernen. Die Erde ist eine Schule und wir werden in jedem Moment des Lebens hinsichtlich unserer spirituellen, psychologischen und physischen Entwicklung geprüft.

288. Schlachtpläne

Ich nannte diesen Teil des Tagebuches "meinen Schlachtplan-Abschnitt". Jedes Mal wenn es etwas in meinem Leben gab, das nicht so gut lief, verfasste ich einen spirituellen Schlachtplan, um das Problem oder die Herausforderung zu lösen oder zu heilen. Wenn es ein finanzielles Problem war, entwarf ich eine Liste mit allem, was ich spirituell, mental, emotional und physisch zur Lösung beitragen konnte. Mit diesen Plänen, für alle Bereiche in meinem Leben, fühlte ich mich besser und sie hielten meine Konzentration auf die Lösung des Problems gerichtet. Damit war ich immer oben in meinem Leben, obwohl sich die äußeren gewünschten Erscheinungen noch nicht manifestiert hatten.

Spirituelle Logbücher

289. Ein Überblick

Ein weiterer goldener Schlüssel für meinen spirituellen Fortschritt war, über viele Jahre hinweg spirituelle Logbücher zu führen. So wie wir auch mit den Finanzen verfahren, brauchen wir auch einen solchen Überblick für unser spirituelles Leben. Ich habe viele Jahre lang sämtliche Arten von Aufzeichnungen hinsichtlich der Entwicklung meines Charakters und meiner Christusqualitäten gemacht. Jeden Tag ermittelte ich den Prozentsatz für meinen Erfolg. Diese spirituelle Buchführung hielt mich auf mein Ziel ausgerichtet und half mir dabei, mein Unterbewusstsein umzuprogrammieren und stets auf das Denken und Fühlen des Christus auszurichten. Falls es bestimmte Christusqualitäten gibt, in denen du schwächer bist, versuche einmal über ein paar Monate hinweg ein Logbuch zu führen, bis die neue Gewohnheit sich gefestigt hat. Diese Logbücher helfen uns dabei, nicht in den Autopiloten zu gehen, das bedeutet, Dinge automatisch zu tun. Sie können auch bei verschiedenen Süchten und schlechten Angewohnheiten sehr nützlich sein. Bewerte zweimal täglich deine Entwicklung, entweder prozentual oder mit einer Gradeinteilung. Für mich war dieses kleine Spiel von unschätzbaren Wert. Im Folgenden sind einige der spirituellen Logbücher aufgelistet, die ich geführt habe.

* Logbuch der negativen Emotionen

In dieses Logbuch trug ich die verschiedenen negativen Emotionen, die im Laufe des Tages in mir hochkamen ein und prüfte später, welche Art des falschen Denkens und Empfindens des negativen Egos sie verursacht haben. Eine effektive Methode, die mir dabei half, unbewusste negative Emotionen und begrenzende Vorstellungen zu erkennen, war darauf zu achten, welche Botschaften in mir aufstiegen, wenn ich positive Affirmationen sprach. Beim Sprechen der Affirmationen lauschte ich auf die negativen Selbstgespräche, die Zweifel und Ängste, die aus dem negativen Ego aufstiegen. Dann schrieb ich dies auf und bildete neue positive Affirmationen als Gegenmittel dazu und horchte anschließend wieder auf die weiteren auftauchenden negativen Selbstgespräche. Ich führte diesen Prozess so lange fort, bis ich an die Wurzel der Kernängste und Glaubensmuster gelangte, die diesen negativen Komplex verursachten. Im Zusammenhang mit diesem Prozess empfehle ich, die Aufgestiegenen Meister um ihre Hilfe zu bitten, diese alten Kernängste und Glaubensmuster zu entfernen. Bitte speziell um das Matrix-Entfernungsprogramm der Kernangst (siehe goldener Schlüssel 69). Durch eine derartige jahrelange Arbeit kann man mentale und emotionale Klarheit erlangen. Dies ist eine jener Arbeitsmethoden, die den Grundstock für mein Buch *Seelenpsychologie* bildeten.

* Logbuch der Siege

Während der Zeit, in der ich durch all meine Gesundheitslektionen und meine Hiob-Initiation ging, führte ich ein Sieges-Logbuch. Ich schrieb jeden Tag meine Siege auf, egal wie klein sie waren. Da unsere Gedanken unsere Realität erzeugen, begann ich damit, mich auf meine Siege zu konzentrieren. Dies war ein wesentlicher Schlüssel für meinen Erfolg. Durch das Sieges-Logbuch habe ich gelernt, optimistisch statt pessimistisch zu sein. Ich lernte, mich auf das zu konzentrieren, was ich konnte, statt auf das, was ich nicht konnte. Ich lernte, im Augenblick zu leben und mich auf meinen spirituellen Fortschritt zu konzentrieren.

Mit der Zeit wurde ich mir meines Fortschrittes immer bewusster, obwohl ich natürlich noch eingeschränkt war. Doch es wurde mir bewusst, dass jeder von uns auf irgendeine Weise eingeschränkt ist, sei es physisch, emotional, mental oder spirituell. Wenn ich meiner physischen Einschränkung nachgegeben hätte, dann hätte mich dies emotional, mental und spirituell lähmen können. Doch das tat ich nicht und mit der Zeit geschah ein Wunder nach dem anderen. Die Macht Gottes kann alle Probleme und Herausforderungen heilen und überwinden und dafür bin ich ein lebendes Beispiel. Egal, was dir auch immer begegnet, vertraue auf Gott und lege alle deine Angelegenheiten in seine Hände. Er wird dich nicht enttäuschen, wenn du Glauben, Vertrauen und Geduld hast.

* Logbuch der Dankbarkeit

In einem Teil meines Sieges-Logbuches schrieb ich all die Dinge nieder, für die ich dankbar sein konnte. Anstatt meinen Verlusten und Mängeln Aufmerksamkeit zu schenken, legte ich mein Augenmerk auf all die Geschenke, mit denen mich Gott gesegnet hatte. Im Laufe der Zeit begann ich, mich in meinem Inneren, trotz der vielen Einschränkungen die ich hatte, sehr glücklich zu fühlen. Einem Psychiater könnte jetzt der Gedanke kommen, ich hätte eine Wahnvorstellung, doch ich fühlte mich wirklich so. Dieses innere Glück, die Freude und Dankbarkeit für Gott, trug ich durch alle Stadien meiner Heilung in mir. In dieser Zeit begann ich so nebensächliche Dinge zu tun, wie ein Buch zu schreiben. Blicke ich jetzt darauf zurück, erkenne ich, dass alles in perfekter göttlicher Ordnung war.

* Logbuch der Meditation

Während des veränderten Bewusstseinszustandes in der Meditation empfing ich häufig Führung und Informationen. Das einzige Problem dabei war, dass ich dies meist wieder vergessen habe, ähnlich dem, wie ich meine Träume vergessen würde, wenn ich sie nicht unmittelbar danach aufschreiben würde. Dieses Meditations- Logbuch war ein hilfreicher Teil meines Tagebuch-Schreibens.

* Logbuch der spirituellen Gelübde

Überprüfe jede Woche oder zumindest einmal im Monat, ob du dich noch an deine geleisteten spirituellen Gelübde hältst. Du kannst dabei auch neue, sogar tief greifendere Gelübde ablegen, wenn du dich dazu bereit fühlst. Ich habe auch manchmal dazu vor meinem Altar Zeremonien durchgeführt. Es kann sich anfühlen, als wäre etwas Altes abgestorben und etwas Neues geboren; wie ein Neubeginn. Wenn ich ein Gelübde ablege, spreche ich dabei gewöhnlich folgende Worte: "Ich verpflichte mich hiermit gegenüber Gott zu (dann das Gelübde einfügen). Amen." Dann ist die Ausrichtung darauf erfolgt und ich fühle mich eingebunden in mein neues und perfekteres Selbst und meinen neuen Weg.

8 Die Meister und der Weg

Schlüssel 290-331

Das Arbeiten mit den Meistern

290. Die Überstrahlung durch deine spirituellen Lehrer

Dieser goldene Schlüssel liegt darin, deine genaue Aufstiegslinie herauszufinden. Wie ich bereits erwähnt habe, ist dies bei mir Djwhal Khul, Lord Maitreya und Melchizedek. Dein Aufstieg nimmt gewöhnlich Bezug auf den Strahltentyp deiner Monade, obwohl es dabei auch Ausnahmen gibt. Bitte darum, von deinen spirituellen Hauptlehrern überstrahlt zu werden. Im Laufe deiner Entwicklung kannst du auch um die Überstrahlung durch die planetaren, solaren, galaktischen und universellen Ebenen bitten.

291. Vereinige dich mit den Lichtkörpern der Meister

Als ich die Idee hatte um diesen goldenen Schlüssel zu bitten, sagte mir Melchizedek, dass dies der tief gründigste Schlüssel des gesamten Buches sei. Der Schlüssel besteht aus zwei Teilen. Er beginnt mit der Bitte um die Vereinigung mit den Lichtkörpern von Metatron, Melchizedek, Erzengel Michael, Lord Buddha, Lord Maitreya und anderen Meistern, mit denen du dich verbunden fühlst. Bitte darum, dass dies dauerhaft geschieht.

Als ich eine Zeit lang damit gearbeitet und die tiefen Effekte davon erfahren hatte, kam ich auf die Idee, darum zu bitten, mich mit der gesamten Spirituellen Hierarchie von über 2500 Meistern zu vereinigen. Bitte aber erst dann darum, wenn du deine siebte Einweihung abgeschlossen hast. Timing ist alles, wie du weißt. Durch die Gnade Gottes wurde uns diese göttliche Dispensation gewährt und ich erfuhr mit meiner Meditationskerngruppe die Vereinigung mit der gesamten Spirituellen Hierarchie. Später erfuhren wir dann die Vereinigung mit den Lichtkörpern der Kosmischen Hierarchie. Was für eine Erfahrung! Von diesem Tage an empfand ich mich als vollwertiges Mitglied der Spirituellen Hierarchie.

292. Lerne die Aufgestiegenen Meister kennen

Dieser goldene Schlüssel war, durch die Konversation mit den Aufgestiegenen Meistern eine realistischere Sicht von ihnen zu bekommen. Ich erkannte dabei, dass sie so sind wie wir, nur etwas fortgeschrittener. Früher glaubte ich, sie seien diese unerreichbaren, perfekten Wesen, die ganz und gar nicht wie wir Erdlinge sind. Doch das stimmt überhaupt nicht. Sie sind deutlich weiter fortgeschritten hinsichtlich der Weisheit, der Liebe und des Lichtes, aber sie unterscheiden sich nicht so sehr von dir und mir. Sie lachen und scherzen gerne. Sie sind sehr sympathisch. Sie möchten akzeptiert werden. Sie machen auch manchmal Fehler, so wie wir es machen, entgegen der allgemeinen Meinung von ihnen. Ich betrachte die Aufgestiegenen Meister nicht nur als meine spirituellen Lehrer, sondern auch als meine Freunde.

Sie bemühen sich ebenso intensiv wie wir um ihr spirituelles Wachstum, da sie auch noch weit davon entfernt sind, Gott vollständig realisiert zu haben. Die Aufgestiegenen Meister, die wir verehren wie Jesus, Saint Germain, Kuthumi, Djwhal Khul, El Morya, Lord Maitreya und Lord Buddha befinden sind gerade mal auf der Position 10 cm auf einem 1 m langen Maßstab hinsichtlicher ihres kosmischen Aufstiegs. Sie bemühen sich von ihrem Entwicklungsstand aus ebenso um spirituelles Wachstum wie wir es von unserem Stand aus tun. Sie tragen noch immer Überreste des negativen Egos in sich, an denen sie auch arbeiten und jeder Meister besitzt seine eigene, einzigartige Persönlichkeit. Lord Maitreya nannte Saint Germain erst kürzlich liebevoll einen "Spitzbuben", wegen seiner Art mit den Damen umzugehen. Jeder Meister hat ganz eigene persönliche Charaktereigenschaften und die Strahlen, die wir von den Chohans empfangen, werden stark von deren persönlicher Art beeinflusst. Mit der Zeit habe ich gelernt, ähnlich wie sie zu fühlen und wie sie zu sein. Ich scheue mich nicht davor, mit ihnen zu sprechen, Fragen zu stellen, Späße zu machen und sie zu necken und dann auch wieder meine persönlichen Grenzen zu setzen - natürlich immer sehr respektvoll und liebevoll.

293. Trete mit den Meistern in eine Wechselbeziehung

Dieser goldene Schlüssel war, aus meiner eigenen Kraft heraus mit den Meistern in eine Wechselbeziehung zu treten. Die Meister wünschen einen ebenbürtigen Partner zum Dialog, kein Kind, das alles genauso tut, wie sie es sagen. Es ist absolut in Ordnung, mit ihnen nicht einer Meinung zu sein und die eigene Meinung auch zu vertreten, solange dies mit Respekt und liebevoll geschieht. Sie selbst sind immer noch dabei zu lernen. Sie lernen und wachsen auch durch die Interaktion mit uns. Sie können dich bitten, etwas zu tun, das du nicht tun möchtest und das ist völlig in Ordnung. Sie könnten dich darum bitten umzuziehen und du möchtest dies vielleicht gar nicht. Sie geben dir vielleicht spezielle Anweisungen, bei denen du dich noch mit ihnen abstimmen möchtest. Es ist dein Recht, nein zu sagen oder mit ihnen zu verhandeln ohne dich dabei schuldig zu fühlen. Es gibt genügend Spielraum für den Dialog mit den Meistern. Sie arbeiten mit uns als Brüder und Schwestern und nicht als Diktatoren.

Der andere Schlüssel hierbei ist, nicht darauf zu warten, dass sie dir sagen was du tun sollst. Sei kreativ in deinen eigenen Entscheidungen. Einer der Hauptgründe, warum ich so viele Hindernisse überwunden und gesetzte Ziele erreicht habe, ist, dass ich stets über meine eigene Kraft und meine kreativen Energien verfügt habe. Ich nahm die Dinge selbst in die Hand ohne die Meister als Kindermädchen zu haben. Das meiste, das ich in meinem Leben tue, stammt aus meinem eigenen kreativen Fluss und ich nutze die Hilfe der Aufgestiegenen Meister, um diesen Prozess zu verfeinern und exakt auszurichten. Früher gaben sie mir liebevoll spezielle Anweisungen. 99 % dessen was sie mir sagten, stimmte mit meiner Intuition und meinen Gefühlen überein. Oftmals bringt mich das, was sie mir vorschlagen, völlig aus dem Häuschen. Ich nutze jedoch auch mein Recht, nein zu sagen, nicht ihrer Meinung zu sein oder Anpassungen vorzunehmen. Warte daher also nicht darauf, dass dir die Aufgestiegenen Meister sagen, auf welche Weise du dienen sollst. Gott hilft denjenigen, die sich selbst helfen. Diene in der Weise, zu der du dich intuitiv hingezogen fühlst und die Meister werden dich stets dabei unterstützen und dir dabei helfen, dies noch besser zu tun.

294. Einsamkeit versus Alleinsein: Die Gegenwart Gottes und der Meister fühlen

Der nächste goldene Schlüssel war, den Unterschied zwischen Einsamkeit und Alleinsein zu erkennen. Wenn man lernt, mit sich selbst, Gott und den Meistern ins Reine zu kommen, ist man niemals wirklich allein. Wenn ich physisch allein bin, fühle ich mich niemals einsam, weil ich mich an meiner eigenen Gesellschaft erfreue. Ich fühle auch stets die Gegenwart Gottes und der Meister. Wie ich bereits erwähnt habe, stehe ich mit ihnen durch die Aufstiegsplätze, den Aufbau des

Lichtquotienten und die Heilungen in Verbindung. Es stimmt, dass man, wenn man sich völlig dem geistigen Weg widmet, auf eigenen Füßen stehen muss und sich oft von anderen Menschen löst. Zu Beginn unserer spirituellen Reise gibt es eine Phase, die man als existenzielle Einsamkeit bezeichnen könnte. Durch diese Phase, die gewöhnlich zeitlich begrenzt ist, gehen Lichtarbeiter hindurch, bis sie sich weiterentwickelt haben. Nun arbeite ich mit den meisten meiner engsten Freunde in meiner dienenden Arbeit zusammen. Das macht den Dienst angenehmer.

295. Stelle dich den Meistern vor

Der nächste goldene Schlüssel war die Bereitschaft, mich den Aufgestiegenen Meistern, den kosmischen Kräften, Engeln und Mächten, die es gibt, vorzustellen. Manche Lichtarbeiter fühlen sich nicht wertvoll genug, die Meister um Hilfe zu bitten. Das ist ein falsches Denken. Die Meister und die Engel möchten gerne helfen, doch sie benötigen deine Bitte um Hilfe. Ich habe mich niemals gescheut, um Hilfe zu bitten oder irgendeinen Meister etwas Bestimmtes zu fragen. Eines der Dinge, die ich am Wesakfestival liebe, ist, dass nicht nur eine irdische Gruppe aus völlig unterschiedlichen Menschen zusammenkommt, sondern, dass ich auch eine Gruppe völlig unterschiedlicher Meister dazu einlade. Sie freuen sich darüber, auch mit eingeschlossen zu werden. Meine Mutter hatte vor ein paar Jahren einen Traum, in dem man ihr die Botschaft überbrachte, sich selbst der Großen Weißen Bruderschaft vorzustellen. Stelle dich den Aufgestiegenen Meistern, Engeln und positiven Außerirdischen vor, sie werden sich freuen. Erinnere dich daran, dass sie sich durch den Dienst an dir weiterentwickeln. Die Aufgestiegenen Meister können erst dann weitergehen, wenn einer von uns ihren Platz einnimmt. Bitte sie im Gebet um Hilfe. Lass sie deine besten Freunde sein. Teile ihnen mit, dass du deine Einweihungen und deinen Aufstieg vervollständigen möchtest, damit du besser dienen kannst. Sie nehmen dich beim Wort und werden dein Programm beschleunigen. Und sie erwarten von dir, dein Versprechen zu halten.

Der Schleier, von dem du glaubst, dass er dich von ihnen trennt, ist nicht wirklich existent. Rufe die Meister aus allen Bereichen. Der Zeitplan deiner Einweihungen und deines Aufstiegs hängt von deinem Lichtquotienten-Level und bestimmten anderen Erfordernissen ab. Er hängt aber auch von den Meistern ab. Sollten die Meister dein Programm zugunsten ihrer Absichten beschleunigen wollen, können sie dies tun und werden es auch tun. Bete fortwährend zu ihnen und sprich mit ihnen, auch wenn sie dir nicht helfen können, bemerken sie dich doch und geben dir die Segnungen, die du dir wünschst. Wandle diese Gunst dann um, indem du die Segnungen, die du empfangen hast, in selbstlosem Dienst an der Menschheit an andere weitergibst. Das ist ein fairer Tausch, würde ich sagen.

296. Sitzungen mit den Meistern

Der nächste goldene Schlüssel waren die verschiedenen Arten von Sitzungen mit den Meistern. Eine davon war das Strahlen-Reading, das die Zusammenstellung aller Strahlen in Bezug auf die Monade, Seele, Persönlichkeit, den Geist, die Emotionen und den Körper zeigt. Eine weitere Sitzungsart lag in der Entfernung der astralen Gifte - Implantate, negative Elementale und Parasiten. Alle Lichtarbeiter sollten dies durchführen, wenn sie sich auf die höheren Ebenen der Einweihung zubewegen. Die dritte Sitzungsart ist ein astrologisches Reading von einem qualifizierten Astrologen, der Kontakt zu den Meistern hat. Ein astrologisches Reading entwirft, zusammen mit einem Strahlen-Reading, eine Art persönlicher Blaupause für dieses Leben. Ich empfehle allen Eltern dieses Reading für ihre Kinder, vorzugsweise kurz nach der Geburt.

297. Bitte um Gespräche mit den Meistern

Der nächste goldene Schlüssel ist die Bitte um Gespräche mit den Aufgestiegenen Meistern. Ich bitte nur dann darum, wenn es etwas sehr Wichtiges mit ihnen zu besprechen gibt. Ein Gespräch ist etwas anderes als nur Fragen zu stellen. Ich hatte bereits viele dieser Gespräche mit Sai Baba, Djwhal Khul, Lord Maitreya und Melchizedek.

298. Das dreiadrige Telefonsystem mit den Meistern

Der nächste goldene Schlüssel ist das, was ich die Einrichtung unseres spirituellen dreiadrigen Telefonsystem genannt habe. Die Bitte um diese Aktivierung sollte jedoch erst nach Abschluss der siebten Einweihung vorgenommen werden. Es handelt sich dabei um eine offizielle Telefonleitung zwischen deiner planetaren, galaktischen und universellen Aufstiegslinie spiritueller Lehrer. Nachdem ich dieses System eingerichtet hatte, konnten meine Kerngruppe und ich jederzeit eine simultane Konferenz mit den Meistern Melchizedek, Lord Maitreya und Djwhal Khul halten. Früher arbeiteten wir immer nur mit einem spirituellen Lehrer und nicht mit mehreren gleichzeitig.

299. Bitte um viel, gib viel

Der nächste goldene Schlüssel war zu verstehen, dass es, weil ich um alle diese Aktivierungen und die Beschleunigungen meines Aufstiegs gebeten hatte, nun lautete: "Es wird viel gegeben, doch es wird nun auch viel erwartet."

Dies ist ein Zitat von Sai Baba, Melchizedek und Djwhal Khul. Die Meister sind bereit, dir alles zu geben, worum du bittest und noch mehr. Doch dafür gibt es einen Preis. Der Preis ist die Bereitschaft in die Führerschaft zu gehen und mit deinem höchsten Potenzial zu dienen. Bist du nicht gewillt dies zu tun, würde ich mir die Bitte um die Beschleunigung des spirituellen Wachstums zweimal überlegen. Das Erlangen des Aufstiegs ist ein Zeichen dafür, dass du ein Meister auf der planetaren Ebene geworden bist. Bist du einmal ein Meister, dann wird auch erwartet, dass du die Verantwortung eines Meisters trägst. Ich bin im Moment so sehr mit meiner dienenden Arbeit beschäftigt, dass mir nicht viel Zeit dafür bleibt, an das spirituelle Wachstum oder den kosmischen Aufstieg zu denken. Der kosmische Aufstieg ist ein derartig langsamer Prozess, dass es sich kaum lohnt, sich darauf zu konzentrieren. Wenn du nicht bereit bist zu dienen und alle Segnungen, die du empfangen hast, zurückzugeben, worin liegt dann der Sinn all der spirituellen Arbeit, die du geleistet hast? Selbstverwirklichung bedeutet, dass du wahrhaftig bereit bist zu geben. Die Art des Dienstes ist egal, solange du ihn aus ganzem Herzen, im Einklang mit deiner inneren Führung und deiner Mission erfüllst.

Zugang zu den Ashrams der Meister

300. Besuche die Ratskammer von Shamballa

Dieser goldene Schlüssel ist das Anrufen von Lord Maitreya und die Bitte darum, gemeinsam mit deinen Aufstiegsfreunden in die Ratskammer von Shamballa gebracht zu werden. Frage dann den Rat, wie du ihm am besten zu Diensten bist. Du kannst dies in Bezug auf dich selbst und für die Gruppe fragen. Hast du dabei irgendwelche Vorschläge, wie man der Menschheit am Besten helfen kann, sind Lord Maitreya und die anderen dafür offen. Jede Ebene des Ashrams konzentriert sich auf eine bestimmte Arbeit. Die Arbeit, die Djwhal Khul für mich bereithält unterscheidet sich von der Arbeit, die Lord Maitreya oder Buddha für mich bereithält und die wiederum anders ist als die, die ich für Melchizedek tue.

301. Besuche die Ashrams der Meister

Der nächste goldene Schlüssel war die Reise zu den verschiedenen Meistern des planetaren und kosmischen Ashrams und die Arbeit mit ihnen. Dieses Thema ist der Grundgedanke des neuen Buches, das ich schreiben möchte *How to Use the Inner-Plane Planetary and Cosmic Ashrams*. Die Planetare und Kosmische Hierarchie hat für jeden Meister und Ashram, einen bestimmten Bereich und eine bestimmte Spezialisierung.

Ich habe zum Beispiel in El Moryas Ashram, der große Fähigkeiten in Bezug auf Führerschaft, Politik und die Integration des Willensaspekts Gottes hat, viel Zeit verbracht. Oftmals habe ich Serapis Bey an seinem Aufstiegsretreat in Luxor besucht, was für meinen Aufstiegsprozess sehr dienlich war. Ich war mit Meister Jesus, auch als Sananda bekannt, in seinem Ashram und habe viel über Hingabe und bedingungslose Liebe gelernt. Ich habe viel Zeit im Ashram von Saint Germain verbracht und über die Umwandlung und die richtige Verwendung des siebten Strahles gelernt. Am häufigsten war ich natürlich bei Djwhal Khul in seinem Synthesis-Ashram, der alle sieben Strahlen integriert. Er befindet sich in der ersten Etage des Ashrams des zweiten Strahles. Ich besuchte auch Meister Kuthumi in seinem Ashram auf der zweiten Etage und Lord Maitreya auf der dritten Etage des Ashrams des zweiten Strahles. Erst kürzlich verbrachte ich etwas Zeit mit Lord Buddha, dem neuen Planetaren Logos, in seinem Ashram in Shamballa.

Die Kerngruppe und ich haben auch etwas Zeit im Ashram von Lord Sirius in der Großen Weißen Loge verbracht. Das war wunderbar und fühlte sich an wie zu Hause. Wir haben den Ashram von Lord Arcturus auf seinem Mutterschiff besucht und sind mitgeflogen. Wir haben auch oft den Ashram von Melchizedek besucht und dort viel Zeit verbracht. Es ist der Wunderbarste von allen. Einmal haben wir sogar, unter der Leitung von Mahatma, den Ashram Gottes besucht und begaben uns als Gruppenkörper zu dem dortigen Aufstiegsplatz. Ich habe auch Zeit in den Ashrams von Lenduce, Vywamus, Melchior, Paul, dem Venezianer und Hilarion verbracht und auch Kommandeur Ashtars Ashram auf seinem Mutterschiff besucht. Die Erzengel haben auch ihre Ashrams wie die Elohim, die paradiesischen Söhne, der Manu, und der Maha Chohan. Es gibt den Ashram auf der multiuniversellen Ebene und natürlich Sai Babas Ashram. Weitere Ashrams der Inneren Ebene sind die von Helios und Vesta, dem Kosmischen Rat der Zwölf, den Vierundzwanzig Ältesten, die den Thron der Gnade umgeben und dem Karmischen Rat. Ich habe großen Nutzen aus diesen Besuchen der Ashrams, den Segnungen und dem Unterricht der Meister gezogen.

Halte deine eigene Kraft aufrecht im Umgang mit Meistern und Lehrern

302. Keine Gurus

Der nächste goldene Schlüssel liegt darin, sich mit spirituellen Lehrern zu verbinden, jedoch keine Gurus zu haben. Im Fischezeitalter haben die Menschen ihre Kraft an Gurus abgegeben. Gottverwirklichte Wesen wie beispielsweise Sai Baba wünschen oder brauchen eure Kraft nicht. Sai Baba betont den Menschen gegenüber immer, bei ihrer eigenen Religion oder ihrem eigenen spirituellen Lehrer zu bleiben. Der Kern seiner Botschaft lautet: "Ja, ich bin Gott, doch du bist es auch." Die Lichtarbeiter müssen diesbezüglich völlig klar sein oder der Fortschritt auf ihrem Weg wird behindert. Djwhal Khul hat mir ausdrücklich erklärt, dass er nicht als Guru betrachtet werden möchte. Er möchte wie ein großer Bruder, spiritueller Lehrer, gleichrangig und als Freund betrachtet werden. Das ist das Modell des neuen Wassermannzeitalters.

303. Gib den Meistern nicht deine Kraft

Die Aufgestiegenen Meister möchten deine Kraft auch nicht. Sie wünschen deinen Respekt und deine Liebe, möchten aber, dass du ihnen gleichrangig entgegentrittst. Wie *Ein Kurs in Wundern* betont, dass Ehrfurcht nur Gott allein gebührt und nicht deinen Brüdern und Schwestern. Die Aufgestiegenen Meister sind deine Brüder und Schwestern. Bald sind wir an ihrer Stelle und helfen den Menschen auf Erden, so wie sie uns geholfen haben. Projiziere kein Phantasiebild in die Aufgestiegenen Meister, das nicht real ist. Selbst Melchizedek, der Universelle Logos, erzählte mir von seinen Schwächen. Er strebt, wie wir, nach spiritueller Entwicklung, nur auf einer höheren Ebene, auf der er sich eher mit kosmischen als mit planetaren Dingen beschäftigt.

304. Bleibe wachsam bezüglich der Wege und Lehrer

Dieser goldene Schlüssel bezieht sich auf die Wachsamkeit hinsichtlich der spirituellen Lehrer. Nur weil ein Channel oder ein Medium Bücher schreibt oder diese gut vermarktet, bedeutet dies noch lange nicht, dass er auch weiß, worüber er spricht. Spirituelle Führungspersonen sind meist viel stärker auf den spirituellen Gebieten fortgeschritten, als im mentalen oder emotionalen Bereich. Ihre Arbeit kann durch negative Emotionen, Persönlichkeitsveränderungen und durch das negative Ego verunreinigt sein. Dies kann sich durch physische Gesundheitsprobleme, lange nachdem der Aufstieg erlangt wurde, zeigen. (Ich merke, dass ich die Seifenblase der bisherigen Mythen und Phantasien über den Aufstieg platzen lasse - solche, die mir selbst begegnet sind. Doch die Informationen werden ständig aktualisiert und es ist wichtig, auf dem Laufenden zu bleiben).

Es gibt sehr wenige spirituelle Lehrer, die auf allen Ebenen klar sind. Wenn sie auf einer Ebene brillant sind, bedeutet das nicht, dass sie auf allen Ebenen brillant sind. Sie können gute Channels sein und doch einen Mangel an Klarheit in ihrem persönlichen mentalen Verständnis besitzen. Große spirituelle Lehrer, die über ein enormes Wissen verfügen, können noch immer von ihrem negativen Ego oder den Emotionen geleitet sein. Das bedeutet nicht, dass wir von diesen Menschen nicht lernen können. Müssten alle Lehrer Gottes perfekt sein, gäbe es keine Lehrer. Die Idee hierbei ist, die Perlen für sich selbst herauszufiltern und den Rest zu vergessen. Auf diese Art wird dir immer nur das Beste eines Lehrers zuteil. Es gibt Menschen auf diesem Planeten, die vorgeben völlig gottverwirklichte Wesen zu sein. Das ist der Gipfel des Egoismus. Alles was sie damit zeigen, ist der Grad zu welchem sie von ihrem negativen Ego geleitet werden. Selbst Sai Baba hat Gott nicht im höchsten Sinne des Begriffs realisiert, da er erst 31 % des Weges hinter sich gebracht hat. Natürlich ist dies im Vergleich zu unserem Stand enorm weit, denn der durchschnittliche Lichtarbeiter auf diesem Planeten hat erst 5 % des Weges beschritten. Sei daher wachsam, wenn du solche Behauptungen hörst.

Der wesentliche Punkt hierbei ist, dich mit dem bereits Erlangten gut zu fühlen ohne stehen zu bleiben und dich damit wirklich zufrieden zu geben. Der planetare Aufstieg ist tatsächlich nur ein kleiner Schritt in Richtung einer viel umfangreicheren Ebene des Aufstiegs - dem kosmischen Aufstieg. Hast du dies einmal verstanden, wirst du automatisch immer weitergehen. Nach dem Aufstieg solltest du dich auf die Entwicklung der spirituellen Führerschaft und den planetaren Weltdienst konzentrieren - und lass all den Glanz des Aufstiegs beiseite. Die Aufgestiegenen Meister der Inneren Ebene haben sich völlig auf das Dienen konzentriert und nicht auf das spirituelle Wachstum. Während man anderen dient, erlangt man auf natürliche Weise die Fähigkeiten eines fortgeschrittenen Aufgestiegenen Meisters und den kosmischen Aufstieg. Bemühe dich weiterhin darum, dich auf allen Ebenen zu verbessern und dein Programm zu verfeinern, doch betrachte das Dienen und die spirituelle Führungsarbeit als Grundlage für alles in deinem Leben.

Besondere Wesen

305. Sai Baba

Ich habe bereits zu Beginn des Buches ausführlich über Sai Baba gesprochen, doch ich möchte ihn hier, an dieser Stelle, nochmals erwähnen, da er eine enorm große Hilfe sein kann. Rufe Sai Baba an und bitte ihn für jeden Bereich deines Lebens um Hilfe. Nimm ihn, wenn du möchtest, als einen weiteren speziellen kosmischen Lehrer in deiner Aufstiegslinie auf. Er ist wie ein spiritueller Regent, der von außerhalb unserer Galaxie zu uns gekommen ist, um allen Seelen auf Erden, unabhängig von ihrem spirituellen Weg, ihrem spirituellen Lehrer, ihrer Mysterienschule oder ihrer Religion, zu helfen. Die Tatsache, dass er ein universeller Avatar und der kosmische Christus in vollständiger physischer Verkörperung ist, verleiht ihm diese enorme Allmacht, Allgegenwart und diese allwissenden Kräfte auf Erden. Rufe ihn beständig an, denn durch einen Wink mit seiner Hand beherrscht er das unendliche Universum. Bitte um die spezielle Aufstiegssegnung von Sai Baba, dich mit seiner Vibhuti Asche zu segnen.

306. Engel

Der nächste goldene Schlüssel war meine Arbeit mit den Engeln und meine Hingabe an sie. Michael und Metatron sind die Erzengel, mit denen ich mich am meisten verbunden fühle. Ich liebe jedoch alle Engel und rufe sie oft an. Die Engel sind derart wunderbare Wesen und sie sind sehr gewillt zu helfen und zu dienen. Rufe sie so oft du magst. Es gibt Engel für alles. Es gibt Engel der Heilung, des Aufstiegs, der Führerschaft, der Kunst, der Musik und der Poesie. Es gibt Engel für alle erdenklichen Bereiche. Lies mein Buch *Verborgene Mysterien,* um einen Überblick über das Engelreich zu bekommen. Es gibt mittlerweile viele wunderbare Bücher über Engel.

307. Bitte die Engel um die Verankerung der Christusqualitäten

Der nächste goldene Schlüssel bezieht sich auf die Entwicklung der Christusqualitäten. Diese Qualitäten beinhalten die Liebe, die Freude, die Vergebung, die Geduld, die Beharrlichkeit, die Verpflichtung, die Loslösung, die Akzeptanz und die Harmonie. Welche Qualitäten du auch immer entwickeln möchtest, rufe die Engel, die diese verkörpern und sie werden dein Energiefeld mit diesen Qualitäten erfüllen.

308. Pan und die Naturgeister

Der nächste goldene Schlüssel war meine Arbeit mit Pan und den Naturgeistern und meine Verehrung für sie. Sie sind auf diesem Planeten furchtbar misshandelt worden. Sie wurden völlig verhöhnt. Wir leugnen nicht nur deren Existenz, sondern wir vergiften und missbrauchen unsere Umwelt so sehr, dass sie darin nicht mehr leben können. Wir spritzen Giftstoffe auf unsere Felder, was die Naturgeister verjagt und Schutz suchen lässt. Unsere Nahrung enthält nur ein Zehntel der Vitalkraft, die sie haben könnte, wenn man in Harmonie mit ihnen zusammenarbeiten würde. Lies mein Buch *Verborgene Mysterien,* um einen Überblick über Pan und die Naturgeister zu bekommen. Es beinhaltet auch ein Kapitel über die Lehren der Essener, die mit der Natur und allem Leben in Harmonie lebten. Rufe Pan und die Naturgeister häufig an. Als ich dies zum ersten Mal tat, lebte ich in Monterey, Kalifornien. Dort standen wunderschöne Bäume und Büsche um mein Apartment, die ich regelmäßig gegossen habe. Während des Gießens sprach ich mit den Naturgeistern. Die Menschen, die an meinem

Apartment vorbeikamen, wunderten sich häufig über das wundervolle Wachstum dieser Pflanzen. Jede Pflanze, jeder Baum, jeder Stein und jedes Mineral trägt einen kleinen Naturgeist in sich, der für das Wachstum verantwortlich ist. Selbst wenn du sie nicht mit deinen physischen Augen oder in deiner hellsichtigen Vision siehst, kannst du intuitiv ihre Gegenwart spüren. Sie existieren, so wie du existierst. Sie wünschen sich so sehr geehrt und willkommen zu sein. Sie erweisen sich als deine besten Kameraden und wollen dir dienen, wenn du ihnen auch nur das kleinste bisschen Liebe und Respekt entgegenbringst.

309. Das Ashtar-Kommando

Der nächste goldene Schlüssel war die Arbeit mit dem Ashtar-Kommando. Dies ist ein großes Licht-Kommando - die Personenflotte und Schiffsflotte der Bruder-/Schwesternschaft des Lichtes. Kommandeur Ashtar führt eine enorme außerirdische Macht, mit einer Belegschaftsgröße von über zwanzig Millionen, aus dem gesamten Universum an, die mit den Aufgestiegenen Meistern zusammenarbeiten. Sie unterstützen in vielfältiger Weise den Aufstieg des Planeten Erde und der Menschheit in dieser entscheidenden Zeit. Bitte um ihre Hilfe für deinen Aufstiegsweg und um ein nächtliches Herunterladen ihres Lichtes und ihrer Informationen, um dich während des Schlafes damit zu erfüllen.

Richtlinien auf dem Weg

310. Betrachte dich als universell und eklektisch

Der nächste goldene Schlüssel war meine Verpflichtung, universell und eklektisch zu sein, indem ich unterschiedliche Lehren integriere und achte. Obwohl ich eine spezielle Aufstiegslinie habe, achte, liebe und diene ich den Meistern aller Religionen, Mysterienschulen und spirituellen Wegen. Dies hatte einen großen Einfluss auf meine Entwicklung. Selbst ein solch großes Wesen wie Sai Baba, der kosmische Christus, trägt nicht alle Aspekte Gottes in sich. Durch diese Verpflichtung war es mir möglich, *Die leicht zu lesende Enzyklopädie des spirituellen Pfades* zu schreiben. Einer der Gründe, weshalb das Wesak-Festival derart erfolgreich ist, liegt in der Philosophie, alle Wege mit einzuschließen und zu verkörpern. Wir sind alle im selben Team. Lasst uns alle zusammenarbeiten und wir werden siegreich sein. Es gibt viele Wege zu Gott und jede Person wird sich zu dem Weg hingezogen fühlen, der am Besten für sie ist.

311. Spirituelle Prüfungen

Der nächste goldene Schlüssel bezieht sich auf den rechten Umgang mit den spirituellen Prüfungen der Macht, des Ruhmes, der Sexualität und des Geldes. Dies sind die Hauptprüfungen für all diejenigen, die sich auf dem spirituellen Weg befinden. Wenn Macht, Ruhm und Wohlstand erlangt wurden, wie werden diese dann eingesetzt? Wird die Führungsperson und der Eingeweihte den Versuchungen, die Macht zu missbrauchen, widerstehen? Können die Eingeweihten dasselbe Maß an Gleichmut, Bescheidenheit und Christusbewusstsein aufrechterhalten, wenn sie einmal Wohlstand und Ruhm erfahren haben? Die Überwindung der Dualität und des Egos haben sie dorthin gebracht, wo sie jetzt sind. Können sie sich nun beständig in diesem Licht halten? Viele sind von den dunklen Mächten in diesem Stadium versucht worden. Haben sie erst einmal Macht, Ruhm und Geld verändern sie sich. Denk gut darüber nach, da dies der eigentliche Charaktertest ist.

312. Bemühe dich stets auf dem Weg

Der nächste goldene Schlüssel liegt in der Bedeutung, sich beständig zu bemühen. Sei, egal welche Stufe du auch erreichst, glücklich, aber niemals zufrieden, da es stets mehr als dies gibt. Ich fand es sehr interessant, als mir Melchizedek eines Tages mitteilte, dass er sich selbst immer noch stets bemühe wie auch Sai Baba, Lord Buddha, Lord Maitreya und Djwhal Khul. Es gibt immer noch eine höhere Sprosse auf der Leiter.

313. Umgang mit Fehlern

Dieser goldene Schlüssel ist das Verständnis zum Thema Fehler. Es ist wichtig zu erkennen, dass Fehler in Ordnung sind. Selbst die Aufgestiegenen Meister der Inneren Ebene machen noch Fehler. Schlimmer, als Fehler zu machen, ist, diese zu verbergen. Auch ich mache laufend Fehler. Ich betrachte sie nicht so sehr als Fehler, sondern eher als Anpassung. Es gibt dafür keine Verurteilung von Gott und den Meistern. Alles ist eine Lernerfahrung und ein fortwährender Prozess der zunehmenden Verfeinerung und Reinigung. Die wahren spirituellen Führer geben Fehler zu. Wenn wir unsere Fehler zugeben, werden wir an Gestalt und Kraft zur Demonstration des wahren Christusbewusstseins zunehmen.

Einweihungen

314. Studiere die sieben Stufen der Einweihungen

Der nächste goldene Schlüssel ist das Studieren der sieben Stufen der Einweihungen. Studiere die Kapitel über dieses Thema in meinen Büchern *Das komplette Aufstiegshandbuch* und *Jenseits des Aufstiegs*. Studiere alles, was du bezüglich der Einweihungen finden kannst und was sich unmittelbar über deiner eigenen Einweihungsstufe befindet. Vertiefe dein Verständnis darüber. Dies wird dir dabei helfen, dein Bewusstsein zu polarisieren und zu magnetisieren, um den Sprung zu deinem nächsten Entwicklungsschritt hin zu machen. Bete jede Nacht zu den Meistern, dass sie dir dabei helfen, deine nächste Einweihung zu durchlaufen. Bitte um eine göttliche Dispensation zur Beschleunigung deiner Einweihungen und bitte sogar um einen Zeitplan, wann du den nächsten Schritt, so es der göttliche Wille ist, erreichst. Ein oder zwei Jahre sind eine gute Zeit pro Einweihung. Dies ist schon unglaublich schnell, aber wirklich möglich, wenn du dich dazu verpflichtest.

315. Studiere die sieben Wege zur höheren Entwicklung

Der Schlüssel meines Weges war, das Material über die sieben Wege zur höheren Entwicklung intensiv zu studieren. Nutze dazu deinen rationalen und intuitiven Geist, beginne den Prozess damit, zu entscheiden, welchen Weg du bis zur sechsten Einweihung nehmen möchtest. Ich habe dir dies durch das Aufzeigen dieser Wege in *Jenseits des Aufstiegs* sehr einfach gemacht.

316. Bleibe wachsam, wenn über Einweihungsgrade gesprochen wird

Dieser goldene Schlüssel hat mit der Wachsamkeit zu tun, wem gegenüber und wann du über deinen Einweihungsgrad sprichst. Die Erfahrung hat mich gelehrt, dass dies oftmals Wettbewerbe und Vergleiche mit sich bringt. Ich habe es mir zum Vorsatz gemacht, niemals darüber in meinen Kursen oder generell im Ashram zu sprechen. Und dies längst nachdem ich meinen eigenen Aufstieg erlangt hatte. Ich habe meine Einweihungen in meinen Büchern besprochen, da mir die Meister sagten, dass dies für die Lichtarbeiter auf dem Planeten von größtem Wert sei, um ein Gespür dafür zu bekommen, wie der Prozess verläuft. Alle sind Gott, ungeachtet ihres Einweihungsgrades. Wir sollten niemals über andere urteilen, weil sie einen geringeren Einweihungsgrad erlangt haben. Ich kenne zahlreiche Menschen, die psychologisch weitaus klarer sind als viele derer, die einen höheren Einweihungsgrad erlangt haben. Bei diesem Einweihungsprozess gibt es viel Glanz und Ego zu vermeiden.

317. Halte die Perspektive bezüglich deines Fortschrittes

Der nächste goldene Schlüssel war ein Gelöbnis, nicht hochmütig oder vermessen zu werden, nur weil ich meinen Aufstieg erlangt habe. Wie die Bibel schon sagt: "Hochmut kommt vor dem Fall". Ich habe meine Bemühungen statt dessen verdoppelt; bin konzentrierter, disziplinierter und pflichtbewusster geworden. Der Aufstieg ist ein Prozess und der planetare Aufstieg ist nur ein Vorspiel des wahren kosmischen Aufstiegs. Man kann stolz darauf sein, doch es ist erst ein Zehntel auf dem Weg zur Gottesverwirklichung. Diese Einsicht ist sehr hilfreich, um der Erlangung des planetaren Aufstiegs demütig gegenüber zu stehen. Es ist auch wichtig, sich nicht von Rückschlägen oder langsamen Prozessen entmutigen zu lassen. Und bei Fehlern müssen wir einfach auf deren Lektionen achten, dies dann integrieren und den Weg fortsetzen.

318. Ziehe deinen nächsten Entwicklungsschritt an

Ein anderer goldener Schlüssel bei meinem spirituellen Fortschritt war, mich stets selbst auf den nächsten Schritt auszurichten. Wenn du beispielsweise deine vierte Einweihung abgeschlossen hast, solltest du dich nicht mehr auf dein Höheres Selbst und deine Seele konzentrieren, sondern auf deine Monade und das höhere spirituelle Dreieck von Intuition, spirituellem Willen und abstraktem Geist. Du solltest dann immer versuchen, mit deinem Geist die nächst höhere Stufe über dir anzuziehen. Tust du dies nicht, ziehst du diesen nächsten Schritt nicht so schnell an, was deinen Einweihungsprozess erheblich verlangsamt. Seit der Vollendung meines planetaren Aufstiegs, habe ich mein Bewusstsein auf die sechs Monaden und die solare Ebene des Bewusstseins ausgerichtet. Sobald ich dies gemeistert habe, richte ich mein Bewusstsein auf die galaktische Ebene und dann auf die universelle Ebene aus. Man kann die Stufen nicht überspringen und wenn du dies versuchst, verlangsamst du deinen Fortschritt und störst dein Vierkörpersystem.

319. Verbinde dich mit der Aufstiegswelle

Der nächste goldene Schlüssel ist, in die Aufstiegswelle einbezogen zu werden. Die Spirituelle Hierarchie hat den Aufstiegsprozess zu dieser Zeit auf dem Planeten so angesetzt, dass die Schüler in Gruppen, oder Wellen, eingeweiht werden. Bitte die Meister während der Meditation darum, dich mit der dir höchstmöglichen Aufstiegswelle zu verbinden. Es gibt nicht nur drei, sondern viele Aufstiegswellen. Sie werden so lange andauern, bis alle Seelen die Befreiung erfahren haben. Wenn du in die für dich beste und passendste Aufstiegswelle gelangen möchtest, komme zum Wesak-Festival nach Mount Shasta. Wenn du zum Wesak-Festival kommst, wirst du automatisch zu deinem höchsten Potenzial gelangen. Wenn du dann einmal mit der Aufstiegswelle verbunden bist, geschieht ein Großteil der Arbeit auf der Inneren Ebene während du schläfst. Diejenigen, die sich in den einzelnen Wellen befinden, erhalten bestimmte Aktivierungen, gemäß der Stufe ihres eigenen spirituellen Wachstums. Dies ist einer der großen Vorteile der Arbeit mit den Aufgestiegenen Meistern. Die beste Art von den Meistern beachtet zu werden ist, ihnen deine Bereitschaft und deinen Willen zum Dienen zu zeigen, damit sie wissen, dass sie sich auf dich verlassen können.

320. Studiere die Einweihungen in der Großen Pyramide

Der nächste goldene Schlüssel war das Studieren all dessen, was ich über die spirituellen Prüfungen der sieben Einweihungen in der Großen Pyramide finden konnte. Dieses Material zu studieren ist eine der besten Möglichkeiten, deine Einweihungen zu durchlaufen. Ich habe all dieses Material in meinem Buch *Verborgene Mysterien* zusammengetragen, um dies so einfach wie möglich zu machen. Falls du das Buch von Earlyne Chaney *Initiation in the Great Pyramid* noch nie gelesen hast, solltest du dies unbedingt tun. In *The Aquarian Gospel of Jesus the Christ* lauteten die sieben Einweihungen, die jede Person durchschreiten musste, Aufrichtigkeit, Gerechtigkeit, Glaube, Menschenliebe, Heldenmut, göttliche Liebe und das Erlangen des Christusbewusstseins. Dies waren die Prüfungen, die Meister Jesus in der Großen Pyramide durchlaufen musste.

Ich empfehle auch sehr, das Buch von Elisabeth Haich *Einweihung* zu lesen, das aus der Erinnerung an ein vergangenes Leben geschrieben wurde. In diesem Buch beschreibt sie jede Stufe ihrer Einweihungen. Ihre erste war ein Test, das Böse zu überwinden. Die zweite war ein Test, Gott vor die Freuden des Gaumens zu stellen. Die dritte war ein Test, Gott vor die sexuellen Freuden und die Verführung zu stellen. Die vierte Einweihung war ein Test, Gott sogar ihrem Seelengefährten vorzuziehen. Die fünfte war ein Test, Gott im Angesicht des Todes in den Vordergrund zu stellen. Die sechste war ein Test der universellen Liebe. Elisabeth musste die Hilfe am spirituellen Fortschritt anderer über ihren eigenen stellen. Die siebte Einweihung war die vollständige Realisierung von Christus und Gott. Jeder von uns hat ähnliche Tests in seinem täglichen Leben zu bestehen. Die Idee hierbei ist, durch Gnade statt durch Karma zu lernen. Studiere und durchlaufe diese Einweihungen jetzt in deinem Bewusstsein. Lege bestimmte Gelübde und Vereinbarungen hinsichtlich dieser verschiedenen Bereiche in deinem Leben ab. Dies wird dir gestatten, diese Tests auch zu durchlaufen, wenn du einmal in Versuchung geführt wirst vom Weg abzukommen. Studiere das Material über die Einweihungen, welches von den ehemaligen Schülern der Großen Pyramide stammt. Wenn du deine Einweihungen kennst, bist du bereit, sie zu empfangen.

Deine Mission

321. Deine Aufgabe im göttlichen Plan

Der nächste goldene Schlüssel ist das Gebet an Gott und die Meister deiner Wahl, dich hinsichtlich deiner Mission zu führen. Es ist wichtig, dass wir alle unsere spezielle Aufgabe im göttlichen Plan erfüllen und nicht versuchen, die Arbeit eines anderen zu tun. Vergleiche dein Leben nicht mit dem der anderen. Konzentriere dich darauf, deine Aufgabe im Plan zu erfüllen. Jeder von uns wurde von Gott geschaffen, um seinen einzigartigen Dienst und seine Aufgaben auszuführen. Wenn jeder von uns seinen eigenen Teil des göttlichen Planes in Kooperation, Liebe, Einheit und Harmonie erfüllt, wird der gesamte Plan bald Früchte tragen. Es ist unsere Aufgabe dabei mitzuhelfen, dies für die gesamte Menschheit einzurichten. Zusammen können wir den Himmel auf Erden erschaffen.

322. Bitte um deine zukünftige Mission

Dieser goldene Schlüssel ist die Bitte an Lord Arcturus, Melchizedek, Metatron und Sai Baba, dir deine zukünftige Mission, zu deinem höchsten Potenzial, in deine Computerdaten auf der ewigen Zeitenlinie einzuprogrammieren.

323. Der Weg der Mystik und des Okkultismus

Der nächste goldene Schlüssel auf meinem spirituellen Weg, war das Verständnis über die Wege des Mystikers und des Okkultisten. Der Okkultist neigt eher zum mentalen Typ. Der Mystiker ist eher intuitiv, ein Gefühlstyp. Der Mystiker möchte alles gern erfahren; das Lesen und Studieren liegt ihm nicht so sehr. Der Okkultist studiert und liest sehr gerne und möchte alles verstehen. Dies ist sehr vereinfacht dargestellt, erklärt aber, warum bestimmte Menschen so sind wie sie sind. Der eine Weg ist nicht besser als der andere; sie sind gleich. Die Mystiker sollten sich nicht dazu zwingen, Okkultisten zu sein und die Okkultisten sollten sich nicht dazu zwingen, Mystiker zu sein. Ehre die Art, in der Gott dich geschaffen hat. Mit den höheren Einweihungen und dem Erlangen deines Aufstiegs werden beide Wege verschmelzen und stärker integriert werden. Diese Themen und Tendenzen werden jedoch immer bleiben. Ein Mystiker wird nicht in dem Maß über das intellektuelle Verständnis, die okkulte Vision und die Sinne des Okkultisten verfügen. Der Okkultist wird nicht in dem Maße die Hellhörigkeit, Hellsichtigkeit, Hellfühligkeit und die Channelfähigkeit eines Mystikers haben. Wenn Mystiker und Okkultisten Freunde werden, ergibt dies die höchste und fortgeschrittenste Aufstiegsfreundschaft, die man haben kann. Die Mystiker brauchen die Okkultisten, um von ihrem Potenzial inspiriert zu werden und umgekehrt. Beide sollten auch in höchstem Maße geehrt und respektiert werden.

324. Das Verstehen persönlicher und unpersönlicher Energien

Der nächste goldene Schlüssel war das Verstehen des Unterschiedes zwischen persönlichen und unpersönlichen Energien. Es ist nicht möglich, mit jedem eine enge Freundschaft und ein persönliches Verhältnis zu haben. Jeder Lichtarbeiter muss die Fähigkeit der unpersönlichen wie auch der persönlichen Liebe entwickeln. Jeder Lichtarbeiter muss auch lernen, diese beiden zu verbinden. Einer der wahren Schlüssel für meinen Erfolgs war die Fähigkeit, mit den Menschen gut auszukommen und eine gute Verbindung herzustellen ohne dabei meine Grenzen zu verlieren und ausgebrannt zu werden. Als ich die Führungsposition erreichte, merkte ich, dass es viele Brüder und Schwestern gab, die meine Zeit, Energie und Informationen suchten. Ich kann nicht jedes Bedürfnis stillen, noch sollte ich das tun. Es gilt dabei eine ausgewogene Balance zu halten. In früheren Zeiten wurde ich bereits von den Meistern dazu angeleitet, hoch entwickelte Eingeweihte im Ashram einzusetzen, die mir bei der Flut an Post und Telefonanrufen helfen können. Dies wiederum ist der Einsatz des Gruppenkörpers als Ausdehnung meiner selbst. Es ist eine Lektion für alle, die in die Führungspositionen gelangen.

Inspiration auf dem Weg

325. Muktananda und Meditation

Der nächste goldene Schlüssel war eine Inspiration, die ich aus dem Studium der Autobiographie des Swami Muktananda erhalten habe. Mich zieht es nicht zum Siddha Weg hin. Ich fühlte mich schon immer viel mehr zu Yogananda und Sai Baba hingezogen. Doch was mich an Muktanandas Autobiographie am meisten inspiriert hat, war seine Selbstdisziplin und Hingabe an die Meditation. Er meditierte Tag und Nacht, jahrelang, ohne Ende. Ich glaube nicht, dass dies der ausgeglichenste Weg zu leben war, doch er inspirierte mich. Ich fand heraus, dass Meditation, Gebet und meine Einstellung die drei Schlüssel für meinen spirituellen Fortschritt waren. Gemeinsam mit den Aufgestiegenen Meistern und der Aufstiegsbewegung ist die Meditation einer meiner liebsten Dinge im Leben. Sobald du den göttlichen Strom erfahren hast und merkst, wie einfach es ist, sich mit den Meistern zu verbinden und mit ihnen zu arbeiten, möchtest du nie mehr von ihnen getrennt sein. Meditiere so viel wie möglich und gestalte dein ganzes Leben als eine fortwährende Meditation.

326. Peace Pilgrim

Der nächste goldene Schlüssel war das Studium der Lehren von Peace Pilgrim. Ich war von ihrem einfachen Glauben und ihrer einfachen Hingabe sehr angetan. Sie ging kreuz und quer durch Amerika ohne Geld, dem Glauben und der Güte der Menschen vertrauend. Wenn sie auch manchmal ohne Nahrung oder Unterkunft loszog, Gott sorgte immer für sie. Ich war durch ihr Beispiel stark beeindruckt. Es ist meine Hoffnung und mein Gebet, dass ich diesen Glauben, diese Geduld und dieses Vertrauen in Gott auch demonstrieren kann.

327. Mutter Teresa

Der nächste goldene Schlüssel ist die Inspiration, die ich aus dem Leben von Mutter Teresa empfangen habe. Ihr unerschütterlicher Glaube an Gott und ihre Hingabe, den Ärmsten der Armen zu helfen, war unglaublich bewegend und inspirierend für mich. Ich erkannte, dass nicht jeder für diese Art von Arbeit bestimmt ist, doch ihr Beispiel hat mich sehr bewegt. Ich bete darum, dass ich meinen Lesern und Schülern mit derselben Hingabe und demselben Pflichtgefühl dienen kann, wie Mutter Teresa dies so wundervoll und majestätisch demonstriert hat.

Beziehungen

328. Liebesbeziehungen

Der nächste goldene Schlüssel waren die Liebesbeziehungen, die ich hatte. Durch die Gnade Gottes, wurde ich mit den schönsten und lange währenden Beziehungen und Ehen gesegnet. Wenn du dein spirituelles Wachstum beschleunigen möchtest, gibt es dafür nichts Besseres als eine Liebesbeziehung. Sie bringt alles an die Oberfläche. Jede Liebesbeziehung und Ehe in meinem Leben war ein wundervoller Lehrer für mich und sehr hilfreich in meiner Entwicklung. Ich glaubte, dass jede einzelne Beziehung ewig dauern würde, es sollte aber nicht so sein. Ich begann jede Beziehung mit dem Gedanken an ein gemeinsames spirituelles Wachstum. War dies vorbei, ließ ich sie ziehen. Die Zeit nach einer solchen Beziehung war oft schwierig, doch ich merkte bald, dass die Zeit des Alleinseins mich in die nächste Phase meiner Arbeit katapultierte. Dann, wenn die Zeit dazu reif war, begann die nächste Beziehung mit einer völlig neuen Partnerschaft und einem neuen Übungsfeld.

Der Schlüssel hierbei ist, vollkommen zu lieben und sich in die gewünschte Beziehung hineinzugeben, da dies den spirituellen Weg beider erhöht. Doch sollte der Tag kommen, an dem diese Beziehung nicht mehr zum höchsten Wohle beider ist, dann lasst in Liebe los. Einer der Hauptwerte in einer Beziehung ist, dass sie uns einen Spiegel für all unsere ungeheilten Angelegenheiten vorhält, damit wir sie klären können. In Beziehungen ist es wichtig, nicht miteinander zu kommunizieren, wenn das Ego die Leitung übernehmen möchte. Wenn dies der Fall sein sollte, benötigt jeder Zeit für sich allein, um sich zu beruhigen und mit sich selbst und Gott ins Reine zu kommen. Anschließend kann man wieder zusammenkommen und alles in Ruhe besprechen. Liebesbeziehungen bieten viele Gelegenheiten, um dies zu üben und negative Muster zu transformieren.

329. Befreie dich von der starren Ansicht, einen Partner haben zu müssen

Dieser nächste goldene Schlüssel dreht sich um das Manifestieren einer Liebesbeziehung. Ich habe herausgefunden, dass der effektivste Weg, eine ideale Liebesbeziehung zu erlangen, der ist, meinen gesamten Fokus auf Gott, meinen spirituellen Weg und meinen Dienst auszurichten. Stellst du dies in den Vordergrund, wird der ideale Seelen- und Monadenpartner von dir angezogen werden, wenn dies in Übereinstimmung mit deinem spirituellen Weg steht. Der Schlüssel hierbei ist, mit und ohne Partner glücklich zu sein. Wenn dein Leben auf allen Ebenen auch ohne Partner erfüllt ist, begegnet er dir meistens. Ich bin glücklich im Moment allein zu sein. Ich habe wunderbare Freunde und fühle eine innige Gemeinschaft mit Gott, den Meistern und mir selbst. Ich bin dem Gefühl, eine neue Beziehung haben zu müssen, nicht verhaftet. Ist es Gottes Wille, so soll es geschehen. Wenn nicht, bin ich vollständig von meinem Dienst erfüllt.

Wesak und die Vollmondfeiern

330. Das Wesakfest

Dieser goldene Schlüssel ist eine persönliche Einladung für jeden von euch, zum Wesakfest nach Mount Shasta, das ich jedes Jahr für 1200 Menschen veranstalte, zu kommen. In Zukunft kann diese Feier 2500 Menschen und dann 5000 Menschen umfassen. Solange die Feier aber in Mount Shasta stattfindet, müssen wir die Teilnehmerzahl auf 1200 begrenzen, da das Auditorium nicht so groß ist. Wesak hatte einen tief greifenden Effekt auf mein Leben. Aus der Sicht der Aufgestiegenen Meister ist dies der heiligste Tag des Jahres. Es wird zum Vollmond im Stier gefeiert. Wesak ist ein Tal im Himalaja, in dem sich alle Meister und viele Schüler jedes Jahr mit Buddha und Christus versammeln. Es ist der Höhepunkt des Einströmens spiritueller Energien auf diesen Planeten. Und es ist auch die Zeit, zu der alle Einweihungen von den Meistern gegeben werden. Lord Maitreya hat mich dazu angeleitet, jedes Jahr ein Fest zur Sichtbarmachung dieses Prozesses für die Massen zu feiern.

Kannst du dir vorstellen, Wesak zu feiern und Aufstiegsaktivierungen mit 1200 hochgradigen Eingeweihten und aufgestiegenen Wesen in Mount Shasta durchzuführen? Dies wird die nächsten Serien der Massenaufstiegswellen für die Menschheit, unter der spirituellen Schirmherrschaft von Melchizedek, Lord Buddha, Lord Maitreya und Djwhal Khul, aktivieren. Der Beschleunigungsgrad, den du dabei erlangen kannst, ist unbeschreiblich. Ich habe einen derartigen Zustrom Gottes, den ich bei den jährlich stattfindenden Wesakfeiern erfahre, noch nie erlebt. Der Ruf ergeht an euch, meine geliebten Leser. Meldet euch telefonisch oder schriftlich bei mir und ich setze euch auf die Verteilerliste. Ihr bekommt dann ein kostenloses 25-seitiges Informationspaket über die Wesakfeier. Erzählt euren Freunden und eurer Familie davon. Dies ist eine Zeit für hochgradige Einweihte, aufgestiegene Wesen und spirituelle Führungskräfte auf der ganzen Welt, um in einer völlig universellen, eklektischen Versammlung zusammenzukommen, um alle spirituellen Lehrer, Mysterienschulen, Religionen und Ashrams Gottes zu ehren. Es ist eine Zeit, uns alle zu versammeln und uns mit den großen planetaren und kosmischen Meistern zu verbinden, um uns zu regenerieren und auf das nächste Jahr des planetaren Weltdienstes vorzubereiten. Kommt zum Wesakfest nach Mount Shasta und ihr werdet das Reich der Wunder betreten. Vertraut mir, meine Freunde. Falls ihr schon immer eine Pilgerreise nach Mount Shasta machen wolltet, ist jetzt die Zeit dazu!

331. Vollmondmeditationen

Der nächste goldene Schlüssel war, jeden Monat sehr intensiv bei Vollmond zu meditieren. Das wichtigste Vollmondfest ist natürlich das Wesakfest. Es gibt jedoch noch elf weitere Vollmondzeremonien. Die beiden anderen Hauptfeste im Frühjahr sind das Christusfest im Widder, zu Ostern und das Fest der Menschheit, oder des guten Willens, im Zwilling. Wenn du mehr über diese Zeremonien erfahren möchtest, lies mein Buch *Kosmischer Aufstieg*. Zur Zeit des Vollmondes wird mehr spirituelle Energie ausgeschüttet und es ist eine sehr günstige Zeit für das spirituelle Wachstum. Nutze diese Zeiten.

9 Den Tempel Gottes pflegen

Schlüssel 332-354

Ernährung
Technologien
Übungen
Stärken und Klären
Achte auf dich selbst
Ganzheitliche Modalitäten

Ernährung

332. Eine gesunde Diät

Dieser goldene Schlüssel, eine strikte Diät zu halten, war sehr wichtig für meine Heilung. Ich suchte dazu eine medial veranlagte Ernährungsberaterin, namens Eileen Poole, in Los Angeles auf. Sie ist, meiner Meinung nach, die beste Ernährungs- beraterin auf diesem Planeten. Ihre gesamte Arbeit beruht auf gechannelten Informationen und nicht auf Wissen aus Büchern. Nachdem ich ihre Empfehlungen befolgte, meine Nahrung auspendelte und eine purpurfarbene positive Energie-Platte einsetzte, um meine Nahrung zu energetisieren, stellte ich einen hohen energetischen Effekt in meinem Körper fest.

Auf Grund meiner vergangenen Gesundheitsgeschichte musste ich mich strenger als die meisten anderen an meine Diät halten. Diese Disziplin beim Essen steigerte meine Energie und stärkte mein Immunsystem. Ich fühlte mich trotz mancher Schwächen kaum schlecht. Diese Diät ließ auch die atomare Struktur meines Körpers lichter werden, was mich sensitiver für feine Energien machte. Ich bin ein großer Befürworter einer solchen Diät, zudem trinke ich viel klares frisches Wasser.

333. Die Kombination von Nahrungsmitteln

Ein weiterer goldener hilfreicher Schlüssel, den ich entdeckt habe, ist, die Regeln der Kombination von Nahrungsmitteln zu beachten. Ich merke, dass dies eine sehr effiziente Art zu Essen ist, welche die Energie gut speichert. Die Grundregel der

Kombination von Nahrungsmitteln besagt, dass man Proteine mit Gemüse und Kohlenhydrate mit Gemüse kombinieren sollte, jedoch Proteine mit Kohlenhydraten nicht zusammen essen sollte. Eine weitere Regel besagt, dass man Obst pur, also ohne Kombination essen sollte. Diesbezüglich gibt es in Naturkostläden detailliertere Informationen, doch dies sind die Grundlagen. Ich schwöre auf diese Art zu Essen. Mein gesamtes Körpersystem arbeitet auf diese Weise viel effizienter.

334. Fasten und Reinigungsdiäten

Eine weitere sehr wertvolle Sache für den Körper ist das Fasten oder eine Reinigungsdiät durchzuführen. Das Fasten hat mir sehr gut getan und ich nahm dazu meistens Saft von grünen Gemüsen gemixt mit etwas Karottensaft zu mir. Derzeit wende ich meistens ein Methode an, die ich von Eileen Poole gelernt habe und die sich "Bielerbrühe" nennt und durch ihren Mentor, Henry Bieler, berühmt wurde. Er hat ein wunderbares Buch mit dem Titel *Deine Nahrung soll deine Medizin sein* geschrieben. Um die Bielerbrühe herzustellen, muss man Zucchini, grüne Bohnen, Sellerie und Petersilie in einem großen Topf dämpfen. Dann gibt man das gedämpfte Gemüse mit der gleichen Menge an Wasser in einen Mixer und vermengt es. Dies ergibt eine dicke Suppe, die, wie ich finde, köstlich schmeckt. Das ist eine ganz wunderbare Art zu fasten, sich zu reinigen und zudem ein echter Verjünger - es funktioniert! Mit den Jahren habe ich dieses Rezept auch mit anderen Gemüsesorten ausprobiert und es klappt auch gut. Ich esse diese Suppe täglich. Wenn ich auf diese Weise ein bis drei Tage faste oder auch eine Mahlzeit dadurch ersetze, kann ich die Wirkung an meinen Augen, meiner Haut, meinen Haaren und an meiner Aura erkennen. Ich schwöre auf dieses Essen. Ich esse dies bereits seit fünfzehn Jahren und wurde dem dabei nicht überdrüssig. Es war einer der goldenen Schlüssel, um meinen Körper zu heilen und zu ernähren.

335. Vermeiden von künstlichen Stimulanzien

Dieser goldene Schlüssel war das Gelöbnis, auf künstliche Stimulanzien wie Kaffee, Schwarztee, Drogen und selbst auf pflanzliche Stimulanzien zu verzichten. Ich war früher ein richtiger Kaffeetrinker, doch dies hatte schreckliche Auswirkungen auf meine Nebennieren, Leber und Bauchspeicheldrüse. Im Laufe der Zeit wurde mir bewusst, dass das Ziel in allem die Ausgewogenheit ist. Dies bezieht sich auf die Gedanken, die Gefühle und den physischen Körper. Es ist nicht gut, ständig Achterbahn zu fahren.

336. Vermeidung von Drogen

Der nächste goldene Schlüssel war die strenge Regel, sich von allen möglichen Drogen fern zu halten. Als Jugendlicher habe ich selbst damit experimentiert, wie fast alle meiner Generation. Die Meister weisen ausdrücklich darauf hin, dass Drogen nichts für hohe Eingeweihte sind. Es gibt ein paar Dinge, bei denen ich eisern bin und dies ist eines davon.

Die Schüler und Eingeweihten, die sich auf Drogen einlassen, sind vom niederen Selbst und vom negativen Ego verführt worden. Sie sollten sich selbst vergeben und nicht in Schuldgefühle verfallen, aber sofort damit aufhören. Andere Bewusstseinszustände können durch Meditation erlangt werden, dazu sollte man keine Substanzen nehmen, welche die Leber schädigen. Auch das Haschischrauchen brennt Löcher in die Aura. Lichtarbeiter sollten zudem von medizinisch verordneten Drogen Abstand nehmen und lieber Kräuter und homöopathische Mittel zu sich nehmen. Diese eignen sich zur Heilung und zum Wohlbefinden des Körpers viel besser und sind zudem auch viel effizienter. Im Notfall ist das natürlich eine Ausnahme, doch im Allgemeinen sollte man sich daran halten. Ich glaube, dass in nicht allzu ferner Zukunft viele der gängigen westlichen Behandlungsmethoden abgeschafft werden. Die Ärzte der Zukunft werden auf vielfältige Weise Energiearbeit leisten. Krankheit wird als Unausgewogenheit erkannt werden, dementsprechend wird man sich um Balance bemühen, was oft über die feineren Körper, den Geist und die Emotionen erlangt werden kann.

Technologien

337. Die purpurfarbene positive Energie-Platte

Dieser goldene Schlüssel war von unschätzbarem Wert für mein physisches Wohlbefinden - die Verwendung der purpurfarbenen positiven Energie-Platte. Ich kann sie nicht stark genug empfehlen. Diese purpurfarbene Platte ist eine New Age-Technologie, in der die Atome und Elektronen des Aluminiums derart verändert wurden, dass die Platte mit der Energie des Universums in Resonanz steht. Diese Platten erzeugen ein positives Energiefeld, welches jegliche Substanz durchdringt. Diese Energie ist wohltuend für alle Lebensformen - Pflanzen, Tiere oder Menschen. Aus eigener Erfahrung weiß ich, dass diese Platten tatsächlich wirken und ich habe dies gemeinsam mit den Aufgestiegenen Meistern, meinem Pendel und mit vielen meiner Freunde überprüft.

Ich wage zu behaupten, dass 90 % unserer Nahrung, die wir zu uns nehmen, auch aus dem Naturkostbereich, eine negative oder neutrale Umdrehung aufweist. Dies kann man mit einem Pendel überprüfen. Dies kann durch Pestizide, verdorbene Nahrung im Kühlschrank oder in der Küche, durch Menschen, die im Handel damit in Berührung gekommen sind oder durch das Scannen an den Kassen verursacht werden. Die Möglichkeiten Nahrung zu verunreinigen sind endlos. Deshalb bete ich immer vor dem Essen und nutze meine purpurfarbene Energie-Platte, um meine Nahrung zu reinigen. Es gibt sie in verschiedenen Größen. Ich habe eine große, die ca. 40 Dollar kostet. Die Kleinen kosten ca. 12 Dollar. Ich lege sorgfältig die gesamte Nahrung auf die Platte. Meine purpurfarbene Platte ist mein Untersetzer. Man sollte die Nahrung fünf bis sieben Minuten lang darauf liegen lassen, bevor man sie isst. Diese Platten eignen sich auch dazu, homöopathische Mittel, Kräuter und Vitaminpräparate als Nahrungsergänzung zu energetisieren.

Wenn du die Nahrung vor und nach der Verwendung der Platte mit einem Pendel austestest, kannst du den Unterschied klar erkennen. Die Platte verursacht eine positive Umdrehung der Nahrung. Dies garantiert dir, dass du die Energie in richtiger Form zu dir nimmst, auch wenn du nicht immer die beste Nahrung zu dir nehmen kannst. Magst du beispielsweise Eiscreme essen, dann lege es auf diese Platte, die dann alle negativen Energien deaktiviert und eine positive Energieumdrehung des Eises bewirkt. Ganz gleich welcher Art deine Nahrung ist, sie wird durch die Verwendung der purpurfarbenen Platte viel gesünder. Ich bin gewöhnlich nicht so sehr von New Age-Apparaten beeindruckt, aber in diesem Fall bin ich wirklich davon überzeugt. Ich ziehe diese Platte dem Soma Bord, das Hanna Kroeger speziell für diesen Zweck entwickelt hat, vor. Wenn du Interesse daran hast, findest du die nötigen Informationen am Ende dieses Kapitels.

338. Radionik

Der nächste goldene Schlüssel zur Heilung meines physischen Körpers war die Radionik. Ich habe zwei Radionikgeräte, eines mit der Bezeichnung SE5 und ein anderes, das ich als eine Black Box bezeichne. Meine empfindliche Verdauung und meine Abneigung gegen Medikamente ließen mich zu diesen Geräten greifen, die mir, statt der Pillen, die notwendigen Substanzen zur Heilung zuführen. Dies ist nicht unbedingt für jeden notwendig, doch mir haben sie, zusammen mit den Möglichkeiten, die mir die Aufgestiegenen Meister zur Verfügung gestellt haben, zu einer guten Gesundheit verholfen. Ich will nicht behaupten, dass ich die Arbeitsweise dieser Geräte völlig verstehe. Doch indem ich ein paar Haare oder ein Bild von mir auf das Gerät und eine bestimmte Substanz oder einen Nummerncode auf eine andere Platte lege, findet das Gerät jegliche Viren, Pilze oder andere Probleme, mit denen ich zu tun habe, heraus. Ich kann mit dem Gerät auch viel

Geld sparen, da ich die selben homöopathischen Medikamente immer wieder verwenden kann, weil ich sie nicht einnehmen muss. Sie behalten ihre Wirksamkeit, da ich sie immer wieder auf meine purpurfarbene Energie-Platte lege. Ich nutze Radionik als eine präventive Gesundheitsmaßnahme. Das Gerät ist bei mir 24 Stunden täglich in Betrieb, versorgt mich mit homöopathischen Medikamenten, Mitteln zur Steigerung der Immunabwehr und ähnlichem. Mir gefällt der Gedanke, mit reiner Energie und geistigen Substanzen an meiner Gesundheit zu arbeiten. Das Ideal wäre, gemäß der inneren Führung, sowohl mit physischen wie auch mit energetischen Methoden zu arbeiten. Radionik ist ganz bestimmt eine Wissenschaft der Zukunft.

339. Schutz gegen Elektrosmog

Der nächste goldene Schlüssel handelt vom Schutz gegen Elektrosmog. Es gibt viele Produkte auf dem Markt, um die Auswirkungen des Elektrosmogs zu verringern. Das Produkt, das ich am wirkungsvollsten empfand, war die Tesla-Uhr, die von Nikola Tesla entwickelt wurde. Wenn man diese Uhr trägt, wird um das eigene Energiefeld ein Kraftfeld gebildet, das jegliche elektrischen Schwingungen fern hält. Diese Uhr pulsiert synchron zum Pulsschlag der Erde und dem menschlichen Körper, der einzigartig ist. Ich habe es immer abgelehnt Uhren zu tragen, da ich das Gefühl habe, dass sie den natürlichen Energiefluss in den Akupunktur-Meridianen stören. Die Tesla-Uhr wurde getestet und es ist erwiesen, dass sie das Immunsystem auf einer feinstofflichen Ebene stärkt. Sie läuft auch als Zeitmesser gut. Ich weiß nicht, wo man sie derzeit bekommen kann. Doch wenn du dich dafür interessierst, kannst du mit Leuten im Radionik-Bereich Kontakt aufnehmen oder im Anzeigenteil der esoterischen Zeitschriften nachschauen.

340. Vermeide Mikrowellen-Geräte

Dieser goldene Schlüssel besagt, sich von Mikrowellen-Geräten fern zu halten. Entgegen der allgemeinen Meinung ist das Erhitzen der Nahrung in der Mikrowelle keine New Age-Form des Kochens. Die Mikrowellen-Geräte brennen Löcher in die ätherischen Felder deiner Nahrung, was sehr schlechte Auswirkungen auf deinen physischen Körper hat. Die langfristige Nutzung von Mikrowellen-Geräten kann einen sehr negativen Effekt auf deine Gesundheit haben.

Übungen

341. Gleichgewichtsübung

Der nächste goldene Schlüssel zur Gesundheit war die Gleichgewichtsübung. Man sagt, dass es drei Aspekte zur physischen Übung bedarf: Kondition, Flexibilität und Kraft. Die Kondition erhalte ich derzeit vom Gehen; wie Edgar Cayce schon sagte, ist dies die beste Übung. Ich habe lange Zeit gejoggt, doch jetzt halte ich dies nicht für mich geeignet. Ich ziehe das Gehen vor, dabei wird mein System gut mit Sauerstoff versorgt. Um Kraft zu bekommen, ging ich jahrelang zum Turnen und hob Gewichte. Ich habe jetzt nicht mehr das Bedürfnis dies zu tun, doch es ist eine gute Sache für diejenigen, die es tun möchten.

342. Yoga und Stretching

Der nächste goldene Schlüssel war das Hatha Yoga und Stretching. Yoga und Stretching dienen wunderbar dem Aspekt der Flexibilität und dem Gleichgewicht. Einer der Schlüssel zur perfekten Gesundheit ist, die Wirbelsäule flexibel zu halten. Die Nerven, die mit der Wirbelsäule verbunden sind, dienen jeder Zelle, jedem Nerv, jedem Organ und jeder Drüse im Körper. Yoga kann als Meditation oder einfach als eine Art der Körperübung durchgeführt werden.

Stärken und Klären

343. Die Thymusaktivierung

Der nächste Schlüssel ist eine einfache Übung, die Thymusaktivierung genannt wird. Tippe einfach mit deinen Fingerspitzen auf das Zentrum deiner oberen Brust und das 2-3 Mal am Tag. Die Thymusaktivierung stimuliert die Thymusdrüse, welche das Herz des Immunsystems darstellt.

344. Die Chakrenausrichtung

Der nächste goldene Schlüssel war die Ausrichtung meiner Chakren. Halte dazu deine rechte Hand exakt unter das erste Chakra. Nimm die Energie einen Moment lang wahr und führe deine hohle Hand langsam alle Chakren hinauf und weiter über deinen Kopf. Wiederhole dies drei Mal sehr langsam, mit einem Abstand von ungefähr drei Zentimetern zu deinem physischen Körper. Dies öffnet die Chakren und richtet sie aus.

Ich führe dies immer durch, wenn ich müde werde oder mein Energiesystem etwas außer Balance geraten ist. Es bringt sofort die Energien wieder zurück und dieser einfache Vorgang hat mir schon sehr geholfen.

345. Kreuze deine Arme und Beine nicht

Der nächste goldene Schlüssel besagt, deine Arme, Füße oder Beine nicht zu kreuzen. Dies behindert den Energiefluss durch deine Meridiane und Chakren. Diese Gewohnheit ist schwer abzulegen, doch ich habe gewissenhaft darauf geachtet, um einen freien Energiefluss zu haben.

346. Achte auf die korrekte Chakrendrehung

Der nächste goldene Schlüssel war, die Arcturianer und die Heilungsmeister der Inneren Ebenen mehrmals täglich darum zu bitten, meine Chakren geöffnet und in der richtigen Drehung zu halten. Die Lektionen und Herausforderungen des Lebens können, wie wir alle wissen, diesen Prozess oftmals aus dem Gleichgewicht bringen.

347. Ein komplettes Aufstiegsclearing

Der nächste goldene Schlüssel war, bei mir selbst alle drei Monate ein komplettes Aufstiegsclearing durchzuführen, für den Fall, dass irgendeine unausgewogene Energie in mein Energiefeld eingedrungen wäre. Sollte einer meiner Leser an einem solchen Aufstiegsclearing Interesse haben, kann er sich bei mir für die erste Sitzung melden. Danach empfehle ich, es selbst durchzuführen.

348. Trage Edelsteine und Amulette

Der nächste goldene Schlüssel war das Tragen bestimmter Edelsteine oder Amulette, um meine Energie zu steigern oder eine bestimmte Schwingung zu erlangen. Ich trug viele Jahre lang einen Kristallanhänger, von dem ich das Gefühl hatte, dass er meine Aura stark weitete und mir dazu diente, mein Immunsystem zu unterstützen. Ich trug auch viele Jahre lang ein Amulett in meiner Tasche, das Sai Baba für mich materialisiert hatte. Ich habe auch andere Amulette mit kraftvollen Wirkungen getragen. Jeder Edelstein hat, wie wir wissen, eine bestimmte Schwingung, daher kann ich dazu keine spezifischen Empfehlungen geben, außer seiner eigenen Intuition zu folgen. Es gibt auch viele gute Bücher über Kristalle und Edelsteine. Es gab auch Zeiten, in denen ich keine Amulette oder Edelsteine trug und das stimmig für mich war.

Achte auf dich selbst

349. Achte auf den natürlichen Rhythmus deines Körpers

Dieser goldene Schlüssel war das Vertrauen in den Rhythmus meines eigenen physischen Körpers. Mein natürlicher Rhythmus liegt bei nur 5-6 Stunden Schlaf in der Nacht und am Nachmittag ein Nickerchen zu halten. So mag es mein physischer Körper. Jeder Mensch ist jedoch anders und muss seinen eigenen Rhythmus finden. Ich habe einen Körper des siebten Strahles, doch andere mit einem anderen Strahl und einer anderen Aufgabe werden anders vorgehen. Das Vertrauen in meinen natürlichen Rhythmus war ein Schlüssel für meine gesamte Effektivität. In Südamerika und Mexiko sind Mittagsschläfchen normal. Ich muss in einem vergangenen Leben Mexikaner gewesen sein, denn ich liebe Siesta.

350. Bewahre Energie

Der nächste goldene Schlüssel ist das, was ich das Bewahren meiner Energien genannt habe. Dies hat mich mein physischer Körper gelehrt. Ich versuchte früher Superman zu sein - und hatte damit viele Jahre Erfolg, bis mein Körper von dieser Last zusammenbrach. Als dies geschehen war, wurde ich klüger. Ich musste lernen, Grenzen zu setzen und nein zu sagen. Ich musste lernen, um Hilfe zu bitten und anderen Verantwortung zu übertragen. Zuvor glaubte ich, alles selbst machen zu müssen, bis mich Djwhal Khul davon überzeugte, dass dies ein falsches Denken sei. Jetzt, nachdem ich die spirituelle Führerschaft angenommen habe, konzentriere ich mich auf die essenziellen Dinge. Ich musste die Geschicke der Führerschaft entwickeln, um die Weisheit darin zu erkennen, andere um Hilfe zu bitten und Verantwortung zu übertragen. Mein physischer Körper hat mich gelehrt, ein Meister im Bewahren meiner Energie zu werden und meine Energie als sehr kostbar zu erachten. Das Bewahren meiner Energien bedeutet, darauf zu achten, wie und mit wem ich meine Zeit verbringe. Es bedeutet, nicht der Sklave meines Telefons zu sein und Gespräche nur so lange als wirklich nötig zu führen. Es bedeutet, meine Gebete und Anrufungen in möglichst einfacher Form durchzuführen, mit dem geringsten Aufwand an Energie. Es bedeutet, Prioritäten und klar definierte Ziele zu setzen und dann einen "Schlachtplan" zu entwickeln, um all dies zu erreichen.

351. Verbringe Zeit in der Natur

Der nächste goldene Schlüssel war, Zeit in der Natur zu verbringen. Ich gebe zu, dass dies in Los Angeles nicht einfach war. Nach der Arbeit war es essenziell für mich, hinaus zu gehen und in der frischen Luft und Sonne spazieren zu gehen, auch wenn es nur in einem Park mit wenigen Bäumen und etwas Rasen war. Mein physischer Körper liebte dies ebenso wie mein Geist. Ich bin sicher, dass ihr dies alle kennt.

352. Hab Spaß

Dieser goldene Schlüssel bedeutet, Spaß zu haben und nicht zu ernst zu sein. Es ist wichtig, Spaß zu haben und etwas rumzualbern und sich Zeit für Vergnügen und Erholung zu nehmen, wie etwa ins Kino zu gehen, bestimmte Fernsehsendungen zu sehen und Sport zu machen. Verbringe Zeit mit Freunden und widme dich den irdischen Freuden wie den himmlischen auch. Der spirituelle Weg bedeutet, das Beste aus beiden Welten zu erfahren. Wie du dir vorstellen kannst, bin ich ziemlich engagiert, selbstdiszipliniert und ausgerichtet. Doch obwohl dies so ist, erfreue ich mich trotzdem am irdischen Leben. Ich bleibe stehen, um den Duft der Rosen wahrzunehmen. Ich erfreue mich am Weg wie auch am Erreichen der Ziele, die ich mir gesetzt habe. Wenn du auf deinem spirituellen Weg keine Freude erfährst, ist irgendetwas falsch und muss korrigiert werden. Spaß zu haben ist für ein ausgeglichenes Leben wichtig.

Ganzheitliche Modalitäten

353. Ganzheitliche Behandlung

Der nächste goldene Schlüssel war, ganzheitliche Behandler, einschließlich Homöopathen, natürliche Behandler, bioenergetische Behandler und Ärzte der östlichen Medizin einzusetzen. Viele meiner Behandler nutzen fortschrittliche Geräte wie die Vegamaschine, die den Körper nach ganz kleinen Substanzen untersucht, welche das Immunsystem schwächen und vergiften können. Diese Art der Arbeit war wesentlich bei der Wiederherstellung meines physischen Körpers und half mir mein Immunsystem in einen guten Zustand zu bringen. Mit Hilfe dieser Geräte konnte ich meinen Körper von ganz bestimmten Giften reinigen. Ich leitete Quecksilber aus undichten Amalganfüllungen aus, Aluminium von Kochgeschirr und Alufolie, Parasiten, Bakterien, Viren, Pilze, Impfgifte, Strahlungen des Farbfernsehers, elektromagnetische Gifte, Chemikalien, Drogen, die mir als Kind gegeben wurden, Pestizide und andere Umweltgifte. Diese Liste ist nur die Spitze des Eisberges, aber es gibt dir eine Idee davon, womit du täglich Umgang hast und wie sich dies dann auswirkt.

354. Homöopathische Heilmittel

Der nächste goldene Schlüssel ist eine Reihe homöopathischer Produkte, die unglaublich sind. Sie werden Futureplex genannt und wurden von Roy Martina entwickelt, einem der besten Homöopathen und bioenergetischen Behandler im Land. Nachfolgend ist eine Beschreibung einiger dieser Produkte aufgeführt.

Bacterotox: Meine Erfahrung damit ist, dass es 90 % aller Infektionen mit bakterieller Ursache entfernt. Es ist viel besser als Antibiotika zu nehmen, was ich ohnehin nicht tue.

Acute Virotox & Post Virotox: Ich fand, dass diese beiden Produkte 90 % aller Viren entfernen. Die westliche Medizin hat kein Mittel gegen Viren.

Immune Energy: Ich fand, dass dieses Produkt wie ein kraftvolles Mittel zur Steigerung des Immunsystems wirkt. Es hilft dem Körper viele ungewollte Mikroorganismen durch die Steigerung des Immunsystems loszuwerden.

Lymphotox: Dies ist ein weiteres Produkt, das sehr hilfreich zur Reinigung des Lymphsystems ist.

Envirotox: Ich fand dieses Produkt sehr hilfreich, um den Körper von Umweltgiften zu reinigen.

Gentle Drainage: Dieses Produkt war sehr hilfreich zur Reinigung meines Systems bei leichter Verstopfung.

Adrenal Pep: Es verursacht einen Energieschub, wenn ich etwas müde bin. Es ist viel besser als Kaffee zu trinken oder Schwarztee.

Cellular Recharge: Dies hilft mit bei der Aufladung meiner Zellen, wenn sie kraftlos werden.

Revitalization: Dieses Produkt ist sehr hilfreich bei der Revitalisierung meines gesamten Körpers, wenn ich übermüdet bin oder mich etwas schlapp fühle.

Aus rechtlichem Anlass möchte ich hier noch anmerken, dass ich kein Doktor der Medizin bin. Ich fand diese homöopathischen Produkte für mich selbst jedoch extrem hilfreich. Ich nutze sie mittels meines Radionikgerätes, zusammen mit bestimmten Vitaminen und Mineralien, 24 Stunden am Tag und durch die Gnade Gottes wurde ich nicht mehr krank. Die Kombination eines derart hohen Lichtquotienten mit meinem Mayavarupa-Körper, einer gesunden Diät, die speziell auf meinen Körper abgestimmt ist, das Trinken großer Mengen reinen Wassers, täglicher Übungen, das Nutzen meines Radionik-Gerätes und dieser homöopathischen Heilmittel sind scheinbar der Trick dabei. Es ist sicher gut, diese Mittel oral unter der Zunge einzunehmen. Ich tue dies nur deshalb nicht, weil für mein System das Radionikgerät besser ist. Ich kann diese Produkte nicht stark genug empfehlen. Ich tue dies nicht aus finanziellen Absichten und bekomme dafür auch keine Provision, ich empfehle sie dir deshalb, um dir dabei zu helfen, einen guten Gesundheitszustand zu erlangen. Diese Produkte waren für mich ein Geschenk Gottes in den letzten zehn Jahren. Sie werden in den meisten homöopathischen Apotheken nicht verkauft, doch nachfolgend habe ich eine Bezugsquelle angegeben.

Bezugsquellen

Positive Energie-Platten können bezogen werden bei:
Susan Bryant und Sandy Burns
Earth Elementals (520) 527-1128
P.O. Box 31149
Flagstaff, AZ 86003-1128

Futureplex Homeopathic Remedies können bezogen werden bei:
Capitol Drugs (818) 905-8338; Fax: (818) 905-8748
4454 Van Nuys Blvd.
Sherman Oaks, CA 91403

Eileen Poole:
Ich habe Eileen bereits erwähnt. Sie ist die spirituelle Ernährungsberaterin, die ich bereits 15 Jahre lang konsultiere. Sie arbeitet nicht über das Telefon, doch falls du jemals nach Los Angeles kommst, lohnt es sich sie aufzusuchen. Ihre Telefonnummer ist (310) 440-9976.

10 Weltangelegenheiten, die Leitung übernehmen und sein Bestes einbringen

Schlüssel 355-389

Einbindung in das Erdenleben

355. Einbindung in das Erdenleben

Dieser goldene Schlüssel ist meine Verpflichtung, inmitten des Lebens zu stehen, in der Welt zu leben und in das Erdenleben eingebunden zu sein. Es gibt eine Tendenz unter vielen spirituellen Menschen, sich vom Erdenleben zu lösen und das ist nicht gut. Das Ideal ist, den Himmel auf Erden zu bringen. Beteilige dich an gemeinsamen Aktivitäten, spiritueller Gemeinschaft und ehrenamtlicher Arbeit. Wie Jesus in *Ein Kurs in Wundern* sagt: "Die wahre Kirche ist, seinen Brüdern und Schwestern zu helfen." Eine Verpflichtung gegenüber einem solchen Ideal erzeugt eine Erdung der spirituellen Energien, die sowohl für die eigene Balance wie auch zur Erlangung des Aufstiegs extrem wichtig ist. Das Ideal ist, Gott auf Erden zu sein. Der Aufstieg ist in Wirklichkeit ein Herabsteigen der Monade oder ICH BIN - Gegenwart.

356. Planetare Ökologie

Der nächste goldene Schlüssel bezieht sich auf die Ökologie der Umwelt. Den eigenen physischen Körper nicht zu verunreinigen wäre eine Art persönlicher Ökologie. Dazu gehören Diät, Übungen, Reinlichkeit, die richtige Pflege und die

Verwendung natürlicher Produkte. Bezüglich der Umwelt gehört die Verwendung biologischer Produkte, Recycling und der sparsame Umgang mit Energie dazu. Wir sind der Mikrokosmos im Makrokosmos. Sobald man die eigene Identität erweitert, wird man selbst zu allen Menschen, Tieren, Pflanzen, Mineralien und zur Erde selbst. Dies ist der Effekt, wenn man das trennende Bewusstsein des negativen Egos überwindet und das Christus-/Buddhabewusstsein annimmt. Dies schließt auch die Unterstützung von Politikern mit ein, die sich für die Umwelt einsetzen. Ich erachte diesen Bereich als einen grundlegenden Aspekt auf dem geistigen Weg.

357. Sich mit Politik und Weltangelegenheiten befassen

Dieser goldene Schlüssel ist die Verpflichtung gegenüber dem politischen Geschehen in dieser Welt. Es gibt eine Tendenz unter den Lichtarbeitern, Politik zu ignorieren und dies ist auch verständlich. In der Politik sehen wir oft Menschen, die extrem vom negativen Ego geleitet werden. Meistens geht es dabei um das Machtspiel zwischen den Demokraten und den Republikanern. Dieser zum Leben gehörende Bereich wird sich jedoch so lange nicht verändern, bis sich Lichtarbeiter auch hier engagieren. Es ist nicht jedem bestimmt, politisch aktiv zu werden, wir können aber alle zur Wahl gehen, mithelfen das Bewusstsein der Menschen anzuheben, ein Bewusstsein für Politik entwickeln und ehrenamtlich unseren gewünschten Kandidaten unterstützen. Djwhal Khul hat empfohlen, täglich Zeitung zu lesen und Nachrichten zu schauen. Dies habe ich bereits immer getan; ich fand es aber interessant, dass er dies vorschlug. Es hilft dabei, das richtige Gebet, die passende Affirmation und Visualisierung für den Dienst an der Welt zu wählen. Nehmen wir beispielsweise Gandhi; wie sehr er sich für die Politik Indiens engagierte und was für ein spiritueller Mensch er war. Wenn wir nicht zur Wahl gehen, dann müssen wir auch den Kandidaten, der die Wahl gewinnt, hinnehmen. Die Spiritualität war zu lange vom irdischen Leben abgeschnitten. Der wahre spirituelle Weg bedeutet, den Himmel auf Erden zu bringen. Deshalb wollen auch viele, die den Aufstieg erlangt haben, zum weiteren Dienen auf der Erde bleiben. Ich finde, zu dieser Zeit in der Geschichte auf der Erde zu leben, ist sehr außergewöhnlich und eine Inkarnation hier in dieser Zeit ist ein Privileg.

Eigenschaften von effektiven Führungspersonen

358. Führung über sich selbst

Dieser goldene Schlüssel war die Anerkennung dessen, was ich Führung über sich selbst nenne. Man kann andere nicht gut anleiten, solange man über sich selbst keine effektive Führung hat. Wenn wir unser eigenes Unterbewusstsein, unsere

Persönlichkeit, das innere Kind, den Mentalkörper, den Emotionalkörper, den physischen Körper und die Unterpersönlichkeiten in integrierter, entschlossener und liebevoller Weise führen können, dann sind wir in der Lage, auch andere in umfassender Weise anzuleiten.

359. Arten der Führerschaft

Der nächste goldene Schlüssel war das Erkennen der zwei Arten von Führerschaft. Es gibt eine spirituelle Führerschaft und eine egoistische Führerschaft. In einer Führungsposition zu sein bedeutet nicht automatisch, eine gute Führungskraft zu sein. Das gilt auch für spirituelle Menschen. Hitler war ein Führer im Dienste der Dunklen Bruderschaft. Es gibt Menschen, die hohe Positionen in der Wirtschaft innehaben und ihre Angestellten schlecht behandeln. Bemühe dich darum, eine effektive christliche Führungskraft deiner Selbst und anderer zu sein. In der Hierarchie gibt es auf allen Ebenen eine Führungskraft, die für den Kosmos verantwortlich ist. Alle bemühen sich jedoch um eine höchstmögliche Übereinstimmung. Auf diese Weise entsteht eine ausgewogene Mischung zwischen individuellen und gemeinsamen Entscheidungen. Die effektive Führungsperson muss in Harmonie mit denjenigen stehen, die er führt und die Autorität bewahren, die eine angemessene Führerschaft ausmacht.

360. Jeder kann führen

Dieser goldene Schlüssel ist das Verständnis darüber, dass jeder führen kann und auch ein Lehrer Gottes ist. Die Führerschaft beginnt bei sich selbst und weitet sich dann auf die Familie, die Freunde, die Geschäftsfreunde und die Gemeinschaft aus. Sind die Menschen dann bereit, kann sich deren Wirkungskreis auf den Staat, das Land und auf die globalen Bereiche ausdehnen. Bewährst du dich auf allen Ebenen, wird dir von Gott und den Meistern immer mehr Verantwortung übertragen. Ein anderer interessanter Bereich, an dem wir Führerschaft ausüben können, ist die über unsere Seelenausdehnungen, Überseele und Monade. Das Ideal auf der persönlichen Ebene ist, ein Lehrer für die Überseele und eine Führungskraft für alle deine 144 Seelenausdehnungen deiner monadischen Familie zu werden.

361. Balanciere Freundschaft und Entschlossenheit

Der nächste goldene Schlüssel war der wichtige Lernschritt, die Entschlossenheit gegenüber Freunden innerhalb einer Führungsrolle in Balance zu bringen. Das Ideal dabei wäre, sowohl ein Freund und bei Bedarf eine entschlossene Führungsperson zu sein. Dies ist eine sehr wichtige Psychodynamik, die unbedingt angemessen integriert werden muss.

362. Man muss sich Führerschaft erarbeiten

Der nächste goldene Schlüssel ist das Verständnis darüber, dass man sich die Führungsposition erarbeiten muss. Nur weil man sich in einer derartigen Position befindet - im Leben, im Geschäftsbereich, in der Regierung oder in anderen Gruppen - bedeutet dies noch lange nicht, dass man tatsächlich auch bereit dazu ist, andere zu leiten. Wahre spirituelle Führerschaft erarbeitet man sich durch jahrelangen selbstlosen Dienst und die Verpflichtung gegenüber den eigenen spirituellen Idealen.

363. Lerne den Umgang mit allen Arten von Menschen

Dieser goldene Schlüssel war, den Umgang mit allen Arten von Menschen zu lernen. Dies ist wahrscheinlich die wichtigste Voraussetzung, um eine effektive spirituelle Führungskraft zu werden. Bei unserer Arbeit in einer spirituellen Gemeinschaft oder im täglichen Leben sehen wir uns stets vor die Herausforderung gestellt, mit allen Arten von Menschen unterschiedlichster spiritueller Entwicklung und Klarheit umzugehen. Als effektive Führungskraft ist es auch wichtig, eine Beziehung zu Menschen unterschiedlicher Kulturen und Hintergründe herzustellen.

Das Anstreben hervorragender Leistungen und die Entwicklung der Fertigkeiten einer Führungsperson

364. Verpflichtung zu hervorragenden Leistungen

Der nächste goldene Schlüssel ist das, was ich das Anstreben von hervorragenden Leistungen nenne. Dies könnte auch als spirituelles Gelöbnis, das ich abgelegt habe, bezeichnet werden - das Beste in allen Bereichen meines Lebens zu geben, ohne dabei mit anderen in einen Wettstreit oder Wettbewerb zu treten. Es ist das Anstreben von hervorragenden Leistungen mir selbst gegenüber. Es ist die Verpflichtung, nicht untätig oder nachlässig in irgendeinem Bereich zu werden, sondern mich fest an meine göttlichen Ideale zu halten.

365. Gehe Risiken ein und bis an deine Grenzen

Der nächste goldene Schlüssel war die große Verpflichtung mir selbst gegenüber, Risiken einzugehen und ziemlich gewagt zu leben. Als ich zum Beispiel das erste Wesakfest 1995 in Mount Shasta mit 350 Menschen feierte, war das ziemlich anstrengend, da ich zuvor noch nie für so viele Menschen ein Wochenende organisiert hatte. Doch ich war bestimmt mehr als nur darauf vorbereitet und die Meister wollten unbedingt, dass ich den Schritt wage, kraftvoll auf globaler Ebene zu wirken. Im darauf folgenden Jahr wollte ich meine Grenzen sogar noch weiter ausdehnen und das Wesakfest für 1200 Menschen organisieren und ich werde es noch umfangreicher organisieren, wenn dies dem Willen der Meister entspricht. Dies meine ich damit, wenn ich davon spreche, Risiken einzugehen und Grenzen auszuweiten. Die Risiken, von denen ich hier spreche, beziehen sich nicht nur darauf, vor vielen Menschen Vorträge zu halten, sondern auch auf die finanziellen Risiken, die durch Ausgaben für Werbung und Leitung eines solchen Events entstehen. Ich habe mein ganzes Leben lang gewagt gelebt. Ich bin oft umgezogen, habe mein Leben und meine Beziehungen geändert, wenn meine Intuition und die Meister mich dazu angeleitet haben. Wie heißt es so schön? "Wer viel wagt, gewinnt auch viel." Dies hat wiederum mit einem bestimmten spirituellen Eid zu tun, den ich in diesem Leben geleistet habe, stets auf dem Weg zu bleiben, ohne an etwas festzuhalten. Diese Bereitschaft, in allen meinen Lebensbereichen Risiken einzugehen und dabei vollständig auf meine Intuition und die Meister zu vertrauen, hat mich auf die Weltenbühne katapultiert.

Immer Risiken einzugehen kann manchmal stressig sein und ich versuche dabei stets im Tao zu bleiben. Doch wenn ich den Erdenplaneten verlasse, möchte ich sicher sein, dass ich mein Bestes gegeben habe und mich in keinem Bereich meines Lebens durch die Angst leiten ließ. Lasst uns alle, in diesem Moment, ein spirituelles Gelöbnis und die Verpflichtung ablegen, stets bis zum Äußersten zu gehen, so weit es unser Tao erlaubt. Viele halten ihren Dienst und ihr Engagement vor der Öffentlichkeit aus Angst zurück. Wenn du so lange wartest, bis du dich absolut dafür bereit fühlst, wirst du wahrscheinlich niemals ein Risiko eingehen. Erinnere dich an die Aussage: "Spüre die Angst und tue es trotzdem".

366. Sei eine Renaissanceperson

Dieser goldene Schlüssel war das Ideal, eine Renaissanceperson zu sein, mich selbst in allen Bereichen zu entwickeln und abgerundet zu sein. Dadurch kann ich mit allen Arten von Menschen reden und mich in allen Situationen wohl fühlen. Auch wenn mein Hauptinteresse im Leben den spirituellen Dingen gilt, versuche ich doch, gut über irdische Angelegenheiten informiert zu sein. Daher sind die Nachrichten im Fernsehen und das Zeitunglesen auch so wichtig für mich. Deshalb mag ich auch Fernsehsendungen wie *Prime Time, Dateline, 60 Minutes, 20/20* und informative Fernsehprogramme. Ich finde es wichtig, sich umfassend zu informieren. Wenn du nicht mit den Menschen in der realen Welt umgehen kannst, wie kannst du dann eine effektive Führungsperson sein?

367. Entwickle die Kommunikation und deine sozialen Fähigkeiten

Der nächste goldene Schlüssel war die Entwicklung meiner Kommunikation und sozialer Fähigkeiten. Ich erachte dies als einen essenziellen Teil des Aufstiegsprozesses und der Ausbildung zur Führerschaft. Als junger Mann war ich sehr scheu und sensibel. Als ich reifer wurde und mich mit dem Gebiet der Psychologie beschäftigte, wurde die Kommunikation jedoch mit der Zeit zu einer meiner größten Stärken. Es ist wichtig, in allen Situationen mit Menschen sprechen zu können und dies nicht nur auf spirituelle Menschen zu begrenzen. Sich darum zu bemühen, dass Menschen sich wohl fühlen und ein guter Gastgeber und Gesprächspartner zu sein, ist essenziell, wenn man eine effektive Führungsperson sein möchte. Wenn es solche Anteile in deiner Persönlichkeit auszubilden gibt, dann bringe dich selbst dazu, Situationen aufzusuchen, in denen du derartige Fähigkeiten erlernen kannst. Bitte den Heiligen Geist um Hilfe und du wirst erleben, wie sich dieser Bereich mit der Zeit immer besser entwickelt.

368. Öffentliches Reden

Dieser goldene Schlüssel war ein Training, das ich mir durch öffentliches Reden selbst gab. Als ich damit anfing Schüler zu unterrichten, war ich sehr nervös, da ich dies niemals zuvor getan hatte. Ich nutzte dann Paramahansa Yoganandas Methode öffentliche Reden zu halten. Er rät folgendes:

* Erstelle lieber ein Konzept, als eine vollständig formulierte Rede.

* Bereite für alle Fälle Extramaterial vor.

* Bitte Gott und die Meister immer um Hilfe, bevor du die Bühne betrittst.

* Erzähle während deines Vortrags einen Witz oder eine lustige Geschichte. (Ich erzähle gerne spirituelle Geschichten, daher war dies kein Problem für mich).

Das Konzept hält den Geist entspannt und die freien Stellen im Entwurf geben dem Spirit Raum zu fließen. Dies ist eine Fähigkeit, die alle Lichtarbeiter entwickeln sollten. Ich habe meine ursprüngliche Nervosität einfach dadurch überwunden, dass ich häufig in der Öffentlichkeit sprach. Ich nutzte die "Fake it till you make it" - Methode. Ich habe vorgegeben, nicht nervös zu sein, bis ich es tatsächlich nicht mehr war. Ich habe Freunde, die zu *Toastmasters* gingen, um dies zu lernen. Ich hielt das nie für nötig, aber für manche Menschen ist das sehr hilfreich.

Schulung und Ausbildungsgrade

369. Das Studium der Psychologie

Der nächste goldene Schlüssel war für mich das Studium der Psychologie. Ich habe viele Jahre alle möglichen Formen der Psychologie studiert. Es gefiel mir zu sehen, wie alle Richtungen zusammenpassten und einfach Stücke desselben Kuchens waren. Dabei entnahm ich jeder Methode die Anteile, die für mich wertvoll waren und wandte sie in meiner Praxis und bei meinen Schulungen an. Ich habe besonders viel Nutzen aus dem Studium der Bücher von Carl Jung und der Jungschen Psychologie sowie von Robert Assagioli und der Psychosynthese gezogen. Ich meine, dass die Psychosynthese eine der besten zur Verfügung stehenden Psychologie- formen ist, da sie das Bewusstsein, das Unterbewusstsein, das Überbewusstsein wie auch die Unterpersönlichkeiten mit einbezieht. Interessanterweise glaube ich auch, dass Assagioli ein Schüler von Djwhal Khul war und dass viele der fortgeschrittenen Menschen in Assagiolis Organisation in Italien mit den Lehren von Alice Bailey vertraut sind.

370. Irdische Ausbildungsgrade und Zertifikate

Dieser goldene Schlüssel bei meinem spirituellen Fortschritt war meine Entscheidung, irdische Ausbildungsgrade zu erlangen. Ich empfehle dies natürlich nicht jedem. Ich empfehle den meisten eher eine spirituelle Beratungspraxis zu eröffnen. Für mich jedoch, da ich aus einer Psychologenfamilie stamme, war es logisch und der vernünftigste Weg. Ich versuchte stets in die innovativsten Schulen zu gehen. Ich erhielt meine Hypnose-Lizenz vom Staate Kalifornien und meine Minister-Zertifikation von den Gateway Ministeries und der Association for Integration of the Whole Person. Viele der Menschen, die ich am meisten respektiere, besitzen keine Lizenzen oder Ausbildungsgrade, doch in unserer Gesellschaft bringen die Menschen gewöhnlich denjenigen mehr Vertrauen entgegen, die einen Titel aufweisen.

In der derzeitigen Welt fühlen sich viele zu rechtlich zugelassenen und daher für sie vertrauenswürdigen Personen hingezogen. Wenn du dich für eine derartige schulische Ausbildung entscheidest, dann suche dir die innovativste Schule in diesem Bereich aus. Sorge dich dabei weniger um die Akkreditierung der Schule als vielmehr darum, ob du durch deren Besuch den nötigen Abschluss, die angestrebte Lizenz, bekommst. Traditionelle Schulen sind meiner Erfahrung nach meist sehr langweilig und begrenzt, doch ich habe auch in ihnen einige wertvolle Dinge gelernt. Die traditionelle Schule war auch ein wichtiger Teil meiner Entwicklung und vorteilhaft für meine Mission. Es kann jedoch schwierig sein, diesem Weg zu folgen, sobald man sich den höheren Informationsebenen geöffnet hat. Es gibt mittlerweile mehr Schulen, die neue Inhalte vermitteln und zudem holistisch und transpersonal orientiert sind. Manche von ihnen bereiten dich gut auf die Lebenserfahrungen vor.

Erforschen der spirituellen Wege und Lehren

371. Spirituelle Pilgerfahrten und Darshans

Dieser goldene Schlüssel handelt von spirituellen Pilgerfahrten an heilige Orte und den Darshans bei verschiedenen Heiligen und Meistern. Dies habe ich zu Beginn meines Weges häufiger getan. Ich erachte dies jedoch als einen sehr wichtigen Teil meines gesamten Trainings und es macht Spaß, besonders gemeinsam mit Freunden. Diese Erfahrungen können tief bewegend und transformierend sein. Sie können auch dein Verständnis für das Wesen und die Vielfalt der spirituellen Wege erweitern.

372. Studium des Christentums, des Hinduismus und des Buddhismus

Der nächste goldene Schlüssel war das Studium des Christentums, des Hinduismus und des Buddhismus. Ich habe durch das Studium des Christentums und der Bibel viel gewonnen. Es gibt einige wunderschöne Lehren in der Bibel und einige Strophen aus dem Alten und dem Neuen Testament sind Klassiker der Weisheit. Das Studium des Hinduismus, speziell das der Veden, welche die *Bhagavad Gita* einschließen, war eine der tief gründigsten Studien, die ich erfahren habe. Sai Babas Lehren basieren darauf und auch die Lehren von Yogananda und vielen anderen großen östlichen Meister. Falls du die Veden bisher noch nicht studiert hast, empfehle ich es dir sehr. In meinen Büchern *Verborgene Mysterien* und *Aufgestiegene Meister weisen den Weg* sind einige der Lehren der Veden enthalten. Sie könnten einige der besten gachannelten Informationen darstellen, die jemals auf den Planeten kamen.

Ich habe sehr viel aus meinem Studium des Buddhismus, einschließlich des Tibetanischen Buddhismus, gezogen. Es ist interessant, dass Djwhal Khul, Kuthumi und El Morya in ihren vorangegangenen Inkarnationen tibetanische Buddhisten waren. Der Buddhismus umfasst auch die Lehren des Dalai Lama, der eine wundervolle Seele ist. Einige der schönen Lehren des Buddhismus schließen die Vier Edlen Wahrheiten des Buddha ein; die drei Juwelen: Buddhi, Dharma und Sangha oder Gemeinschaft; die Vier Unermesslichen: Liebe, Mitgefühl, Freude und Gleichmut; und das Gelübde des Bodhisattva.

Die New Age Leute grenzen oft die traditionellen Religionen aus und ich möchte hier betonen, dass sie sehr wertvoll sind. Das *Dhammapada,* das Zitate von Buddha enthält, ist leicht zu lesen und sehr wertvoll. Die umfangreichen Studien und die Erforschung dieser Bereiche hat mir viel Freude bereitet. Das Studium des Ramayana, das die Geschichte von Rama und Sita beinhaltet, ist ein echter Schatz.

373. Die 22 heiligen Pfade des Yoga

Der nächste goldene Schlüssel, den ich sehr nützlich fand, waren meine Studien der 22 heiligen Pfade des Yoga. Ich habe versucht, dem Weg des Yoga der Synthese zu folgen, das alle Formen des Yoga integriert. Es gibt ein Kapitel zu diesem Thema in meinem Buch *Verborgene Mysterien*.

374. Die Lehren der Mysterienschulen

Der nächste goldene Schlüssel meiner spirituellen Entwicklung war, mich in nahezu jede verfügbare Mysterienschule auf dem Planeten einzuschreiben. Ich bin dabei von Schule zu Schule gegangen und habe alles, was sie lehrten, gelernt und gemeistert. Das war sehr nützlich. Vieles, was ich dadurch gelernt habe, steht in meinen Büchern, dadurch habe ich meinen Lesern viel Zeit und Energie erspart. Jede Mysterienschule betrachtet den spirituellen Weg durch einen leicht abgeänderten Filter. Die Arbeit mit so vielen unterschiedlichen Filtern vermittelte mir die Einsicht in ein universelleres Verständnis des spirituellen Weges. Diese Studien waren Teil meines Trainings, nicht nur für das Schreiben meiner Bücher, sondern auch für die Organisation des Wesakfestes. Ich bin mit nahezu allen spirituellen Lehrern, Ashrams, Mysterienschulen, spirituellen Texten und Gurus der Menschen vertraut. Ich fühle mich mit allen verbunden und schätze sie alle. Das Eintauchen in die Lehren dieser Mysterienschulen war ein wichtiger Aspekt meiner spirituellen Entwicklung.

Das Interessante an Djwhal Khuls Synthesis-Ashram ist, dass er der einzige Ashram ist, der speziell zur Synthese aller sieben Strahlen entstanden ist. Obwohl er nur ein Teil des Ashrams des zweiten Strahles ist, integriert er doch alle sieben Strahlen des Christus. Er wurde speziell dafür vom Planetaren Logos und Meister Kuthumi erschaffen. Deshalb ist er für mich ein derart perfekter Ashram. Das, was mich an Wesak am meisten begeistert, ist, dass es derart universell und eklektisch ist. Die Menschen kommen aus der ganzen Welt, von allen verschiedenen spirituellen Lehrern und Ashrams oder aus keiner bestimmten spirituellen Richtung. Ich liebe die Synthese der hochgradig Eingeweihten und anwesenden aufgestiegenen Wesen. Das Thema Aufstieg scheint das vereinende Prinzip aller Wege zu sein.

375. Mysterienschule "Die Lehren des inneren Christus"

Eine weitere Mysterienschule, mit der ich in Verbindung stand, trägt den Namen "Die Lehren des inneren Christus". Sie war wie eine Kombination aus Channeling und Geisteswissenschaft. Die Frau, die sie ins Leben gerufen hat, schrieb ein paar sehr interessante Bücher. Ihr Hauptlehrer war Babaji, der einige Lehren dem westlichen Verständnis zugänglicher gemacht hat. Ich mochte die Integration der verschiedenen Methoden, die ich in diesen Lehren gefunden habe.

376. Tierkreiszeichen, Strahlen, Tarot, Sephiroth und Archetypen

Der nächste goldene Schlüssel war das emsige Bemühen meinerseits, mit allen zwölf Strahlen, zwölf Tierkreiszeichen, zwölf Archetypen, zehn Sephiroth und allen Tarotkarten vertraut zu sein und mich darin weiterzuentwickeln. Alle Tierkreiszeichen müssen gemeistert werden, unabhängig davon, welchem Tierkreiszeichen du angehörst. Auch alle Strahlen müssen gemeistert und integriert werden, unabhängig davon, mit welcher Strahlenkonfiguration deine Monade, Seele und Persönlichkeit verbunden ist. Arbeite das Material, das ich über dieses Thema geschrieben habe, durch und erstelle eine Liste deiner Stärken und finde heraus, woran du noch arbeiten musst. Erstelle dann einen Plan, wie du dich in diesen Bereichen entwickeln kannst.

377. Die philippinischen Heiler

Eine weitere interessante spirituelle Exkursion war meine zeitweise Verbindung mit philippinischen Heilern, die manchmal auch die psychischen Chirurgen genannt werden. Bei meiner ersten Sitzung steckte Alex Orbito mir seine ganze Hand in den Bauch und als er sie wieder herauszog war sie voller Blut. Die Wunde heilte vor meinen Augen. Diese Erfahrung hatte einen katalysierenden Effekt auf mein Bewusstsein.

378. Whole Life Expos

Der nächste goldene Schlüssel war die Teilnahme an der "Whole Life Expos". Ich tat dies, um sicher zu gehen, dass ich auch alle Übungsbereiche abgedeckt hatte. Ich nahm an bestimmten Seminaren und Lesungen teil und obwohl die Energien bei diesen Veranstaltungen unglaublich fragmentiert sind, waren sie mir doch zu bestimmten Zeiten in meinem Leben nützlich. Nachdem ich diesbezüglich so viel erfahren habe, ist es nun schwierig für mich noch Dinge zu finden, an denen ich interessiert bin. Während einer bestimmten Phase jedoch traf ich auf viele Dinge, die auf mehreren Ebenen interessant waren. Im Augenblick bin ich jedoch so sehr mit meinem Dienst beschäftigt, dass es mich nicht mehr derart zu diesen Veranstaltungen hinzieht.

Spirituelle Bücher, Kassetten und Lehren

379. Das Arbeiten mit Hör- und Videokassetten

Dieser goldene Schlüssel in meiner Entwicklung war das Bestellen von Hör- und Videokassetten über alle möglichen spirituellen Themen. Wenn ich zu einem Workshop oder auf Reisen gehen wollte, bestellte ich mir Kassetten und Videos zu diesen Themen oder Orten und bin der Meinung, dass sie mir alles gaben, was ich zur Einstimmung darauf brauchte. Daher habe ich eine große Hör- und Videokassettensammlung. Ich kaufte mir auch oftmals Hörbücher, die ich während des Autofahrens hörte, da ich keine Zeit und auch oftmals nicht die Muse hatte, all die verschiedenen Bücher zu lesen. Somit konnte ich mich während der Fahrt mit den Themen vertraut machen. Ich höre auch auf meinen Spaziergängen häufig Hörkassetten. All diese verschiedenen Hilfsmittel zu nutzen, verhalf mir zu einer guten Allgemeinbildung.

380. Das Studium diverser spiritueller Lehren

Wie du bereits weißt, war einer der wesentlichen goldenen Schlüssel meiner spirituellen Entwicklung das jahrelange Studium unterschiedlichster spirituellen Lehren. Im Folgenden erwähne ich einige der Bücher und Lehren, die den größten Einfluss auf mein Leben hatten.

* Die Bücher von Baird Spalding
Leben und Lehren der Meister im Fernen Osten von Baird Spalding ist sehr interessant zu lesen. Diese Bücher beinhalten faszinierende Geschichten über die Leben und die höheren Fähigkeiten der Meister sowie tief greifende Lehren über das Leben von Christus und Gott. Es ist ein Muss, diese Bücher zu lesen.

* Die *ICH BIN - Reden*
Ich möchte dir hiermit wärmstens die *ICH BIN - Reden* von Saint Germain, eine Serie von 13 gechannelten Büchern aus den Dreißigern, empfehlen. Ich selbst mag die ersten vier Bücher besonders gerne. Ich habe sie verschlungen und sie haben mich auf eine Art mit den Aufgestiegenen Meistern verbunden wie niemals zuvor. Es sind jedoch nicht alle Informationen in diesen Büchern akkurat, besonders hinsichtlich der Auflistungen, Strahlen usw. Zudem ist einiges daraus ein wenig vereinfacht dargestellt, wie etwa, dass es scheint, dass alle Aufgestiegenen Meister sich auf der selben Ebene befinden würden und alle unmittelbar über dieselben Kräfte und Machtbefugnisse verfügen würden. Obwohl diese Bücher keine vollständigen Lehren enthalten, waren sie doch angemessen für die Zeit, in der sie geschrieben wurden. Sie enthalten wunderschöne Geschichten und die

Erkenntnisse daraus sind enorm hilfreich für die eigene Manifestationsarbeit. Diese Bücher hatten einen tief greifenden Effekt auf mich und es lohnt sich sie zu studieren. Die *ICH BIN - Reden* wurden von Guy Ballard geschrieben, bekannt als Godfre Ray King, der in einer vorangegangenen Verkörperung George Washington war und ihm wie aus dem Gesicht geschnitten ist. Es ist interessant, dass Godfre Ray King, der George Washington war, und Saint Germain, der Kolumbus war, in Mount Shasta zusammenkamen, um diese Lehren den Vereinigten Staaten zu überbringen. Es gab zwei spätere Dispensationen der Aufgestiegenen Meister von Pearl und Innocente, zwei andere Channel, die du vielleicht auch lesen möchtest.

* Die Bücher von Alice Bailey
Die Bücher von Alice Bailey, die ich schon nahezu drei Mal durchgelesen habe, sind wohl einige der besten Bücher auf diesem Planeten. In manchen Punkten sind sie ein bisschen veraltet, aber nichtsdestotrotz steckt in ihnen eine ungemeine Flut an Informationen über die Lehren der Aufgestiegenen Meister zum geistigen Pfad und die höheren Ebenen, so dass diese Bücher etwas Ewiges sind. Die Bücher von Alice Bailey hatten den stärksten Einfluss auf mich, von all den Büchern, die ich bisher gelesen habe. Durch die Gnade Gottes war mir Djwhal Khul während deren Studium eine große Hilfe, indem er mir alles erklärte. Aber dazu komme ich später.

* Das Material der Tibetan Foundation
Eine der wertvollsten Lehren, die ich gefunden habe, sind auch die Channelings von Janet McClure und der Tibetan Foundation. Diese Organisation wurde von Djwhal Khul und Vywamus durch Janet McClure in den frühen 80-er Jahren ins Leben gerufen. Sie war ein unglaublicher Channel und übermittelte viele neue Informationen von Djwhal Khul. Ich habe alle ihre Schriften bestellt und alle ihre Bücher gelesen. Leider existiert diese Organisation nicht mehr. Diese Schriften hatten einen größeren Einfluss auf mich als alles andere, das ich gelesen habe, mit Ausnahme der Alice Bailey Bücher.

* Das Yogasutra von Patanjali
Dies ist ein weiterer spiritueller Text, der eine tief greifende Wirkung auf mich hatte. Eines der Bücher von Alice Bailey betrachtet es aus der Sicht von Djwhal Khul, was sehr interessant ist. Es erinnert mich in vielerlei Hinsicht an *Ein Kurs in Wundern,* obwohl es bereits vor etwa vier- bis fünftausend Jahren geschrieben wurde.

* Self-Realization Fellowship
Ich durchlief eine Phase, in der ich mich intensiv mit Paramahansa Yogananda und der Self-Realization Fellowship befasste. Ich schloss ihren Fernkurs ab und erhielt die Kriyaeinweihung. Ich nahm Yogananda als meinen Guru an, obwohl ich im

Grunde wusste, dass ich niemals nur einen Guru haben würde. In dieser Zeit war ich weit davon entfernt, eklektisch und universell zu sein.

* Die Bücher von Earlyne Chaney und Astara
Ein wichtiger Teil meines Vorwärtskommens war das Studium der Bücher von Earlyne Chaney, die ein feiner Channel der Aufgestiegenen Meister ist. Falls du ihre Bücher noch nicht gelesen hast, empfehle ich dir alle sehr (sie hat mindestens zehn Bücher geschrieben). Ich hatte mich auch für ihren 3-jährigen Fernkurs über die Lehren von Astara, der Mysterienschule, eingeschrieben. Ich habe die Lektionen alle auf einmal bestellt und den 3-Jahres Kurs in 6 Wochen, so wie bei mir üblich, abgeschlossen.

* Die Theosophie
Ich durchlief auch eine Phase, in der ich die Theosophie und die Bücher von Helena Blavatsky, Annie Besant und speziell die von Charles Leadbeater, der für mich viel einfacher zu verstehen war, studiert habe. Dies ist eine Dispensation der Aufgestiegenen Meister und sie beinhaltet einige der unglaublichsten Informationen und Geschichten über die Meister.

* Das *Urantia Book*
Das *Urantia Book* hatte eine große Wirkung auf mich, obwohl ich es tatsächlich niemals gelesen habe. Es ist ein massives Werk und ich habe es als Hilfsquelle genutzt. Es diente mir zur Katalysierung und Öffnung für einige Dinge.

* Die Kabbala und der Baum des Lebens
Mein Studium der Kabbala unterschied sich sehr von den anderen Studien. Ich wuchs in einer jüdischen Familie auf und war mit einigen der Brauchtümer vertraut, doch ich fühlte dabei keine starke Verbindung mit dem Judentum. Dies änderte sich auch nicht bis ich Ende Dreißig war, erst als ich mit dem Studium des Werkes *Die Schlüssel des Enoch* und all dem Material begann, das ich über die Kabbala und den Baum des Lebens in die Hände bekommen konnte. Ich erkannte, dass die Kabbala und der Baum des Lebens eines der tief gründigsten Systeme zum spirituellen Wachstum darstellt, das ich erfahren habe. Es eröffnete mir eine neue Welt und einen ganz neuen Weg zu Gott.

* *Die Schlüssel des Enoch*
Auch dieses Buch habe ich verschlungen und es hatte einen enormen Effekt auf mich. Das Studium des Textes und des Glossariums des Werkes *Die Schlüssel der Enoch* eröffnete mir eine ganz neue Welt. Es ist ein großes Werk und beinhaltet ein tiefes Verständnis für die Natur des Kosmos und unseren Platz darin. Die vorgestellten Informationen vereinen die Wissenschaft mit der Spiritualität. In

meinem Buch *Jenseits des Aufstiegs* berichte ich über einige der Aktivierungen, die ich durch das Studium dieses Buches entwickelt habe.

* Die Weltreligionen
Ein weiteres sehr wichtiges Übungsprojekt war für mich das Studium der Weltreligionen. Ich erlangte dadurch einen intensiven Einblick und schätzte dies sehr. Dies gab mir die Grundlage für meine eher esoterische Ausrichtung. Indem ich mit all diesen Religionen vertraut war, konnte ich im Gespräch mit anderen oder mit meinen Klienten sehr schnell erkennen, aus welcher Richtung sie kamen. So konnte ich mit ihnen bei meinen Beratungen oder Gesprächen über den Weg, auf dem sie waren, reden.

* Spirituelle Autobiographien
Von immensem Wert fand ich die spirituellen Autobiographien der vergangenen und gegenwärtigen spirituellen Lehrer, die ich respektiere, zu lesen. Die Autobiographie von Gandhi hat mich sehr inspiriert. Yoganandas Buch *Autobiographie eines Yogi* ist eines der besten Bücher, das ich jemals gelesen habe. Auch die Autobiographien von Swami Sivananda und Earlyne Chaney haben mich sehr inspiriert. Manchmal las ich auch die Autobiographien großer Sportler, die ich bewunderte, wie Magic Johnson oder Orel Hersheiser von den Los Angeles Dodgers, der sehr spirituell war. Ich habe viel aus diesen Geschichten gelernt. Die Autobiographie jedoch, die mich am meisten inspiriert hat, ist die von Seiner Heiligkeit Lord Sai Baba.

* Das Poesie von Kabir
Ich habe mich nie sehr der Poesie gewidmet, doch die Poesie von Kabir ist so göttlich wie keine andere Poesie, die ich jemals gelesen habe. Kabir war ein heiliger Poet und eine der vergangenen Inkarnationen Sai Babas. Ich habe über sein Leben und seine Poesie in meinem Buch *Aufgestiegene Meister weisen den Weg* geschrieben. Ich glaube, du wirst sein Leben und seine Poesie ebenso inspirierend finden wie ich.

* Heilige, Lehrer und östliche Traditionen
Während einer Phase meines Lebens betrieb ich ein intensives Studium der Heiligen aus Indien, der Veden und der *Bhagavad Gita*. Ich beschäftigte mich mit Ramana Maharshi, Ramakrishna, Vivekananda, Sri Sankara, Mahavira und Amritanandamayi Ma (Ammachi), um ein paar zu nennen. Während dieser Zeit studierte ich auch die Lehren des Dalai Lama. Ich mochte die Bücher von Eknath Easwaran, Swami Kriyananda, der ein Schüler von Paramahansa Yogananda war. Mir gefielen auch die Bücher von Swami Sivananda, der ein produktiver östlicher Schriftsteller war und dessen Bücher ich sehr empfehle. Für mich waren diese

Studien sehr erleuchtend. Ich glaube, dass einer der besten Wege die Selbstverwirklichung zu erlangen darin liegt, die Leben und Lehren der Heiligen und der Meister zu studieren, die sie bereits erlangt haben. Diese intensiven Studien veranlassten mich dazu, das Buch *Aufgestiegene Meister weisen den Weg* zu schreiben, das in einem Band, die Lebensgeschichten zahlreicher großer Meister erzählt.

* *Sternen Botschaft*
Ein weiteres wichtiges Buch war das von Ken Carey mit dem Titel *Sternen Botschaft*. Ich habe zwar lieber die Kassettenserie dazu gehört als das Buch zu lesen, doch es ist beides gut. Es gibt zwei weitere Bücher aus dieser Serie *Vision* und *Das dritte Jahrtausend;* zudem hat Ken Carey noch weitere gute Bücher geschrieben.

* *Mahatma*
Das Buch *Mahatma* wurde von Brian Grattan geschrieben, der sehr eng mit der Tibetan Foundation verbunden war. Das Buch beinhaltet umfangreiche Channelings von Janet McClure, der Gründerin der Tibetan Foundation. Ich empfehle dieses Buch sehr. Es bietet dem Leser eine große Bandbreite an Perspektiven und Einblicken zur Offenbarung des Mahatma auf Erden.

* Die White Eagle Bücher
Eine weitere Reihe Bücher, die unbedingt gelesen werden müssen, sind die White Eagle Bücher. Sie enthalten schöne Channelings und sind besonders für diejenigen geeignet, die sich noch nicht so lange auf dem Weg befinden.

* Die Bücher von Solara
Eine andere Reihe Bücher, die es wert sind gelesen zu werden, sind die Bücher von Solara. Ich stimme nicht mit allem was sie sagt und mit ihrer Kosmologie des Universums überein, doch ich meine, dass ihre Bücher bestimmt lesenswert und sehr inspirierend sind.

* Die Bücher von Edgar Cayce
Die Edgar Cayce Bücher waren schon immer eine große Liebe von mir. Meiner Meinung nach, war er einer der größten Channel, die jemals auf Erden gelebt haben. Falls du seine Bücher noch nicht gelesen hast, sie sind es wirklich wert.

* Die Seth - Bücher
Diese Bücher waren der Beginn meines Seelenerwachens. Später habe ich sie dann nochmals gelesen und fand sie an diesem Punkt meiner spirituellen Entwicklung

etwas trocken. Ich schätze jedoch das Verstehen der Überseele, worüber ich auch in meinen Büchern gesprochen habe.

* Die Bücher von Ruth Montgomery
Ruth Montgomery ist ein Channel und hat eine Reihe wundervoller Bücher geschrieben. Meine Favoriten sind *A World beyond* und *A World before*. Ich empfehle alle ihre Bücher. Sie hat einen schönen Schreibstil und zu Beginn meines Prozesses hatten sie eine tiefe Wirkung auf mich.

* Eckankar
Ich habe auch eine Phase mit Eckankar, John Roger und Darwin Gross sowie den Büchern von Paul Twitchell verbracht. Ehrlich gesagt, war mir diese Gruppe etwas zu kultisch. Ich war hingezogen und abgestoßen zugleich. Ich habe mich schon immer sehr für das Seelenreisen interessiert. Ich studierte alle Bücher und befasste mich mit ihrer Organisation bis zu dem Punkt, an dem ich merkte, dass ich das, was ich brauchte bekommen hatte und darin Meisterschaft erlangt hatte. Dann hörte ich damit auf. Obwohl ich gegenüber dieser speziellen spirituellen Richtung diesen Anziehungs- und Abstoßungseffekt hatte, gab sie mir viel und ist bestimmt erwähnenswert.

* Die Bücher von Analee Skarin
Eine Zeit lang studierte ich auch die Bücher von Analee Skarin, einer Mormonin, die ihren Aufstieg erlangt hat und einige wunderbare Bücher über ihre Erfahrungen geschrieben hat.

* Die außerirdische Bewegung
Die außerirdische Bewegung wurde für viele Jahre zu einer meiner Leidenschaften und ließ mich schließlich auch das Buch *Verborgene Mysterien* schreiben. Ich studierte alles, was ich darüber bekommen konnte. Ich ging zu den Ufoversammlungen und besuchte alle Vorträge und machte mir Notizen. Ich betrachte dies als einen sehr wichtigen Teil des gesamten spirituellen Puzzles. Viele Dinge fügten sich durch diese Nachforschungen an ihren richtigen Platz und dieses Studium eröffnete für mein spirituelles Leben und meine zukünftige Mission einen neuen Aspekt.

* Das Sedona-Projekt
Ein weiterer wichtiger Katalysator für meine Heilung und deren Manifestation war die Arbeit mit einer Frau in Sedona, die eine spirituelle Mission, bekannt als das Sedona-Projekt, leitete. Sie war eine Arcturianerin und sehr begnadet im Bereich des Seelenreisens. Durch die Begegnung mit ihr konnte ich mich von allen

außerirdischen Implantaten reinigen und einige meiner subtileren Körper in Ordnung bringen, bevor ich dies, mit Hilfe der Meister, selbst tun konnte.

* Tarot und Astrologie
Ich durchlief eine andere Phase, in der ich mich dem Tarot und der Astrologie widmete und dabei Tarotkarten für mich und meine Freunde legte. Dies war ein weiterer wichtiger Teil meines Trainings und ich habe viele Kurse darin besucht. Ich sehe mich darin nicht als Experten, doch ich erlangte dadurch viele Erkenntnisse.

* Das Heilungsstudium
Das Thema der Heilung zu studieren war eine völlig andere Phase meines Trainings. Ich begann damit, indem ich in Johrei eingeweiht wurde, das mit dem Channeln von göttlichem Licht durch eine Verbindung mit Avalokiteshvara, der ein buddhistischer Begleiter (in männlicher Form) von Quan Yin ist, zu tun hat. Dies führte mich auch zu einem tief greifenderen Studium des Buddhismus. Dann wurde ich in Reiki eingeweiht. Ich nahm auch an Kursen des Rosalyn Bryiere-System teil und besuchte auch Workshops mit Babara Brennan. Das Heilen durch Händeauflegen ist nicht der wesentliche Fokus meiner Mission in diesem Leben, ich betrachte es jedoch als einen essenziellen Teil meines allumfassenden Trainings.

Die weitere Suche nach spirituellem Wissen

381. Mit spirituellen Informationen auf dem Laufenden bleiben

Der nächste goldene Schlüssel war, bezüglich der spirituellen Informationen immer auf dem Laufenden zu bleiben. Diese Lektion wurde mir zum ersten Mal vor zehn Jahren, während ich das Material von Alice Bailey studierte, nahe gebracht. Nachdem ich meine Bailey-Studien abgeschlossen hatte, sagte mir die Geistige Welt, dass mein Geist im Jahre 1942 stecken geblieben war. Sie sagte mir, dass das Studium dieses Materials essenziell für meinen spirituellen Fortschritt war, doch dass es nötig für mich wäre, mich auf den neusten Stand zu bringen und mich dann auch immer auf dem Laufenden zu halten. Durch diese Erfahrung kam ich dazu, meine Informationen direkt von Djwhal Khul, Lord Maitreya und Melchizedek zu beziehen.

Viele Menschen stecken ähnlich in der Vergangenheit fest, zum Beispiel im Alice Bailey-Material, den *ICH BIN - Reden* aus den Dreißigern, dem Edgar Cayce-Material oder veralteten Religionen. Es ist nichts Falsches daran ältere Quellen zu studieren. Ich bin sogar ein großer Fan davon. Doch die Dinge entwickeln sich beständig weiter und die Menschen sollten darauf achten, in ihrem Denken nicht zu festgefahren zu werden und dadurch in ihrem Wissen zurückzubleiben. Bleibe mit deinem Bewusstsein nicht in der Vergangenheit stecken, egal wie schön diese Lehren auch sein mögen. Djwhal Khul selbst hat in den Büchern von Alice Bailey darauf hingewiesen, dass seine Informationen gegen Ende des Jahrhunderts veraltet sein würden. Daher wird uns nun eine neue Dispensation mit Informationen gegeben. Es erstaunt mich, dass einige der Menschen, die sich mit diesen Lehren befassen, meinen, dass diese Channels die einzigen sind, die über Fähigkeiten des Channelns und der Telepathie auf einer höheren Ebene verfügen. Das wäre so, als ob die Evolution anhielte. Dies ist ein falsches Denken und verlangsamt den spirituellen Fortschritt.

Ich habe in meinen Büchern versucht, eine Grundlage mit diesen früheren Autoren, die so viel beigetragen haben, zu errichten. Ich habe dieses Material jedoch auch auf den neusten Stand gebracht und die Dispensation der Zukunft eingebracht. Studiere daher die alten Lehren, da sie die beste Grundlage bieten, auf der du dann aufbauen solltest. Dies tue ich mit dieser Serie *Die leicht zu lesende Enzyklopädie des spirituellen Pfades.*

382. Neue Informationen von den Meistern

Der nächste goldene Schlüssel war, mir die Freiheit zu nehmen, Fragen zu stellen, zu untersuchen, zu erforschen und neue Aufstiegsaktivierungen auszuprobieren. Die meisten Aufstiegsaktivierungen in meinen Büchern resultieren aus meinen Nachforschungen und dem Ausprobieren der neuen Ideen, die mir einfielen. Mit der Zeit halfen mir die Meister dabei, nachdem sie bemerkten, wie ausdauernd ich dabei war. Finde selbst neue Aktivierungen und Informationen heraus. Ich habe gemerkt, dass die Meister viele neue Informationen nicht freiwillig herausgeben. Daher ist es notwendig, dass du deinen eigenen universellen Geist nutzt, um die Geheimnisse des Universums aufzudecken. Ich finde, dass die Meister oftmals kleine Leckerbissen geben, die ich mir schnappe und dann so lange Fragen stelle, bis das gesamte Thema mit neuen Informationen erhellt wurde. Das geschah auch einmal mit Djwhal Khul. Während ich Fragen zu einer kreativen Idee stellte, erhielt ich eine spezielle Information über den holographischen Computer in seinem Ashram. Er sagte, dass er diese Information frühestens in 6 Monaten geben wollte. Ich habe jedoch nicht locker gelassen, so dass er mir gleich darüber berichtete.

Du kannst erkennen, dass dies ein gegenseitiger Prozess ist. Ich würde sagen, dass Dreiviertel der Informationen in meinen Büchern durch meine Fragen und mein Sherlock Holmes-Verhalten entstanden ist. Einen großen Teil der Informationen hätte ich nicht bekommen, wenn ich nicht so beharrlich in meinen Nachforschungen gewesen wäre. Ich habe viele Aktivierungen ausprobiert und nur wenige als tauglich befunden. Manchmal habe ich buchstäblich den spirituellen Mutterinstinkt bei ihnen erweckt. Die Meister konnten mir nichts verwehren, da ich klug genug war, die richtigen Fragen zu stellen. Dadurch habe ich den kompletten Prozess des kosmischen Aufstiegs und seine Funktionsweise aufgedeckt. Sobald sie merkten, wie viel wir mit unseren Nachforschungen erreicht hatten, halfen sie immer mehr. Ich glaube, ich habe ein Ungeheuer erschaffen, denn wenn ich nun meditiere, teilen die Meister mir häufig mit, welches weitere Buch ich nun schreiben sollte. Melchizedek sagte mir, es könnte um die fünfzig Bücher bis zum Jahre 2012 in dieser Serie geben.

383. Nutze vielerlei Arten, um an spirituelle Information zu kommen

Der nächste goldene Schlüssel für meinen Erfolg, war meine beständige Bereitschaft zu beten, zu meditieren und Fragen zu stellen. Ich habe nicht gezögert, Gott und die Meister um Hilfe zu bitten. Dadurch kam es zu vielen dieser unglaublichen Aktivierungen. Ich habe stundenlang allein und gemeinsam mit meinen Aufstiegsfreunden meditiert, Energien empfangen, gebetet und Fragen gestellt. Ich vertraute meiner Intuition und Telepathie und schrieb jede Frage auf, die in mir aufkam und die ich dann in der Meditation stellte. Häufig kam dazu nichts durch. Doch manchmal empfing ich, Dank meiner Intuition und Verbindung mit dem universellen Geist, unglaubliche neue Informationen und Aktivierungen, die größtenteils in diesem Buch erwähnt sind. Mein Leben wurde zu einer stetigen Meditation.

384. Schreibe Ideen und Fragen auf

Dieser goldene Schlüssel war, immer einen Stift, einen Notizblock oder ein kleines Diktiergerät bei mir zu tragen. Dadurch konnte ich alle Ideen und Fragen unmittelbar, wenn sie mir in den Sinn kamen, aufzeichnen. Manchmal hatte ich eine ganze Liste von Fragen, die ich den Meistern stellen wollte. Wenn ich sie nicht aufgeschrieben hätte, würde ich sie wieder vergessen.

385. Fülle deine Datenbanken auf

Ein weiterer goldener Schlüssel war das Verstehen, dass jede Person über so genannte Datenbanken verfügt. Diese Datenbanken wurden langsam aber sicher in den vergangenen Leben und in diesem Leben gefüllt. Nachdem mir dies bewusst wurde, verpflichtete ich mich dazu, diese Datenbanken für die Vervollständigung meiner Mission aufzufüllen. Manche Channels sind hinsichtlich ihrer Channelingfähigkeiten eingeschränkt, da ihre Datenbanken begrenzt sind.

Das Wort herausgeben

386. Das Schreiben von Büchern

Dieser goldene Schlüssel war das Schreiben meiner Buchserie. Dies hat mir nicht nur viel Spaß gemacht, sondern auch sehr zu meiner Heilung beigetragen. Bücher können aus der Intuition oder aus dem Verstand heraus geschrieben werden. Ich nutze beides, doch hauptsächlich die Intuition. Ich verbringe nicht viel Zeit mit der Planung oder Organisation des Buches. Alles, was ich brauche, ist den Titel. Wenn ich den Titel einmal habe, ist er wie ein Samen, der keimt und zur Pflanze heranwächst, während ich das Buch schreibe. Für viele Menschen wird das Schreiben eines Buches zu einer nahezu unbewältigbaren Aufgabe, die Jahre braucht. Ich setze mich dazu an den Tisch, stimme mich auf Gott und die Meister ein und fange an. Ich schreibe gerne. Es ist der schönste Teil meines Tages. Ich tauche in einen veränderten Bewusstseinszustand ein und wundere mich dann, wenn schon fünf Stunden vorüber sind. Das Schreiben hat einen heilenden Effekt auf meinen Körper, solange ich es nicht übertreibe. Das Schreiben richtet bei mir die Chakren aus und lenkt eine enorme Menge spiritueller Energie durch meinen Körper. Ich brauche gewöhnlich nur ein paar Wochen um ein Buch zu schreiben. Ich stehe sehr früh auf und tippe dann ungefähr fünf Stunden lang. Dann wende ich mich anderen Projekten zu. Während des Schreibens entstehen die Kapitelüberschriften und die Anordnung des Buches. Es ist dabei mein Ziel, täglich ein Kapitel zu schreiben.

Einer der besten Wege, um bekannt zu werden, ist, ein Buch zu schreiben. Bücher nehmen ein Eigenleben an. Sie reisen um die Welt und berühren dabei das Leben von tausenden Menschen. Ich möchte dich daher zum Schreiben ermutigen. Bereite dies nicht ausführlich vor und sei dazu nicht zu perfektionistisch. Lass dich einfach von einer Idee und einem Titel für dein Buch inspirieren, bete und beginne dann zu Schreiben. Du wirst erstaunt sein, was die Meister und die Geistige Welt dir telepathisch durchgeben werden. Ich betrachte es nicht als Arbeit und ich kann es jeden Morgen kaum erwarten mit dem Schreiben zu beginnen. Was den Anfang des Buches - die Titelseite, das Inhaltsverzeichnis usw. - betrifft, kannst du, wenn du magst, meine Bücher als Art Vorlage nehmen. Danach schreibe einfach. Selbst wenn das, was du schreibst, nur einem Menschen hilft, war es das wert. Auch wenn du es nur für dich selbst ist, ist es eine wundervolle Übung. Doch du weißt nie. Was du schreibst kann zehn, tausend oder einer Million Menschen helfen. Indem du deiner Kreativität freien Lauf lässt, kann das Schreiben zu einer erhebenden Erfahrung werden. Und sorge dich nicht darum, einen Verleger zu finden. Schreib einfach. Ich habe Sai Baba darum gebeten, mir bei der Veröffentlichung meiner Bücher zu helfen. Er und Melchizedek sind meine Buchagenten - die besten im Universum. Du kannst dein Buch auch selbst verlegen oder einen professionellen Verleger suchen. Bücher sind einfach, machen Freude und sind schnell zu schreiben, wenn du dir von der Geistigen Welt und den Meistern dabei helfen lässt.

387. Werbung

Der nächste goldene Schlüssel war der Loslassprozess meiner Angst vor Werbeausgaben. Zu Beginn erschien mir der kleinste Betrag dafür zu viel. Doch nun erstaunt es mich selbst, wie viel Geld ich für Rundschreiben und die Werbung für das Wesak-Fest und die Bücher ausgebe. Der Schlüssel dabei ist, die Resultate deiner Werbung zu beobachten, um zu sehen, woher das beste Feedback kommt. Frage jeden, der dich anruft, woher er deine Nummer hat. Dann filtere die Werbemöglichkeiten heraus, die am besten für dich sind. Platziere an den Stellen deine Werbung, die sich am besten für deine Arbeit eignen. Gestalte dann deine Anzeigen hinsichtlich des Textes und des Designs so energetisch und ästhetisch als möglich, damit du die Aufmerksamkeit der Menschen anziehst. Das vielleicht Wichtigste ist, von ganzem Herzen an das zu glauben, was du tust, in dem Wissen, dass du damit den Meistern und dem göttlichen Plan dienst. Sei dann bereit, in deine Arbeit zu investieren. Gehe dann mit deiner Werbung in möglichst umfangreicher und eloquenter Weise an die Öffentlichkeit.

388. Entwicklung meines Archetyps des Verkäufers

Der nächste goldene Schlüssel war die Entwicklung meines Archetyps des Verkäufers. Eigentlich musste ich nicht sehr intensiv daran arbeiten, da ich über ein natürliches Verkaufstalent verfüge, besonders dann, wenn es um Gott und die Meister geht. Manchmal hat das Wort "Verkäufer" einen negativen Beigeschmack, doch mir fällt dazu kein besseres Wort ein. Es ist wichtig, überzeugt über das reden zu können, woran man glaubt. Wenn ich mit den Menschen spreche und ihnen meine Bücher und Kassetten empfehle oder zum Wesakfest zu kommen oder eine Session bei mir zu nehmen, tue ich dies nicht aus meiner Persönlichkeit heraus, sondern aus meinem Höheren Selbst. Ich weiß, dass diese Hilfsmittel und Handlungen sehr nützlich für sie sind. Im Grunde verkaufe ich nicht wirklich etwas; es ist eher so, dass ich meinen Enthusiasmus mit den Menschen teile.

Lichtarbeiter sollten ihren Enthusiasmus hinsichtlich ihrer Arbeit ausdrücken können. Wenn du dich nicht selbst verkaufst, wer tut es dann für dich? Djwhal Khul wies mich eines Tages darauf hin, als er mir sagte, dass ich hinsichtlich meiner Überzeugungskraft ein hoch entwickelter Archetyp sei. Er sagte, dass dies eine wichtige Fähigkeit sei, doch dies war mir bis zu diesem Zeitpunkt noch nicht so bewusst gewesen. Ich habe mich einfach selbst und meinen natürlichen Enthusiasmus ausgedrückt.

389. Das Netzwerk

Dieser goldene Schlüssel ist meine Verpflichtung, vernetzt mit anderen zu arbeiten. Dies bedeutet, Informationen mit Menschen, spirituellen Weggefährten und spirituellen Organisationen auf der ganzen Welt zu teilen. Dies war ein sehr wichtiger Teil meiner Arbeit. Niemand ist eine Insel. Das Gruppenbewusstsein ist der Schlüssel zum neuen Zeitalter. Wir ziehen alle an einem Strang. Die gemeinsame Arbeit mit verschiedenen spirituellen Lehrern und Gruppen ist ein wichtiger Teil zum Aufbau einer gegenseitigen Verbindung. Jede Verbindung, die wir eingehen, erzeugt einen Lichtstrang im ätherischen Netz des Planeten.

Das Treffen der spirituellen Lehrer einen Tag nach dem Wesakfest in Mount Shasta war ein solches Projekt. Dies Treffen ist für die spirituellen Lehrer aus der ganzen Welt gedacht. Bei diesen Treffen meditieren wir gemeinsam und finden heraus, wie wir uns gegenseitig und dem göttlichen Plan, dem wir alle dienen, helfen können. Unser Ziel ist, gemeinsam als ein kraftvoller Gruppenkörper zu wirken. Kannst du dir vorstellen was geschieht, wenn alle spirituellen Lehrer und Gruppen auf dem Planeten zusammenarbeiten und sich gegenseitig unterstützen? Wir wären alle in einer Einheit verbunden und es wären uns keine Grenzen bei der Erreichung unserer Ziele gesetzt. Durch diesen Gruppeneffekt werden der Planet und die Menschheit aufsteigen. Wenn wir alle zusammenarbeiten, können wir den Himmel auf Erden erschaffen.

11 Abschließende goldene Perlen

Schlüssel 390 - 420

Spezielle Segnungen und Energieeinflüsse
Lichtinfusionen
Liebesinfusionen und die Weitung des Herzens
Energien der Göttlichen Mutter
Kosmische Aktivierungen
Weitere Aufstiegsbeschleunigungen
Heilung auf der Inneren Ebene
Erhabenes Leben

Spezielle Segnungen und Energieeinflüsse

390. Bitte um die energetische Verbindung von Melchizedek, Metatron und dem Mahatma

Dieser goldene Schlüssel ist die Bitte um den kombinierten Energiefluss von Melchizedek, Metatron und dem Mahatma. Dies sollte anfänglich nur während kurzer Phasen in der Meditation getan werden. Später können diese Phasen während der Meditation ausgedehnt werden. Die kombinierte Energie dieser drei kosmischen Wesen ist derart kraftvoll (wie die damit einhergehenden Segnungen), dass man erst in kleinen Dosierungen damit beginnen sollte. Erhöhe dann die Dosis in deinen Meditationen Schritt für Schritt. Die Licht- und Heilenergie dieses besonderen Prozesses ist wahrhaftig unglaublich und hilfreich für jeden Aspekt des Aufstiegsprozesses.

391. Die Erhöhung der Mahatma-Energie

Dieser goldene Schlüssel gibt dir, durch die Gnade Mahatmas, das höchste Maß an Energie. Bitte den Mahatma jeden Tag darum, mit einem höheren Maß seiner Energie durchdrungen zu werden. Dies wird einen dreifachen Effekt haben - die Verstärkung deines Lichtes, die Beschleunigung deiner Entwicklung und die Ausweitung deiner Fähigkeiten hinsichtlich des Weltdienstes. Dieser dreifache Effekt wird sich verstärken, wenn du täglich damit fortfährst, Mahatma um die Durchdringung deines Wesens mit seiner Energie zu bitten.

Lichtinfusionen

392. Die Erhöhung der Lichtquotienten durch Mahatma

Rufe mit diesem goldenen Schlüssel die herrliche Energie Mahatmas an, um dir bei der Ausbildung deiner Lichtquotienten zu helfen. Die Lichtsegnung, die du dabei erhältst, wird dir sehr bedeutend auf allen Ebenen deines Seins helfen.

393. Verankere die Kristalle Gottes

Nutze diesen goldenen Schlüssel um Metatron, den Erzengel der das Licht selbst verkörpert, um die Verankerung der speziellen Kristalle Gottes in deinem Wesen zu bitten. Dies wird dein Licht sehr ausbreiten. Gottes Kristalle können aus den planetaren, solaren, galaktischen, universellen, multiuniversellen und den Ebenen der Gottheit hervorgebracht werden. Bitte dabei um die Kristalle Gottes, die jetzt deinem höchsten Potenzial entsprechen.

394. Verankere den Lichtkörper Gottes

Bitte, mit diesem goldenen Schlüssel, um die Verankerung des Lichtkörpers Gottes in deinem Lichtkörper und deinem gesamten Wesen. Dies wird dich mit unsagbarer Lichtfrequenz erfüllen, die deinen Lichtquotienten erhöht.

Liebesinfusionen und die Weitung des Herzens

395. Öffne die 352 Ebenen des Herzens

Der nächste goldene Schlüssel hat den Effekt einer großartigen Weitung des Herzens. So wie wir nach der Erhöhung unseres Lichtquotienten streben, müssen wir gleichzeitig auch unseren Liebesquotienten erhöhen, da uns dies im Gleichgewicht hält und Teil unserer göttlichen Natur und Bestimmung ist. Der Mahatma, der alle 352 Ebenen Gottes durchdringt, ist das perfekte Wesen bezüglich der Bitte um die Erhöhung der 352 Ebenen deines Herzens. Es liegt in unserer Möglichkeit, alle diese Herzensebenen zu entfalten. Diese Aktivierung dient auch der Öffnung der Herzensebenen im Kosmos, von dem wir alle ein Teil sind. Wenn wir darum bitten, ist es eine gute Idee, sich dies als holographisches Bild vorzustellen.

396. Bilde deinen kosmischen Liebesquotienten

Dieser goldene Schlüssel lässt die Liebesenergie eine immer größere Rolle im eigenen Wesen und Herzen spielen. Das Licht muss mit der Liebe ausbalanciert werden und wer könnte dies besser als Sai Baba, unter dessen göttlicher Anleitung und Führung dieses Buch entstanden ist? Bitte Sai Baba deinen kosmischen Liebesquotienten kontinuierlich auszubilden. Sai Baba, der kosmische Christus, ist die personifizierte Liebe. Wenn du ihn um dieses göttliche Geschenk bittest, wirst du dein Herz und deine Möglichkeiten zu lieben auf undenkbare Weise erweitern. Das ist sehr wichtig, da man ohne Liebe nicht weit kommt auf dem Weg. Je mehr Liebe ein Mensch in sich trägt, desto ähnlicher wird er Gott. Bitte daher Sai Baba darum, deinen kosmischen Liebesquotienten stetig auszubilden.

397. Erweitere das Herz

Rufe mit diesem goldenen Schlüssel die göttliche Dreieinigkeit von Sai Baba, Lord Melchizedek und Lord Buddha an, damit sie in deinem Herzen als eine Kraft resonieren. Die Energie dieser drei Wesen wird dein Herz weiter öffnen und dich mit großer Liebe durchdringen - Liebe, in der du dich sonnen kannst, Liebe, um zu dienen und Liebe, die du ausstrahlen kannst, um die Welt zu segnen.

398. Sai Babas Vibhuti Bad

Bitte Sai Baba, mit diesem goldenen Schlüssel, dich mit einem ätherischen Vibhuti Bad zu beehren. Dieser enorme Segen seines Vibhuti füllt jede Ebene deins Seins mit Liebe, Heilung und Erleuchtung. Du kannst auch um eine wirkliche physische Vibhuti Manifestation bitten, wobei das nur dann geschieht, wenn es dafür einen speziellen Grund oder eine besondere Notwendigkeit gibt. Ein ätherisches Vibhuti Bad steht jedoch für jeden zur Verfügung. Dies ist ein großer Segen von Sai Baba, der dein Wesen mit Liebe und Erleuchtung erfüllt.

399. Die kombinierten Energien von Buddha, dem Christus und Mutter Maria

Bitte, mit diesem goldenen Schlüssel, um eine archetypische Prägung von Buddha, Lord Maitreya und Mutter Maria. Diese kombinierte Energie trägt so viel Liebe in sich, dass es wie ein Sonnen in der Liebe selbst ist. Diese Liebe kann nicht helfen, doch du kannst sie auf all diejenigen ausstrahlen, die dir begegnen.

400. Liebe des reinen und heiligen Herzens

Bitte die Göttliche Mutter, mit diesem goldenen Schlüssel, um das reine und heilige Herz. Dies bringt dir große Liebessegnungen und nochmals die Möglichkeit diese Liebessegnungen an die Welt weiterzugeben.

401. Liebe der männlichen und weiblichen Meister der Kerngruppe

Nutze diesen Schlüssel, um die sieben Meister der spirituellen Kerngruppe anzurufen: Lord Melchizedek, den Mahatma, Lord Metatron, Sai Baba, Lord Maitreya, Lord Buddha und Djwhal Khul. Rufe ebenso die sieben weiblichen Meister der Kerngruppe an. Rufe zuerst die Göttliche Mutter, die das weibliche Prinzip selbst umfasst, an. Rufe dann Mutter Maria, Quan Yin, die Lady der Sonne, Lady Liberty, die Lady des Lichtes, Isis und Athena an. Bitte sie darum, sich in deinem Herzen zu verankern; das wird den Bund, der bereits zwischen euch besteht, verstärken. Wenn der Bund zwischen dir und diesen wundervollen Wesen immer stärker wird, werden sie dir auf allen Ebenen Segnungen zukommen lassen. Sie möchten dir zu Dienste sein und warten nur auf deine Einladung. Diese ausgedehnte Natur ihrer Liebe kann nur als Segen beschrieben werden. Das Geschenk, das sie dir durch diese Herzverankerung bereiten, gibst du anderen einfach dadurch weiter, dass du selbst zutiefst von dieser Liebe erfüllt bist.

Energien der Göttlichen Mutter

402. Der Aufstiegsplatz der Göttliche Mutter

Bitte, mit diesem goldenen Schlüssel, um die Errichtung des Aufstiegsplatzes der Göttlichen Mutter in deinem Wesen und in deinem Heim. Bitte auch darum, auf den angemessenen Level dieses Aufstiegsplatzes gebracht zu werden, um dich vollkommener auf das weibliche Prinzip der Erschaffung einstimmen zu können.

403. Der Rosenkranz der Göttlichen Mutter

Dieser goldene Schlüssel ruft auch tief gehend die universelle weibliche Energie an. Auf den ätherischen Ebenen gibt es einen prächtigen rosafarbenen Rosenkranz, den die Göttliche Mutter trägt. Die Essenz dieses Rosenkranzes wird für alle, die ihn anrufen, verdoppelt und um ihren Hals gelegt. Er dient dem Schutz, der Heilung und dazu, dein gesamtes Wesen mit der Liebe der Göttlichen Mutter selbst zu durchdringen. Um dieses Geschenk des Rosenkranzes zu erhalten, musst du einfach demütig und mit liebender Hingabe darum bitten. Du kannst dich dann über deinen Rosenkranz mit der Göttlichen Mutter verbinden und ihre Liebe, Heilkraft und schützende Gegenwart wird dich immer umgeben. In Wahrheit ist die Gegenwart der Göttlichen Mutter immer um uns, doch dieses Geschenk vertieft deine Beziehung zu ihr. Zudem ist es ein wundervoller Segen.

Kosmische Aktivierungen

404. Der Platinstab

Rufe, mit diesem goldenen Schlüssel, während der Meditation Metatron an und bitte darum, mit seinem Platinstab berührt und gesegnet zu werden. Platin ist die höchste Energiefarbe und von Metatron mit der göttlichen Spannung des Stabes berührt und gesegnet zu werden ist äußerst erhebend und transformierend. Letztendlich wird der Stab permanent installiert, sobald der Eingeweihte dazu in der Lage ist, mit dieser verfeinerten göttlichen Energie umzugehen und voranzuschreiten. Dies geschieht jedoch erst dann, wenn Metatron den Zeitpunkt für richtig hält. Bitte jedoch regelmäßig um diese Segnung und Berührung mit dem Platinstab. Jeder Kontakt bereitet das Vehikel auf immer höhere Spannungen und göttliche Ströme vor und segnet dich mit diesen göttlichen Energieflüssen. Bitte daher Metatron demütig darum, dich mit seinem Platinstab zu berühren.

405. Kosmische Samenpakete

Stimme dich mit dem ersten Teil dieses goldenen Schlüssels auf Helios und Vesta, die unseren Solaren Logos bilden, ein. Wenn wir solare Wesen werden breitet sich unsere Liebe und Weisheit über den Bereich des planetaren Systems aus, in den größeren Bereich des solaren Systems. Bitte darum, dass diese Samenpakete aus Liebe/Weisheit in dir verankert werden. Sie werden dir bei diesem Ausdehnungsprozess sehr helfen. Sind sie einmal angerufen worden, schlagen sie sofort Wurzeln und beginnen in dir zu wachsen und helfen dir zu erwachen und dir schrittweise der solaren Ebenen bewusst zu werden. Bitte im weiteren Prozess Melchior um die Verankerung der galaktischen Samenpakete in deinem Wesen. Dann bitte Melchizedek im Weiteren um die Verankerung der universellen Samenpakete. Bitte schließlich Mahatma um all die Samenpakete hinauf bis zur 352sten Ebene der Gottheit. Diese werden in das Sein verankert, um den Weg für eine immer größer werdende Ausdehnung durch die enormen kosmischen Ebenen zurück zur Quelle vorzubereiten.

406. Das solare Aufstiegsgewand und die Kristalle Gottes

Verwende diesen goldenen Schlüssel dazu, jede Nacht Vywamus vor dem Schlafen anzurufen, damit er dein Aufstiegsgewand webt und die solaren Kristalle Gottes in deinem Wesen verankert. Stelle dir bildlich vor, wie Vywamus seine goldenen Hände nimmt und durch die Macht und das Licht dieser Kristalle dein Aufstiegsgewand webt. Dann sieh dich selbst und wie du durch dein exquisites Aufstiegsgewand und durch die Kristalle Gottes in deinem Aufstieg erhöht wirst. Dies ist die schönste Art friedlich einzuschlafen. Wisse, dass sich der Prozess auf den inneren Bereichen die ganze Nacht hindurch fortsetzt. Bitte darum, dass dies auf allen 352 Ebenen des Mahatma, gemäß dem göttlichen Willen, durchgeführt wird.

407. Sai Babas Unterstützung bei deiner solaren Aktivierung

Dieser goldene Schlüssel schließt sich an den zuvor aufgeführten Schlüssel an. Rufe Sai Baba jede Nacht an, damit er dich bei deiner solaren Aktivierung unterstützt. Bitte ihn um seine Hilfe sowie um die Segnung seines beständigen Schutzes und seine stetige Hilfe bei deiner Realisierung Gottes auf allen Ebenen.

408. Das Downloading des Ashtar-Kommandos

Dieser goldene Schlüssel ist die Bitte um das Downloading des Ashtar-Kommandos. Dabei werden bestimmte Frequenzen und Informationen in deinem Vierkörpersystem installiert, die dir dabei helfen, auf einem erhöhten Level des Lichtes, der Liebe und Weisheit zu wirken.

409. Das Downloading der Arcturianer

Dieser goldene Schlüssel ist dem vorhergehenden Schlüssel ähnlich, nur dass du dabei um ein Downloading der Arcturianer bittest. Dafür wird die Energie, die in deinem Vierkörpersystem installiert wird, speziell mit arcturianischen Frequenzen verschlüsselt. Dies wird dich wiederum auf einen höheren Level der Liebe, des Lichtes und der Weisheit bringen.

Weitere Aufstiegsbeschleunigungen

410. Aufstiegsaktivierung für deine gesamte Monade

Der nächste goldene Schlüssel ist die Bitte um eine Aufstiegsaktivierung für deine gesamte Monade, die alle zwölf Überseelen einbezieht. Erinnere dich daran, dass du ein Teil des Ganzen bist und je mehr Dienst du an der gesamten Monade leistest, desto mehr tust du für dich selbst.

411. Der Lichtstab von Buddha zur Beschleunigung des Aufstiegs

Bitte, mit diesem goldenen Schlüssel, um die Segnung mit dem Lichtstab Lord Buddhas, der 1995 die Position unseren Planetaren Logos übernommen hat. Die Kraft und Segnung dieses göttlichen Lichtstabs wird dich so unglaublich mit Licht und Liebe erfüllen, dass deine Aufstiegsfrequenzen sehr erhöht werden. Der Lichtstab von Lord Buddha ist eng mit dem planetaren Aufstieg verbunden, seit er nun der Planetare Logos ist. Die Vorteile für deine Aufstiegsarbeit sind zu zahlreich um sie aufzuzählen. Dies wird deinen persönlichen Aufstiegsprozess und den von Mutter Erde großartig beschleunigen.

412. Deine höchstmögliche Aufstiegswelle

Dieser Schlüssel ist die Bitte, in deine höchstmögliche Aufstiegswelle eingebracht zu werden. Du weißt, dass der Aufstiegsprozess in Gruppenformationen oder Wellen geschieht. Um es nochmals klar zu sagen, jeder von befindet sich auf der passenden Welle und alle Wellen sind eine Gnade Gottes und stehen in Übereinstimmung mit den höheren Frequenzen der irdischen Evolution zu dieser Zeit. Doch wie ihr wisst, ist es meine Philosophie, in der höchstmöglichen und trotzdem sicheren Geschwindigkeit voranzuschreiten. Dies ermöglicht uns unseren Dienst zu tun und gleichzeitig unseren persönlichen Aufstiegsweg zu beschreiten. Bitte, mit diesem Hintergrund, einfach darum, dass du, durch die Gnade Gottes, in die für dich höchstmögliche Aufstiegswelle eingebracht wirst. Lass dann diesen Gedanken los und vertraue darauf, dass sich alles gemäß dem göttlichen Plan entfaltet.

413. Die Klärung und Integration aller 10.000 Seelenausdehnungen

Dies ist einer der außergewöhnlichsten goldenen Schlüssel. Während meines Aufstiegsprozesses wurde mir ans Herz gelegt, meine Bitte um die Klärung meiner 144 Seelenausdehnungen auf die Klärung meiner 10.000 Seelenausdehnungen auszuweiten. Das lag daran, dass ich alles Notwendige hinsichtlich meiner 144 Seelenausdehnungen abgeschlossen hatte und es an der Zeit war, diese Arbeit auf eine größere Gruppierung auszudehnen. Ich rate nicht jedem dies zu tun. Ich wollte jedoch erwähnen, wie gewaltig und fortwährend der Prozess der göttlichen Ausdehnung ist. Alles bewegt sich vorwärts und aufwärts und wird immer umfassender. Bevor du darum bittest, musst du dir ganz sicher sein, dass du alle sieben Unterebenen deiner sieben Einweihungen vervollständigt hast und dich in höhere Bereiche hinein ausdehnst. Es ist weise, dies genau zu prüfen. Dann, und auch erst dann, solltest du damit beginnen, mit der Klärung der 10.000 Seelenausdehnungen, von denen du ein Teil bist, anzufangen. Schließe deine Bitte darum immer mit folgenden Worten ab "...oder für so viele Seelenausdehnungen wie derzeit möglich, gemäß dem Willen Gottes." Der Nutzen ist sehr weitreichend; diese Anrufung sollte jedoch mit großer Sorgfalt angewandt werden.

Heilung auf der Inneren Ebene

414. Die galaktischen Heiler

Dieser goldene Schlüssel ist die Bitte um göttliche Heilung durch die galaktischen Heiler. Eine der Abteilungen innerhalb der Kosmischen Regierung ist die medizinische Abteilung, in der großartige Heiler tätig sind. Ruft man diese an, lassen sie uns kosmische Energieheilungsströme zukommen, die für unsere physische, ätherische, emotionale und mentale Gesundheit von großem Nutzen sind. Alles, was sie dafür von uns brauchen, ist unsere Bitte darum und unsere Empfänglichkeit dafür. Ich kann dich nicht stark genug dazu ermutigen, diese fortgeschrittenen Heiler für jegliche Heilung, die du benötigst, anzurufen. Sie hatten einen wunderbaren Effekt auf mich selbst und sind stets sehr eifrig in ihrer Hilfe.

415. Der kombinierte Energiestrahl von Melchizedek, Metatron und dem Mahatma

Dieser goldene Schlüssel kombiniert die Energie von drei großen kosmischen Wesen zur Heilung auf allen Ebenen. Bitte darum, dass ein kombinierter Energiestrahl von Melchizedek, Metatron und dem Mahatma zu dem Bereich deines Körpers geschickt wird, der geheilt werden muss. Bitte auch darum, dass dieser Stahl zugunsten von mehr Licht und Gesundheit in dein Vierkörpersystem geleitet werden soll. Bitte darum, damit du den maximalen Dienst mit größerer Leichtigkeit leisten kannst. Erinnere dich daran, dass diejenigen, die dienen glücklich sind, dir bei deinem Dienst Unterstützung zukommen zu lassen. Sie wünschen sich, dass du einen friedlichen und gesunden Ort in dir selbst findest, damit du deine spirituelle Arbeit tun kannst. Erinnere dich auch daran, dass ein Teil *ihres Dienstes* darin liegt, dir bei deiner Heilung zu helfen.

Erhabenes Leben

416. Deine spezielle göttliche Blaupause

Bitte Melchizedek, mit diesem goldenen Schlüssel, um die Dispensation der vollkommenen Verankerung deiner speziellen göttlichen Blaupause. Tue dies, indem du um kleine Wirbelstürme bittest, die deine göttliche Blaupause in das

Gewand deines gesamten Wesens einweben mögen. Dies ist ein sehr wertvolles Hilfsmittel zur Erweckung und Aktivierung deiner göttlichen Blaupause und zum besseren Erkennen deiner Aufgabe in Gottes Plan.

417. Dein höchster Dienst auf den Inneren Ebenen

Nutze diesen goldenen Schlüssel um Gott und die Meister zu bitten, dir dabei zu helfen, den höchsten und harmonischsten Bereich des Dienens auf den Inneren Ebenen für dich zu finden. Wir alle führen ein Leben auf der Inneren Ebene; diejenigen, die dies lesen, führen ein sehr aktives Leben auf den Inneren Ebenen und dienen in verschiedenen Weisen. Es wird dir helfen, darum zu bitten, in einer Position auf den Inneren Ebenen eingesetzt zu werden, in der du Erfahrung hast und in der du am meisten gebraucht wirst. Dies wird dir beim Voranschreiten auf deinem Weg auf den Inneren Ebenen helfen. Es wird dir auch dabei helfen, dein Bewusstsein mit der Arbeit, die du dort tust, zu verbinden, um Erinnerungen an diese Arbeit auf der Inneren Ebene zu bekommen.

418. Bilokation

Dieser goldene Schlüssel handelt von der Bilokation. Tatsächlich sind all diejenigen, die einen bestimmten Stand in ihrer spirituellen Entwicklung erreicht haben, stets an zwei Orten gleichzeitig. Immer, wenn wir uns auf die Meister einstimmen, schicken wir einen Teil von uns selbst - einen Aspekt unseres Gewahrseins - zu einem Ashram der Meister, an verschiedene Aufstiegsplätze und zu Ereignissen auf den Inneren Ebenen. Während wir schlafen ist die Bilokation vielmehr ein Teil als das Ruhen und Träumen. Mit unserem Entwicklungsfortschritt entwickelt sich auch dieser Prozess und wir werden uns der Bilokation immer bewusster und geschickter darin. Meister, die diese Kräfte vollkommen beherrschen, sind in der Lage, ihre Mayavarupa-Körper zu erzeugen und anderen tatsächlich physisch zu erscheinen. Dies ist bei Sai Baba der Fall, wenn ihn eine Gruppe von Menschen in seinem Ashram sieht und eine andere Gruppe ganz woanders - möglicherweise am anderen Ende der Welt.
Beginne mit dem Üben der Bilokation, indem du die verschiedenen Aufstiegsplätze, die in diesem Buch beschrieben sind, aufsuchst. Du kannst darum bitten, mittels Bilokation Sai Baba in seinen Ashram in Indien zu besuchen. Du kannst auch darum bitten, den Synthesis-Ashram von Djwhal Khul und die Ashrams der verschiedenen Chohans auf den Inneren Ebenen zu besuchen. Und du kannst Melchizedek und seinem Ashram in der herrlichsten Goldenen Kammer besuchen. Bald wirst du merken, wie einfach die Bilokation ist und dass Gottes unendliches Universum zu deinem Spielplatz wird. Du brauchst dafür weder hellsichtig noch hellhörig zu sein. Ihr werdet alle in der Lage sein, energetisch die Erfahrung der Bilokation zu fühlen und zu spüren.

419. Steigere die Effektivität von Hörkassetten

Dieser goldene Schlüssel bezieht sich auf die Steigerung der Energien, die du aus spirituellen Hörkassetten beziehst. Rufe die Meister, während du eine Meditations- oder Affirmationskassette anhörst, und bitte sie, dass die Wirkung dieser Kassette dieselbe ist, als ob du die Worte selbst sprechen würdest. Dies steigert ihre Wirkungskraft um das zehntausendfache. Hörkassetten sind wunderbare Hilfsmittel für die Anrufung, Affirmation, Aktivierung und Mediation. Hört man einem spirituellen Gespräch oder einem Vortrag zu, öffnet die Schwingung der Worte tatsächlich die Tür zu den Bereichen aus denen die Worte kommen. Die Worte sind Übermittler von Frequenzen. Indem du beim Hören eine aktive Rolle übernimmst und in Empfangsbereitschaft bleibst, verbinden sich die Energien des Sprechers mit deinen Energien. Es vervielfacht die Energien, wenn du sie aus deinem eigenen Inneren heraus und vom Sprecher der Kassette kommen lässt. Mit einer aufnahmebereiten Haltung bleibst du auch völlig entspannt, um die Schwingungen der Worte aufzunehmen. Diese Haltung während des Hörens erlaubt dir beides, Sender und Empfänger zu sein, die Energien des Männlichen und des Weiblichen, von Yang und Yin, auszugleichen. So erreichst du beim Hören die bestmöglichen Ergebnisse. So nutze ich Meditations-, Affirmations- und Aktivierungskassetten und das wirkt Wunder. Ich teile dir dies mit, damit du diese Ergebnisse mit den Hörkassetten selbst erzielen kannst.

420. Die göttliche Nutzung von Zeit und Aktivitäten

In diesem finalen goldenen Schlüssel erinnere ich dich daran, dich selbst daran zu erinnern, dass du all deine Zeit und Aktivitäten als Gelegenheit zur Beschleunigung deiner spirituellen Entwicklung nutzen kannst. Während der Arbeit kannst du die Zeit, mit einer einfachen Bitte darum, nutzen, Licht und Heilungsenergien durch dich fließen zu lassen. Während ich arbeite, nehme ich mir immer einen Moment Zeit, um Sai Baba, Lord Arcturus und die Arcturianer darum zu bitten, ihre Energie durch mich fließen zu lassen, um mein Vierkörpersystem mit Licht und Heilung aufzuladen. Du kannst auch darum bitten, dass dich Liebesenergie durchströmt. Die göttliche Liebe ist eine wunderbare Heilungs- und Schutzenergie. Diese Energien der Liebe, des Lichtes und der Heilung werden dich anheben und in einem energetisierten Zustand halten. Du kannst diese Energie auch ausstrahlen, damit sie auch denjenigen dient, die mit dir in Kontakt treten. Solltest du beruflich im Gesundheitswesen tätig sein, sind diese Energien dabei ganz besonders hilfreich. Ich habe es oftmals nachdrücklich betont, dass man nicht eine Minute "fern von Gott" leben muss. Du kannst die Gegenwart Gottes immer praktizieren und Gottes Energien fließen lassen. Du wirst bestimmte Zeiten der Stille, Meditation und Erneuerung widmen möchten - allein oder mit deinen

Aufstiegsfreunden oder auch in einer größeren Gruppe. Doch die Verbindung zur Quelle kann und sollte stets in allen Situationen angerufen werden und gehalten werden. Bitte während des Fernsehens, Musikhörens oder bei den täglichen Beschäftigungen um die Energien von Vater/Mutter-Gott oder einem bestimmten Meister und es wird geschehen. Dies gilt auch für die Schlafenszeit. Alle Schüler, Eingeweihte und Meister sollten mit der Absicht, Gott auf den Inneren Ebenen näher zu kommen, zu Bett gehen. Bitte darum, die Aufstiegsplätze zu besuchen und am Unterricht auf den Inneren Ebenen teilnehmen und dienen zu dürfen. Gott ist ein 24-Stunden-Tag, sieben Tage in der Woche, jeder Moment ein Abenteuer, in das wir alle eingebunden sind, warum sollte man also nicht das Beste aus jedem Moment machen, indem man die eigenen Energien mit den göttlichen Energien verbindet? Dann wird nicht länger das "in Meditation sein" und "nicht in Meditation sein" existieren. Das Leben selbst wird als einzige große Meditation der Tat Gottes betrachtet, gefühlt und erfahren werden.

Segnungen der Aufgestiegenen Meister

Das Schreiben dieses Buches, die Manifestation durch das geschriebene Wort, ist selbst ein so großer Segen und Joshua hat uns damit einen großen Dienst erwiesen. Es hilft, die Lücken zwischen den Lehren der Aufgestiegenen Meister, der New Age Bewegung und Sai Babas Mission von Liebe und Gott auf Erden zu schließen. Da seine Mission die östlichen Traditionen umfasst, war er den Menschen dieser Traditionen zugänglicher, besonders in Indien. Doch seine Mission und Arbeit gehen über alle Vorstellungskraft hinaus und daher sind seine Devotees über dem gesamten Globus verstreut, durchziehen die verschiedenen Ebenen der Erde und weiten sich bis in den Kosmos hinein aus.

Aus praktischen Gründen hält sich Sai Baba in Indien, in dem kleinen Dorf Puttaparthi, auf. Diejenigen, die er ruft, kommen zu ihm. Zu denjenigen, die ihn rufen, kommt er, wie auch zu denjenigen, die ihn nicht beim Namen rufen, sondern durch ihre Hingabe und Liebe an Gott. Seine Arbeit findet hauptsächlich in Indien statt, seine Mission aber gilt dem Erwachen der ganzen Welt. Er umfasst alle wahren Wege, denn Gott umfasst das Ganze und er wünscht sich, genau in diesem Licht der Ganzheit und Heiligkeit gesehen zu werden. Er arbeitet selbstverständlich mit den Aufgestiegenen Meistern zusammen. Und es gibt noch so viele, selbst sehr weit Fortgeschrittene, die ein wenig von dem Tunnelblick haben, der erweitert werden muss. Dies war die Inspiration dieses Buches und eine der Hauptmotivationen. Vor noch nicht einmal einem Jahrzehnt wurde so eifrig nach den östlichen Meistern gesucht und somit konnte sich Sai Baba unvermittelter den Suchenden offenbaren.

Nun ist es so weit, dass viele zu ihrer eigenen Meisterschaft erwachen und sich der Lehren der Aufgestiegenen Meister und der Aufstiegsbewegung bewusst werden. Das ist gut; das ist der göttliche Plan. Und es sind auch dieselben Lichtarbeiter, mit denen dieser glorreiche Avatar auf eine heilige Art zusammenarbeiten möchte, um sie in ihren Bemühungen zu unterstützen und ihnen bei ihrer planetaren und kosmischen Evolution zu helfen - und auch denjenigen, die jetzt diese Seite lesen. So lasst euch sagen, dass es keine Unterschiede zwischen dem Osten und dem Westen gibt, außer im Geiste der Menschheit und in bestimmten Manifestationen, die einer bestimmten Gruppe von Seelen angeglichen sind. Letztendlich jedoch gibt es keine Unterschiede und es gibt ganz bestimmt keinen Unterschied zwischen der göttlichen Motivation Seiner Heiligkeit Lord Sai Baba und der unseren, die wir Aufgestiegene Meister genannt werden, und anderen wahrhaft entwickelten Lehrern eines jeden Weges, seien es Inder, Asiaten, Indianer oder die Erzengel, Elohim und die himmlische Hierarchie der positiven Außerirdischen!

Wir spielen, wie auch ihr, eine bestimmte Rolle, da könnt ihr sicher sein. Doch gleich einem Orchester aus vielen Wesen die Krishna / Christus / Priester und Priesterin darstellen, spielen wir unsere Noten auf der göttlichen Flöte - und erschaffen gemeinsam eine wunderbare kosmische Symphonie! Wir möchten, dass ihr alle diese Noten hört und alle wahren Wege der Erleuchtung beschreitet, unter dem Himmelszelt des einen Gottes, den wir euch allen bewusst machen wollen. Dann kann der Weg, auf dem ihr geht, vollständig angenommen werden - uns als der *eine* Weg gelten. Dann wird es keine Spaltung in euren Herzen darüber geben, welchem Weg ihr folgt. Ihr folgt Gott, Brahman, in euren Herzen. Dann werdet ihr auch die vielen Meister, die darauf warten, euch zu helfen, treffen. Es werden euch auch die Engel und die fortgeschrittenen Außerirdischen begegnen, die darauf warten, euch bei der Evolution auf der Erde zu helfen. Sie erwarten euch mit offenen Armen des Lichtes, der Liebe und der Macht - Shiva und Shakti - nur um euch zu helfen.

Bitte begrenzt die Erhabenheit von Sai Baba oder irgendeinem von uns nicht in eurem Geiste. Sai Baba wurde erwacht geboren und kam zu euch, um euch zu erwecken, in dem Wissen, dass er Gott ist. Erkennt, dass er ein wahrer Avatar, der unter euch weilt, ist. Fragt euch jedoch, was euch dieses erwachte Wesen bringen will. Was ist es, das ein Avatar Gottes den Devotees, den Suchenden und Lichtarbeitern Gottes sagen möchte? Es ist wirklich das eine und nur das eine, dass auch du Gott bist. Der Unterschied zwischen uns ist der Grad der Entfaltung innerhalb unseres Gottselbstes. Was Sai Baba aus seiner Ebene der Entfaltung des Gottselbstes, der enormen Ausweitung, für euch tun und euch geben kann - was eure Vorstellungskraft übersteigt - sind seine Siddhis oder Mächte, die er nur zum Dienst an euch einsetzt, damit ihr eure eigene Wesenheit in Gott, dem Einen, vertiefen und ausweiten könnt. Er möchte, dass ihr wisst, dass er wie eine Mutter oder ein Vater, eine Schwester oder ein Bruder oder ein ergebener Freund ist, der euch wissen lassen möchte, dass er für euch da ist und euch in allen Lagen helfen wird. Er ist hier, ihr Lieben. Er ist in euren Herzen, er ist in eurer Liebe, er ist in eurer Evolution. Erkenne ihn in dir selbst. Spricht mit ihm, schreibe ihm, bitte ihn um Führung. Aber es gibt eines, das ihr niemals bei Sai Baba tun solltet. Ihr solltet niemals seine Art, wie er sich euch offenbart - die göttlichen Geschenke des Universums, die er hervorbringt - mit der Art, wie er sich euren Brüdern und Schwestern offenbart, vergleichen. Es gibt einige, die eine physische, greifbare Manifestation brauchen, um ihr Herz für Gott zu öffnen. Dies sind sehr empfindsame Knospen, die das Licht fühlen und berühren müssen, um sich dann mit den Tränen der Hingabe noch intensiver dem Weg des Lichtes und der Liebe zu widmen.

Es gibt andere, denen er nahe ist und mit denen er durch die Zeiten hindurch verbunden ist, denen er persönlich durch seine Inkarnation als Shirdi Sai Baba oder durch ewige Liebe und Hingabe auf der inneren und äußeren Ebene vertraut ist. Ihnen mag er auch ein besonderes Geschenk zur Erinnerung oder Erneuerung einer alten Beziehung geben. Manchen gibt er diese Dinge nicht, da er sie ihnen auf andere Weise gibt, direkt in ihr Herz, in den Träumen und auf den Inneren Ebenen. Diejenigen unter euch, die in diese Kategorie fallen, wissen, dass er genauso mit ihnen verbunden ist, wie mit denjenigen, die bestimmte Manifestationen wie Medaillen, Ringe oder Vibhuti bekommen. Hinter allem was er tut steht eine Absicht, vergleiche aber niemals die Art, die er wählt, um seine Absicht oder seine Gaben zu manifestieren. Einer ist nicht bedeutender als der andere, doch jeder wirkt in seiner speziellen Weise. Wenn er einen Menschen aus dem Todesschlaf holt, bedeutet dies nicht, dass er besser ist als du, sondern, dass es der beste Weg für ihn ist, ihn aus dem irdischen Schlaf zu wecken und zu Gott zu bringen. Vielleicht erfüllt er auch eine Vereinbarung, die vor langer Zeit getroffen wurde, um der Menschheit die Illusion des Todesschlafs zu nehmen. All diese Dinge könnt ihr nicht wissen, doch was ihr wissen müsst, hinter allem was er tut gibt es einen Sinn und er ist für jeden gleichermaßen da.

Sai Baba kommt zu den Menschen, wenn er gebraucht und gerufen wird. Er kommt, um zu erwecken und die göttliche Absicht zu erfüllen. In dieser Absicht gibt es keine Trennung. Es gibt keine Entfernungen, keine Spaltungen. Liebe ist der essenzielle Schlüssel, gemeinsam mit der Hingabe an die göttlichen Ideale, deren Repräsentant er ist. Es gibt viele, die glauben, ihm zu folgen, er ist jedoch schon seit Äonen aus diesem trennenden Konzept des Ich-Seins herausgewachsen. Doch wem folgen sie / folgt ihr dann? Eurem eigenen höchsten Gottselbst! Und wohin folgt ihr ihm? Zu einer immer größeren Entfaltung eurer eigenen Meisterschaft! Ihr seid Gott, der dem Gottespfad innerhalb des einen, ewigen Wesens Gottes folgt! Um dies zu repräsentieren ist er hier. Achtet daher auf seinen göttlichen Ruf, doch erkennt dabei auch, dass er ein Repräsentant ist, der dem erwachenden Gott den erwachten Gott offenbart - und auch dem schlafenden Gott. Das ist er!

Dennoch dient die Form einer großen Funktion, nicht wahr? Babas Form ermöglicht mit dem kosmisch erwachten Teil Gottes zu sprechen, ihn zu berühren, zu heilen und sich um die erwachenden und aufgestiegenen Teile Gottes zu kümmern. In vielerlei Hinsicht sind seine Lehren einfach. Es sind kleine Demonstrationen dessen, wozu große Liebe fähig ist. Sie ziehen die Aufmerksamkeit auf sich und es sind Weckrufe. Sein entlegener physischer Wohnort testet die Grenzen der Hingabe der Menschen und ihre Bereitschaft zugunsten Gottes diesen Weg auf sich zu nehmen. Glaube jetzt aber nicht, dass du nicht dazugehörst, nur weil du nicht nach Puttaparthi pilgerst. Wenn du nicht zu denjenigen gehörst, deren Bestimmung es ist, dies zu tun - wenn es keine spezielle oder definitive Lektion für dich zu lernen gibt, oder einen Grund, weshalb du hingehen solltest - wird er zu dir kommen, da du nicht von ihm gerufen wurdest. Es gibt Menschen, die sich zu dieser Pilgerreise hingezogen fühlen, doch dann an jeder Ecke auf Schwierigkeiten stoßen und die Reise schließlich nie machen. Seid euch bewusst, dass er selbst diese Hindernisse dort eingebracht hat und diejenigen ihr Ziel einfach dadurch erreicht haben, dass sie den Wunsch hatten zu kommen und sich darauf vorbereitet haben. Bist du einer von denjenigen, dann sei nicht besorgt; er ist trotzdem stets mit dir. Gleichermaßen hast du dir viele Tage des Reisens, ungewohntes Essen und das Trinken des dortigen Wassers erspart! Dies sagen wir alles leichtherzig, mit einem Lächeln, da alles ein kosmisches Spiel ist, ein Spiel des Lichtes und der Liebe.

Es gibt auch einige unter euch, die, wenn sie einmal dort sind, vor der geistig vereinbarten Zeit wieder abreisen möchten. Plötzlich bist du zu einem Einwohner Indiens geworden und schon länger da, als du wolltest und verzweifelst so langsam an den Ereignissen, die deine Abreise verzögern. Du solltest bei allem stets im inneren Frieden bleiben, da du so lange aufgehalten wirst, bis die notwendigen Lektionen gelernt sind oder seine unglaubliche Liebe dich bis zu deinem Maximum erfüllt hat. Vielleicht ist es die Erde Indiens selbst, die dich dort hält und längst vergessene Inkarnationen wieder ins Gedächtnis ruft. Vielleicht musst du auch von den Heiligen Indiens lernen, die deine Seele in erster Linie gesucht hat. Alles, um das dich Baba bittet, ist dein Vertrauen und dein Glaube in diese Dinge und dass du weißt, dass du immer unter dem Blick und der Führung seines göttlichen und gesegneten Auges bist.

Lass uns hinsichtlich seiner Absicht und der Arbeit, die er tut, nochmals festhalten, dass wir die Größe, die Tiefe und die Weite dessen nicht verstehen können - und auch nicht wie viel er allen dabei gibt! Sei bitte bereit, um zu empfangen und achte auf dieses Buch. Wir haben speziell darum gebeten, dass bekannt gemacht wird, dass er mit uns, den Aufgestiegenen Meistern, zusammenarbeitet. Er arbeitet gleichermaßen mit anderen kosmischen Avataren zusammen, wobei es sein Privileg ist, der einzige zu sein, der unter euch als einer von euch wandelt und gleichzeitig ein großes kosmisches Wesen ist. Versuche nicht, ihn persönlich zu verstehen, entfalte jedoch Gott, der du bist und er wird da sein. Obwohl er enormen göttlichen Zielen dient, besitzt er eine Form, seine Mayavarupa-Form, und wandelt auf dem geheiligten Boden der Erde, um uns als Lehrer und Freund zu dienen. Wisset, dass die Liebe, die hingebungsvolle Energie und das Licht, das er ist und demonstriert, groß genug ist, euch alle mit seiner Aura zu umfassen.

Ihr könnt Sai Baba nicht persönlich verstehen, da er, in Wirklichkeit, jenseits des Persönlichen ist, doch ihr könnt ihn durch eure Visionen, Gebete und sein Zuflüstern persönlich erkennen und lieben. Aus diesem Grund hat er Form angenommen, um auf dem Boden der Erde zu wandeln und um alles zu segnen, das im Einklang mit dem Willen Gottes steht. Wisset, dass er keiner besonderen Religion angehört. Alle wahren Religionen und Wege sind von Gott und es ist Gott, den er repräsentiert. Er hat viele Schüler, ohne ein typischer Guru im wahrsten Sinne des Wortes zu sein. Er ist die Verkörperung des ICH BIN, des ICH BIN von Brahma, Vishnu und Shiva. Er ist Atman, dein höchstes Selbst und daher Brahman, das eine Selbst. Sai Baba lebt in euch allen. Er nimmt Devotees und Studenten aller Wege, aller Länder, aller Rassen, aller Glaubensbekenntnisse und aller Religionen in seine Obhut. Er nimmt dich, lieber Leser, in seine Obhut. Denn, indem du dieses Buch liest und die Hingabe darin erkennst, den Geschichten seiner glorreichen Handlungen lauschst, hat sich dein Herz der Liebe, dem Licht und dem Göttlichen geöffnet. Und somit hat sich dein Herz ihm selbst geöffnet. Er ist das, was du auf deinem kosmischen Weg zu Gott im Prozess stehst zu werden. Bitte, ihr Geliebten, nehmt was er euch anbietet, bittet um seine Hilfe auf eurer Reise. Er ist immer für euch da.

Diejenigen unter euch, die mit dem Aufstiegsweg vertraut sind, sind jetzt vertrauter mit ihm. Er arbeitet mit uns, den planetaren Aufgestiegenen Meistern und denjenigen, die ihr die kosmischen Meister nennt. Achte auf die Einheit, die zwischen Seiner Heiligkeit und uns, den Meistern, besteht, da diese Einheit reflektiert wird und auf Erden manifestiert werden muss. Ost und West sind nur verschiedene Bezeichnungen für bestimmte Bereiche auf dem Planeten. Aus der Sicht des Ganzen gibt es nur das Ganze und die Erde ist ein Planet. Teile sie nicht. Liebe, Weisheit und Erleuchtung sind überall reichlich vorhanden; dies kann in der nächsten Offenbarung, der nächsten Einsicht und auf dem nächsten Schritt der Reise gefunden werden. Euch auf dem Aufstiegsweg, die ihr euch die New Age Leute nennt, möchten wir sagen, dass vieles, was ihr als neu bezeichnet, bereits in den östlichen und asiatischen Lehren und anderen Traditionen der Vergangenheit erwähnt wurde. Das Licht ist dort verborgen, denn in der Vergangenheit war es nur für diejenigen bestimmt, die dazu bereit waren. Nun sind viele bereit, das Licht zu finden. Den Amerikanern unter euch möchten wir sagen, dass ihr auf heiligem Boden wandelt, voll versteckter Geheimnisse der Indianer und auf einem heiligen Boden, der einen Strom aus Licht, Liebe und Kraft birgt. Findet diese Geheimnisse heraus und helft ihnen aus ihren versteckten Plätzen. Wie für Seine Heiligkeit Lord Sai Baba und für uns, die Aufgestiegenen Meister der Inneren Ebenen, gibt es keinen Ort, an dem wir nicht sind und es liegt uns nur daran, zu dienen und alle zu erwecken. Es gibt keine Separierung von Menschen oder Wegen in unserem Herzen und in unserem Geist, also stellt euch dies auch nicht vor. Für uns sind keine Distanzen zu groß, keine Situationen ausweglos. Übt euch in Geduld, wenn ihr nicht gleich die Antwort, auf die ihr wartet, von uns bekommt und wisset, dass sie kommt und dass ihr nicht übersehen werdet. Sai Baba dankt seinen geliebten Schülern aller Nationen und Gemeinschaften auf dem ganzen Globus für ihre Treue. Wenn ihr euch zu euren Sai Baba Treffen versammelt, ist er in Licht und Liebe dabei und führt alle Bhajans. Eure Arbeit dient seinem Plan sehr. Wisset auch, dass je kleiner die Welt durch die Evolution und Kommunikation wird, er umso größer werden muss. Größer hinsichtlich seiner Bekanntheit und dem Wissen, dass er auch denjenigen dient, die einem umfassenderen Weg folgen, und nicht nur denjenigen, die einem Weg unter seinem Namen folgen. Oh, ihr Ergebenen, die ihr seiner gesegneten und göttlichen Absicht folgt, helft diese anderen mit einzuschließen, damit seine Mission sich ausweiten kann. Helft dabei, dass diejenigen, die anderen Wegen folgen, auch an euren Gruppen an Meditationen, Hingabe, Gebeten, Bhajans und dem Wissen über ihn teilnehmen können. Tut dies, jedoch ohne sie, weder subtil noch offensichtlich, zu bitten, ihren eigenen Weg, der ihre Bestimmung ist, zu verlassen.

In diesen Zeiten unternehmen wir alle den Aufruf zur Einheit. Joshua hat uns damit, dass er dieses Buch geschrieben hat, um die scheinbar unterschiedlichen Wege zu integrieren, sehr geholfen. Macht euch bitte nochmals bewusst, dass Sai Baba nicht auf der Suche nach denjenigen ist, die ihm folgen, sondern nach denjenigen, welche an der Liebe und dem Licht, das er zu geben hat, teilhaben möchten. Er ist hier, um jedem Einzelnen von euch zu dienen und seinen Segen über alle auszubreiten, da ihr alle die Kinder des Einen seid. So wie der Funke die Flamme ist, ist Atman (dein Gottesselbst) gleich Brahman (Gott, der Eine) und es existiert nichts außerhalb dem Ganzen. Er brachte sich selbst in Form auf die Erde, um den Menschen zu zeigen, wie sie das Licht und die Liebe immer stärker in sich leuchten lassen können. Er ist hier, damit die Menschheit Gott kennen lernt. Deshalb hat er Form angenommen. Lass es zu, dass seine Form dir dient und begrenze seine Form nicht, da dies ein vergeblicher Versuch wäre, seine Grenzenlosigkeit zu begrenzen. In diesem Licht bittet er euch, zu wachsen, euch zu entwickeln, euch auszudehnen und innerhalb eurer Form zu leben, euch jedoch nicht auf diese Form zu begrenzen, da auch ihr eine göttliche Natur habt, die ihr jetzt wahrzunehmen beginnt. Er ist sowohl in Form wie auch mit formlosem Antlitz für dich da. Er ist hier, damit du ihn sehen und fotografieren kannst, um dir Bereiche der Liebe und des Lichtes jenseits des Sichtbaren und der Fotos zu übermitteln.

Wenn du Darshan erhältst und seine Füße berührst, dann widme Gott deine Hingabe und nicht der Person Sai Babas, da er als Repräsentant der Unendlichkeit dient. Zudem ist er zu einer Zeit in Gestalt hier, die sich sehr schnell verändert.

Rufe ihn an, da er dich bereits gerufen hat. Er vollführt in dem Licht, das er bringt und dem Licht, das er ist, in der Liebe, die er bringt und in der Liebe, die er ist, Akte der Gnade, damit ihr die Werke Gottes sehen könnt. Wisset, dass dies der Grund ist, warum er hier ist - bei allem was er tut, Gott zu offenbaren. Und wisset, dass er jederzeit für euch da ist, sobald ihr darum bittet. Wisset auch, dass ihr hier seid, um das Licht und die Liebe Gottes zu offenbaren und in höchstmöglicher Weise als Gott zu handeln. Somit haben all diejenigen, die in ihrem Herzen rein sind, dieselbe Absicht wie wir. Wann immer euer Herz schwer, euer Geist überfordert und eure Gesundheit angeschlagen ist, ruft Seine Heiligkeit Lord Sai Baba und uns, die Aufgestiegenen Meister der Inneren Ebenen. Vertraut darauf, dass, in welcher Weise auch immer, ein jeder Ruf von euch erhört und beantwortet wird und ihr niemals allein seid!

Besonderer Dank

Ich möchte an dieser Stelle Marti Elana Peace ganz besonders dafür danken, dass sie mich so tatkräftig bei der Organisation, der Herausgabe und der Eingabe dieses Buches in den Computer unterstützt hat. Ich danke ihr für ihre selbstlose und hingebungsvolle Mitarbeit.

Über den Autoren

Dr. Joshua David Stone ist Doktor für Transpersonale Psychologie und ein anerkannter Ehe-, Familen- und Kinderberater in Kalifornien. Auf der spirituellen Ebene verankerte er die I AM University, - ein integrierter Ashram auf der inneren und äußeren Ebene, der alle Wege zu Gott repräsentiert. Er dient als einer der Sprecher der planetaren Aufstiegsbewegung.

Dr. Joshua David Stone
I AM University
450 Daily Drive, Apt 17
Camarillo, CA 93010
Tel.: (805) 383-4564
Fax: (805) 482-1189
www.iamuniversity.org
e-mail: drstone@iamuniversity.org

Index der 420 goldenen Schlüssel

Saint Germain *Crea und Sananta*

broschur 128 S., EUR 15,90/ CHF 29,80 ISBN 3-933470-08-0

Durchgaben, Anrufungen und Meditationsübungen von SAINT GERMAIN. Eine Beschreibung des Wirkens dieses großen Meisters. Reinigung und Umwandlung mit der Violetten Flamme.

Sananda *Crea*

broschur 152 S., EUR 16,90/ CHF 29,80 ISBN 3-933470-02-1

Eine Zusammenfassung wertvoller Durchgaben und Meditationsübungen von SANANDA, die das Wirken dieses großen Meisters beschreibt.

LICHT - MEDITATIONEN Bd. 1+2 *Sananta*

mit Engeln und Aufgestiegenen Meistern

broschur 128 S., EUR 15,90/CHF 29,80

ISBN Band 1: 3-933470-09-9 / ISBN Band 2: 3-933470-11-0

Die regelmäßige Anwendung dieser Meditationen bewirkt eine Erhöhung der persönlichen Schwingung und unterstützt die eigene geistige Entwicklung. Diese Meditationen umfassen unter anderem Themen wie: Geistigen Schutz, Heilung, Reinigung, Erdung, Licht, Vergebung, Loslassen, Freude, Liebe, Frieden...

El Morya *Crea*

broschur 96 S., EUR 8,90/ CHF 16,80 ISBN 3-933470-01-3

Eine Zusammenfassung wertvoller Durchgaben und Meditationsübungen von EL MORYA, die das Wirken dieses großen Meisters beschreibt.

Maria - Die Ankunft des Lichtkindes *Sananta*

Empfängnis, Schwangerschaft, Geburt
und Kindheit aus geistiger Sicht

broschur 72 S., EUR 8,90/ CHF 16,80 ISBN 3-933470-00-5

Das Portal zur Ewigkeit Kiara Windrider

"...Das Portal zur Ewigkeit ist genau das, was der Titel verspricht und bringt den Leser punktgenau in das Herz, die Gedanken und den Geist dessen, was IN EWIGKEIT EXISTIERT. Eine der intensivsten Beschrei- bungen einer Reise durch die großen Mysterien des Lebens, gleichzeitig jedoch auch eine der liebevollsten und sanftesten. Ein Muß für alle, welche die wahre Natur der Realität, des Aufstiegs, des Wachstums und des Seins erforschen wollen." *Rev. Janna S. Parker, Channel für Quan Yin*

Buch 400S., 13 farbig, ISBN 3-933470-20-X EUR 24,90/CHF 49,90

CD 1 zum Buch "Das Portal zur Ewigkeit" Geführte Meditationen:

Die Vipassana Meditation / Die Zeitlinien-Heilung.

In Deutsch gesprochen von Rudolf Lippert/ Musik Paul Armitage.

Preis: EUR 12,90/CHF 21,90 ISBN CD1: 3-933470-42-0

Dr. Joshua David Stone

1. Band: Das komplette Aufstiegs-Handbuch
- Wie man den Aufstieg in diesem Leben erreicht

416 S., gebunden, EUR 29,90 / CHF 54,80 ISBN 3-933470-60-9

2. Band: Seelenpsychologie - Psychologie der Seele
- Die spirituellen Schlüssel zum Aufstieg

448 S., gebunden, EUR 32,90 / CHF 59,80 ISBN 3-933470-61-7

3. Band: Der Pfad des Aufstiegs - Ein Wegbegleiter

288 S., broschur, EUR 22,90 / CHF 39,80 ISBN 3-933470-63-3

4. Band: Aufgestiegene Meister weisen den Weg
- Leuchtfeuer des Aufstiegs

320 S., gebunden, EUR 26,90 / CHF 49,80 ISBN 3-933470-64-1

5. Band: Integrierter Aufstieg
- Offenbarungen für das neue Jahrtausend

448 S., gebunden, EUR 31,90/ CHF 56,80 ISBN 3-933470-65-X

6. Band: Aufstiegskurse

224 S., broschur, EUR 21,90/ CHF 37,80 ISBN 3-933470-66-8

7. Band: Spirituelle Achtsamkeit
im Angesicht des Terrorismus
- Enthüllte Wahrheit und Weisheit Gottes!

176 S. broschur, EUR 16,90/ CHF 29,80 ISBN 3-933470-67-6

8. Band: Verborgene Mysterien

448 S., gebunden, EUR 31,90/ CHF 56,80 ISBN 3-933470-68-4

9. Band: Wie man sich vom negativen Ego befreit

320 S., gebunden, EUR 25,90/ CHF 49,80 ISBN 3-933470-69-2

10. Band: Der Integrierte Lichtkörper

288S. broschur, EUR 23,90/ CHF 39,80 ISBN 3-933470-70-6